당신의 자리에서 승부를 걸어라

어떤 조직에서도 끝까지 살아남아
성공하는 33가지 능력

당신의 자리에서
승부를 걸어라

| 정태영 지음 |

21세기북스

부와 명예를 거머쥔 프로 직장인이 돼라

당신은 지금 직장에서 생존과 안녕을 도모하기 위한 일에만 열중하고 있는가? 만일 그렇다면 이 바쁜 시간에 매우 비생산적인 일을 하는 것이다. 생존과 안녕이나 도모하자고 학창 시절에 사선을 넘나들며 공부하고 머리 터지는 경쟁을 뚫으며 직장에 발을 들여놓지는 않았을 것이기 때문이다.

우리는 '성공을 위한 일'을 해야 한다. 학창 시절과 사회초년생 시절에 누구나 꿈꾸는, 찬란하게 빛나고 남들이 부러워할 만한 그런 성공 말이다. 성공이 이루어졌을 때의 쾌감을 상상하며 앞을 향해 부지런히 나아가야 하는 것이다.

성공에는 여러 가지가 있다. 성공의 여러 기준 중에서 대다수의 직장인은 높은 명예와 고소득을 얻는 방식의 성공을 선택한다. 이것은 사실 정신적, 경제적 풍요가 개인의 성공과 행복에 미치는 영향이 워낙 지대하기 때문이다.

특히 명예와 소득이 남들보다 앞서는 것에 관한 관심이 그 어느 때보다도 뜨겁다. 최근 취업포털 잡코리아가 직장인들을 대상으로 설문 조사한 결과가 이를 단적으로 뒷받침한다. 조사 대상자들은 이직을 결심하는 가장 큰 이유로 자신이 '입사 동기 또는 동료보다 낮은 연봉을 받고 있다'는 사실, 즉 승진 등의 명예나 금전적인 소득에서 상대적으로 뒤지고 있다는 사실을 꼽았다.

지금도 일부 직장인들은 상대적으로 높은 명예와 소득에서 얻은 성취감을 만끽하는 것은 물론, 그렇지 않은 동료의 부러움을 한 몸에 받으며 생활한다. 직장의 전폭적인 지원과 상사의 총애 역시 이들 몫이다.

이처럼 남다른 성취를 이루어가며 살아가는 직장인들은 비록 월급쟁이이기는 하지만 한결같이 모든 일에 있어서 자기주도적이고 기업가적인 특성을 보인다. 인성과 태도 또한 높은 평가를 받는다. 그러니 직장에서 붙잡고 키워주지 않을 이유가 전혀 없다. 이들은 기업의 임원 등 고위간부, 고위공직자, S급 인재, A급 우수 직원, 판매왕급 전문영업인, 프로급 전문고객자산매니저 등 다양한 형태로 직장에서 일하고 있다. 필자는 이들을 평범하게 살아가는 일반 직장인과는 다른, 이른바 기업가적 마인드를 가진 프로 직장인 '셀러프라이저Salaryman + Enterpriser'라고 부른다.

그러나 직장의 현실을 돌아보면 이들처럼 짜릿한 혜택을 누리며 살아가는 직장인은 그리 많지 않다. 숨 가쁘게 움직여도 시원치 않을 판국인데 아직도 근거 없는 낙관주의에 사로잡혀 귀중한 하루하루를 의미 없이 보내는 직장인이 있는 것도 사실이다. 대문만 나서면 버스 정류장부터 줄을 서야 하는데도 "행복은 성적순이 아니다"라는 말에 위안을 얻고, 경쟁이 필요한 것을 뻔히 알면서도 막연한 두려움과 의도적 기피로 현실과 동떨어져서 살아가는 직장인들 역시 적지 않다.

직장에서의 생존과 안녕, 물론 중요하다. 그러나 이보다 더 절실한 것은 정신적, 경제적 풍요로움이다. 즉, 전보다 그리고 남들보다 더 큰 성취와 보람을 누리며 더 행복하게 지내는 일이다. 이것이야말로 직장인 모두가 추구하는 궁극적인 목표가 아니겠는가? 그러기 위해서는 높은 명예와 소득에 대한 의욕을 불태우며 이를 이루기 위한 가장 효과적인 방식을 당장 찾아나서야 한다. 이 일을 내일 또는 훗날로 미루어서는 안 된다. 왜냐하면 미래는 알 수 없고 흘러가는 시간은 한가하게 우리를 기다려주지 않기 때문이다.

자동차는 '흡입' '압축' '폭발' '배기'의 4행정 사이클 과정을 거치면서 힘을 얻고 이 힘으로 움직인다. 이 중 어느 한 과정이라도 제대로 작동이 안 되면 경쾌하고 박진감 넘치는 드라이브를 즐길 수 없다. 직장인이 일을 통해 높은 성과를 올리고 궁극적으로 남다른 명예와 소득을 만들어내는 과정도 이 4행정 사이클 과정과 다를 바가 없다. 흡입이라는 빈틈없는 준비, 압축이라는 차질 없는 실행, 폭발이라는 보람찬 성취, 배기라는 꼼꼼한 점검 및 정리과정을 확실하게 겪어야 한다.

이러한 성공의 방식을 원활하게 구동하게 하는 것이 바로 능력 Capability이다. 개인이 가지고 있는 정신력과 기술력으로 구성된 이 능력에 의해 성공 여부는 결정된다. 명예와 소득의 극대화를 통해 성취의 기쁨을 맛보기 위해서, 나아가 직장인으로서 성공에 안착하기 위해서는 이 능력을 발휘해야 한다. 그중에서도 남들과의 경쟁에서 승리하는 데 결정적으로 기여할 수 있는 핵심적인 능력을 많이 보유하고 발휘해야 한다.

이 책은 직장에서 성공으로 안내하는 이러한 핵심적인 능력을 선정한 뒤 그 능력을 최고도로 키우고 발휘하는 방법을 제시했다. 이를 통해서 궁극적으로는 독자를 전보다 나아지게 만들고 남보다 훨씬 앞서가게 하며 높은 명예와 소득을 누리는 셀러프라이저로 만드는 것이 바로 이 책의 저술 목적이다.

명예와 고소득을 누리는 특별한 직장인이 되기 위해 핵심적으로 필요한 능력은 33가지다. 이 33가지 능력은 필자가 오랜 기간 직장생활을 이어오는 동안 몸소 체득한 생생한 경험과 학문의 세계에서 필자가 직접 심층적으로 연구하고 확인한 이론적 토대, 그리고 이 분야 전문가와 성공한 직장인들의 제언을 바탕으로 엄선했다.

33가지 핵심 능력에 관한 내용은 다음과 같은 구성으로 소개했다. 핵심 능력이 도대체 왜 필요하고 왜 중요한지, 그 능력이 미치는 영향력은 어느 정도인지, 그 능력으로 인한 성공사례와 능력부족으로 인한 실패사례에는 어떤 것들이 있는지, 능력이 개발되고 활용되는 실태는 어떠한지, 능력이 최고도로 개발될 가능성은 과연 있는지, 능력을 독자 스스로 개발해 발휘할 수 있는 주요 방법들은 무엇인지 등이다.

필자는 글로벌 대기업에서 30년에 가까운 오랜 기간 동안 본사를 비롯한 업무 일선의 여러 부서를 두루 거쳤다. 수많은 업무를 해결하면서 또 많은 직장동료와 동고동락하며 살아왔다. 지금도 그 업무 일선의 고위간부로서 주어진 소임을 완수하기 위해 하루하루 숨 가쁘게 달려가고 있다. 그러나 성취한 일을 통한 보람은 필자를 지치지 않게 해주고 있을뿐더러 오히려 힘을 불어넣어 주고 있다. 이 과정에서 몸소 체득한 업무와 대인관계의 경험은 필자에게 무척 가치 있는 자산이 되었고, 그것은 지금도 끊임없이 축적되고 있다.

업무현장에서의 경험은 탄탄한 이론적인 근거가 뒷받침되었을 때에 더욱 강한 빛을 발한다. 필자는 그동안 인적자원개발을 위한 능력 분야를 심층적으로 연구했는데, 이를 통해서 직장인을 성공으로 안내하는 능력에 대한 실제적 경험과 학문적 이론을 동시에 섭렵할 수 있었다.

그래서 이 책에는 성과를 목숨처럼 중시하는 글로벌 대기업의 업무현장에서 직접 체득한 다양한 경험과 노하우, 그리고 심오한 학문의 세계에서 직접 확인한 관련 근거들이 고스란히 녹아 있다. 이 책은 독자들에게 높은 소득과 명예를 누리는 직장인이 되기 위해 필요한 핵심적인 능력이 어떤 것인지를 알려주고, 그러한 능력의 중요성과 필요성을 재인식하게 해 능력 개발에 대한 의욕을 강하게 유발시킬 것이다.

이렇게 드러난 능력을 제대로 발휘하기만 한다면 독자들은 부와 명예를 거머쥔 프로 직장인의 반열에 누구보다도 빠르게 안착할 것으로 확신한다.

정태영

직장인의 성공을 보장하는
33가지 능력

일의 가치를 다시 생각하라

"조금만 더 자고, 조금만 더 졸고, 조금만 더 손을 모으고 쉬려는 이에게는 가난이 강도처럼 갑자기 밀어닥치고, 빈곤이 군사처럼 몰려올 것이다."

이 말은 성경 잠언에 나오는 한 구절이다. 마쓰시다 전기그룹 창업자 마스시타 고노스케, 혼다자동차 창업자 혼다 쇼이치로와 더불어 일본에서 가장 존경받는 3대 기업가이자 '살아 있는 경영의 신'으로 불리는 교세라의 창업자 이나모리 가즈오는, 그의 저서 『왜 일하는가』에서 "일은 오늘의 시련을 극복하고 내일의 운명을 바꿔주는 만병통치약이자 마이더스의 손"이라고 했다.

이처럼 일은 인간 삶의 절대적인 조건이다. 남녀노소를 불문하고 일하는 기쁨이 있어야 휴식도 즐겁고 조화로운 삶을 살아갈 수 있다.

일을 통해서 부와 명예가 만들어짐은 물론이고 사람의 존재가치가 빛난다. 그러니 일할 수 있는 것도 큰 복이라 아니할 수 없다. 그래서 사람들은 어제도, 오늘도 그리고 내일도 분주히 일하며 살아가는 것이다.

이러한 일이 상존하는 직장은 직장인에게 어떤 존재인가? 기본적으로 직장은 직장인의 생계를 보장해주는 원천이다. 그리고 직장은 일을 통해 그들에게 그 어느 곳에서도 배울 수 없는 살아 숨 쉬는 지식과 노하우를 가르쳐주는 곳이다. 학교는 돈을 주어야 가르쳐주지만 직장에서는 돈을 벌면서도 배울 수 있으니 이 얼마나 고마운가.

또한 직장은 직장인의 사회적 위상을 세워줌으로써 자신감을 가지고 대인관계를 할 수 있게 해주는 원동력이 된다. 이러한 관계 속에서 돈독하게 사귄 동료는 든든한 친구가 되고, 비즈니스로 알게 된 고객은 언제나 도움을 주고받을 수 있는 귀중한 인적자산이 될 수 있다.

이뿐만이 아니다. 직장은 역량 있는 프로 직장인들에게 높은 소득과 명예를 획득해 풍요로운 문화생활과 사회생활을 구가할 수 있게 해주는 수단이 되고 있다. 그야말로 직장은 봉급생활자로 하여금 재력과 명망을 갖춘 1인 기업가가 될 수 있게 해주는 기반으로 작용한다.

'회사'와 '나'는 상생의 관계다

직장과 직장인은 일방이 아닌 쌍방으로 영향을 끼치고 관계를 맺고 있다. 그래서 직장의 브랜드 가치가 올라가면 그 구성원들의 브랜드

가치도 더불어 올라가지만, 만일 구성원들이 일을 제대로 하지 않아 직장이 부실해지면 구성원 개인도 그로 인한 멍에를 피할 수가 없다. 그러므로 직장인은 직장의 소중함을 깊게 인식하고 그 관계를 항상 상생모드로 설정해놓아야 한다.

그럼에도 불구하고 습관적으로 직장에 대해 불만을 토로하는 직장인이 적지 않은 것이 사실이다. 퇴근 후 술자리에서는 돈 안 들이고 맛있게 먹을 수 있는 최고의 안줏감으로 어김없이 '회사'가 도마 위에 오른다. 상사 역시 더없이 좋은 안줏감으로 꼽힌다.

이러한 습관은 직장을 '너는 너, 나는 나'라고 생각하는 배타적 독립관계, 또는 엄마와 아이의 관계와 같은 일방적 의존관계라고 생각할 때 형성되기 쉽다. 물론 건전한 비판은 서로를 위해 좋은 일이지만 근거 없이 습관적으로 늘어놓는 불만은 직장과 직장인 누구에게도 도움이 되지 않는다.

직장은 사회의 그 어느 곳 못지않게 'Give and Take 원리'가 철저하게 적용되는 곳이다. 이 점을 간과하면 책임 있는 참여자가 아니라 위와 같이 '습관적 비판자' 또는 '제3자적인 평론가'와 같은 직장인이 될 수 있다.

그래서 직장인은 급여, 복리후생 등의 혜택을 받는 것에 상응해 사규에 따라 직장생활을 성실하게 해야만 한다. 마찬가지로 상사가 부하의 육성과 계도를 위해 노력하는 만큼 부하는 상사의 합리적인 지시를 수용하고 부서가 돌아가는 데 차질이 없도록 맡은 바 임무 완수를 위해서 최선을 다해야 한다.

억대 연봉 월급쟁이들의 비밀

톱니바퀴가 돌아가는 데 톱니 하나만 빠져도 잡음이 난다. 직장도 마찬가지다. 여러 명이 톱니가 되어 직장이라는 톱니바퀴를 돌리면서 하루하루를 살아가는데, 만일 한 명이라도 그 대열에서 이탈하면 그 조직은 문제에 직면한다.

이처럼 일들이 빈틈없이 돌아가다 보니 그 과정에서 대다수의 직장인은 스트레스에 시달릴 수밖에 없다. 그러나 아마추어가 아닌 프로로 살아가는 열정적인 직장인들은 직장에서 스트레스 대신 성취의 기쁨을 톡톡히 누리며 살아간다. 이들이 승부를 거는 분야는 다양하다. 어떤 이는 기업 임원 등 고위간부, 어떤 이는 고위공직자를 겨냥한다. 물론 고위 직급으로 갈수록 진급 경쟁이 치열해 어렵기도 하지만 대신에 진급하면 명예로운 신분상승과 더불어 따라오는 혜택은 막대하다.

S급, A급 인사평가를 받는 것도 성취감을 즐기는 직장인들의 목표다. 기업 기준에서는 일반적으로 역량과 성과평가 결과를 바탕으로 직원의 가치를 등급화한다. 보통 A, B, C, D 등의 등급으로 분류하는데 이중에서는 A가 가장 높은 등급이다. 그런데 A보다 한 단계 더 높은 등급이기도 하지만 다른 등급과는 특별히 차별화된 대우를 받는 S등급이 존재하기도 한다. S급과 A급 인사평가를 받는 직원들은 다른 직원보다 연봉도 높고 승진도 빠른데, 특히 S급은 일반직종에 근무하는 봉급생활자들이 임원 등 직장의 최고봉으로 가는 길목에서 가장 많이 원하고 추구하는 인사평가 등급이다.

직장인으로서 금전적인 측면에 승부수를 던지는 사람도 있다. 대규모 매출을 창출하거나 남다른 고객관리능력을 발휘해 고액의 급여를 받는 판매왕급 전문영업인, 프로급 전문고객자산매니저 등이 그들이다. 이들은 사업가적인 마인드를 가지고 직장을 자신의 개인사업장으로 생각하며 일한다. 이들은 사무실 임대료와 사무직원의 인건비 부담 전혀 없이 웬만한 회사의 오너 부럽지 않게 알찬 고소득을 올리는 사람들이다. 연간 급여가 수억 원은 물론이고 십억 대 이상이 되는 사람도 있다.

이와 같은 기업의 임원 및 고급간부, 고위공직자, S급 인재, A급 우수직원, 판매왕급 전문영업인, 프로급 전문고객자산매니저들 외에도 봉급 생활자로 근무하면서 높은 명예와 소득을 한꺼번에 누리며 생활하는 직장인들이 다양한 형태로 일터에 분포되어 있다.

상황이 이러한데 누구나 할 수 있는 일반적인 성취만을 즐기며 그럭저럭 하루하루를 보내는 전형적인 월급쟁이로서의 직장인에 머물러 있다면 문제가 아닐 수 없다. 이렇게 되면 잘나가는 남들에게 휘둘려 자존심에 상처 입는 것은 물론이고, 행하면 얻을 수 있는 것을 하지 않아서 놓치는 막대한 기회손실의 피해까지 입게 될 것은 자명하다.

여기저기 필요 이상으로 일을 벌여 에너지를 낭비하는 직장인도 있다. 몰입해도 시원치 않은 판국에 이러한 분산은 자신을 뭐 하나도 제대로 못 하는 오리 같은 신세로 전락시킬 수 있다. 철강왕 앤드류 카네기Andrew Carnegie는 다음의 말로 이들에게 일침을 가한다. "자신의 능력을 여기저기 나눠 쓰는 일은 자제하라. 나는 여태까지 여러 가지 일에 손대는 사람이 돈을 많이 버는 것을 보지 못했다."

전제조건 없는 성공은 없다

직장은 직장인들에게 더없이 소중한 터전이다. 직장인이 직장을 제쳐놓고 행복을 논한다는 것은 상상하기 어렵다. 자신과 가족의 생계, 자신의 발전과 자아실현, 나아가서 행복이 고스란히 직장에서의 성공과 직접 연결되어 있기 때문이다.

성공적인 직장인이 되는 방법은 무엇인가? 답은 간단하다. 타인이 평가하는 자신의 몸값을 높이면 된다. 즉, 종전보다 향상된 능력, 남과 차별화된 능력을 갖춘 사람으로 자기 자신을 바꿔놓으면 된다. 종전보다 향상된 능력은 과거보다 발달한 자신의 '절대능력'을 말한다. 그리고 남과 차별화된 능력은 남과 비교했을 때 우위가 되는 '상대능력'을 말한다. 두 가지 능력을 잘 키우면 얼마든지, 그리고 빠르게 일반 직장인에서 기업가적 프로 직장인인 셀러프라이저로 발돋움할 수 있다.

그러나 여기서 한 가지 분명하게 유념해야 할 것이 있다. 남들도 지금 이 순간 같은 생각을 하고 특별한 능력을 키우기 시작할 수 있다는 것이다. 그래서 만일 남들과 같은 속도와 노력으로 능력을 키우려 한다면 그들을 결코 앞설 수 없다. 그래서 능력을 키우되 경쟁자들보다 더 빠르게, 더 크게, 더 질 좋게 키워야 한다.

몸값을 결정하는 절대적인 요소

고대 중국의 주 왕조에서는 출신이 어떤 소든 상관없이 털빛이 붉고 뿔만 반듯하게 났으면 제사의 제물로 썼다고 한다. 그 이유를 묻는 제자에게 공자는 이렇게 대답했다. "얼룩소의 새끼라도 털이 붉고 뿔이 반듯하다면, 비록 쓰지 않으려 해도 산천의 신이 그것을 그대로 내버려두겠느냐?" 공자는 소의 과거 이력이나 배경은 중요한 것이 아니고 현재의 상태가 중요하다는 것을 강조한 것이다.

제물로 쓰는 동물을 선택할 때조차도 그 실질적인 조건을 중요시했으니 사람을 평가할 때는 당연히 그 이상으로 현재의 사람 됨됨이나 일 잘하는지 여부를 가지고 따졌을 것이다. 이것은 예나 지금이나 다를 바가 없다. 출신, 배경, 스펙이 사람의 평가를 전적으로 좌우지한 적도 있었다. 그러나 지금은 그렇지 않다. 현재 가지고 있는 실질적인 능력과 태도를 그 사람의 몸값을 결정하는 절대적인 잣대로 여긴다. 인재 평가 및 등용의 가장 중요한 기준은 바로 능력이라는 점을 깨닫게 해주는 2500년 전의 '석학' 공자의 가르침을 공감하게 된다.

직장에서 직원을 평가하는 데 있어서 개인의 능력은 평가 결과를 좌우하는 결정적인 요소다. 대부분의 직장에서는 크게 두 가지 요소, 즉 정성적 측면의 능력과 정량적 측면의 성과를 가지고 평가해 급여수준과 승진 및 포상 여부 등을 결정한다. 성과가 능력에서 나온다는 점을 고려한다면 결국 개인의 직장 내 성공은 자신이 가지고 있는 능력에 의해서 전적으로 결정된다 해도 과언이 아니다.

능력은 성장을 위한 최고의 동력이다

우리나라 국가 경제를 선도하는 삼성전자, 현대자동차, SK, 포스코, LG전자 등의 주요 글로벌 기업들이 과거 대비 비약적인 성장을 거듭하고 있다. 삼성경제연구소의 자료를 통해서 2010년 《포춘Fortune》지가 선정한 세계 500대 기업의 2000년 대비 2010년 순위를 살펴보면 삼성전자가 92위에서 22위로, 현대자동차가 149위에서 55위로, SK는 123위에서 82위로, 포스코는 422에서 161위로, LG전자는 244위에서 171위로 껑충 뛰어올랐다. 100대 기업의 경쟁력지수도 43.2에서 88.8로 역시 크게 상승했다.

이렇게 기업들의 경쟁력이 급격히 향상된 이유를 어디에서 찾을 수 있을까? 그것은 국가나 기업차원의 노력과 함께 조직을 떠받들고 있는 구성원 개개인의 피땀 어린 노력과 그 노력이 만들어낸 능력에서 비롯된 것이다. 능력이 성장과 성과에 영향을 미치는 원초적이고 근원적인 요소라는 점은 불을 보듯 뻔한 사실이다. 능력이 있는 곳에 성과가 있고, 성과가 있다면 그 이면에는 여지없이 능력이 자리 잡고 있다.

이처럼 능력은 중요하고 그 위력 역시 대단하다. 그렇다고 능력이 직장인의 성공과 행복을 결정하는 전부라는 말은 아니다. 그것은 성공과 행복을 결정하는 요소가 워낙 다양하기 때문이다. 그렇지만 직장생활을 통해서 남다른 명예와 소득을 만끽하고자 한다면 분명 이에 필요한 고도화된 능력이 반드시 있어야 한다는 것은 부인할 수 없는 사실이다.

명예와 고소득 창출은 33가지 능력에 달려 있다

그렇다면 능력은 후천적으로 개발될까? 능력을 선구적으로 연구한 그렌 페리Glenn Parry를 비롯한 수많은 인적자원개발 전문가들은 능력이 스스로의 학습과 교육, 훈련에 의해 후천적으로 얼마든지 개발될 수 있음을 밝혀왔다. 그리고 유전자의 힘, 즉 선천성은 한 사람의 현재 상태와 능력을 만드는 데 절반 정도밖에 기여하지 못한다는 최신 연구결과도 있다. 이 같은 점들을 고려하면 능력은 노력 여하에 따라 얼마든지 키울 수 있다는 것을 쉽게 알 수 있다.

직장인을 성공의 반열에 올려놓는 데 필요한 능력은 아주 다양하다. 산업계와 학계의 연구결과, 그리고 성공한 직장인들과 주변에서 성공을 직접 목격한 사람들의 의견을 종합해보면 직장에서의 성공능력은 크게 네 가지로 구별할 수 있다. 그것은 자기 자신의 마인드와 관련 있는 정신능력, 주변 사람과 관련 있는 관계능력, 일의 수행과 관련 있는 업무능력, 자세 또는 태도와 관련 있는 인성 등이다. 산업현장의 직무전문가이자 성공능력을 학문적으로 연구했던 필자 역시 이러한 성공능력의 유형분류에 대해서 전적으로 동의한다.

엄밀히 말하면 위 네 가지 능력 중에서 인성은 능력요소라기보다는 능력 발휘에 영향을 주는 능력조절 요소라고 할 수 있다. 여기에 능력을 조절하는 요소로 '환경여건'을 추가할 수 있겠다. 정신능력, 관계능력, 업무능력이 제대로 발휘되는 데에는 개인의 외적 환경요인의 영향을 무시할 수 없다. 예를 들어 가족관계가 삐걱거리거나 근무 인프라가 열악한데 직장에서 일이 제대로 될까? 물론 이와 반대일 경우에는 당연히 잘 되겠지만 말이다. 이와 같이 능력조절 요소는 상황에 따라 능력을 증폭시키는 역할을 하므로 능력요소 못지않은 영향력을 가지고 있다. 그래서 필자는 궁극적으로 직장인의 성공에 기여하는 요소를 '3Cs2Cs(3Capabilitys, 2Controls)'로 보고 있다.

이 책에서 필자의 주된 관심은 이러한 3Cs2Cs 중에서도 직장에서 성과를 창출하는 데 직접적으로 영향을 주는 '능력'에 있다. 그래서 이 책에는 능력조절 요소에 해당하는 '인성'과 '환경여건' 두 가지 요소는 제외하고 능력요소에 해당하는 '정신능력' '관계능력' '업무능력' 등 세 가지에 관해서만 기술하겠다.

이 세 가지 능력에는 필자가 기술하고자 하는 33가지의 하위능력이 포함된다. 이 33가지 하위능력은 직장인에게 필요한 수많은 능력들 중에서 특히 높은 명예와 소득을 누리고자 하는 직장인에게 없어서는 안 될 핵심적이고 필수적인 능력이다.

• CONTENTS •

CHAPTER 1
잘나가는 직장인은 마인드부터 다르다
정신역량

CHAPTER 2
인간관계는 모든 일의 시작이다

관계역량

CHAPTER 3
승리는 결국 직무에서 완성된다
업무역량

잘나가는 직장인은
마인드부터 다르다

정신역량

01

이길 수 있는
DNA를 숙성시켜라

—

승부근성

"그 사람은 배려심도 있고 성품이 참 온화해. 근데 일할 때는 무서울 정도로 냉정하고 승부욕이 아주 강해."

이 말은 사람을 평가할 때 종종 하는 말이다. 그런데 이런 평가를 받는 사람치고 직장에서 잘나가지 않는 사람이 없다. 그냥 잘나가는 정도가 아니라 조직에서 초고속으로 승진하거나 급여수준이 보통직원들과 비교가 안 될 정도로 높은 경우가 대부분이다.

이러한 사람들에게서 대표적으로 발견되는 특성이 바로 승부욕, 즉 승부근성이다. 승부근성은 경쟁자를 이기게 하고, 일과 싸워서라도 이뤄내게 하는 대표적인 정신역량이다. 승부근성은 높은 욕구수준과 자존심으로 경쟁에서 이기기 위해 최선을 다하게 하는 원동력으로 작용한다. 그러므로 이러한 승부근성이 몸에 밴 사람이 그렇지 않은 사람을 제치고 잘나가는 것은 지극히 당연하다.

승부근성 없이 최고를 욕심내지 마라

이처럼 승부근성은 사람이 성공하는 데 필요한 매우 중요한 요소다. 미국의 경제학자인 피터 번스타인Peter Bernstein이 세계적인 경제지 《포브스forbes》가 선정한 부호 1302명을 대상으로 성공 요인을 분석했다. 그들에게서 발견되는 공통점은 승부욕, 경쟁심, 행운, 타이밍 등 네 가지였다. 이 연구결과에서 보는 바와 같이 네 가지 성공 요인 중 두 가지가 바로 승부근성과 직결된 역량이다. 이것은 사회에서나 직장에서 성공하기 위해서는 이기고자 하는 승부근성이 결정적으로 중요하다는 것을 대변한다.

물론 다른 사람과의 경쟁에서 이기지 못하거나 해야 할 일을 가끔 망치더라도 생활하는 데 큰 지장이 없다면 굳이 악바리 근성, 승부욕 같은 것들은 필요치 않을 수도 있다. 그러나 현실적으로 우리 사회나 직장의 풍토는 그렇지가 않다. 경쟁에서 이기거나 일을 잘 끝내면 계속 앞서 갈 수 있는 토대가 더 공고하게 만들어지지만, 경쟁에서 지거나 일에서 실패하면 재기할 수 있는 여건이 열악하기만 하다.

노벨 경제학수상자인 미국 프린스턴 대학교의 폴 크루그먼Paul Krugman 교수는 숭실대 115주년 기념행사의 강연에서 '패자에게 인색한 한국'의 환경을 지적한 적이 있다. 한국의 문화에서 패자는 능력 없는 사람으로 손가락질을 받게 되다 보니 의욕이 상실되어 재기하기 어렵고, 그로 인해 사람들은 해당 분야에서 모험심을 발휘해 커나갈 생각보다는 일단 남보다 앞서 가는 일에 주력한다는 것이 그의 지적이다.

이것은 물론 시급하게 개선되어야 할 국가적 과제임은 틀림없다. 그러나 패자도 따뜻함을 느낄 수 있는 자본주의 4.0 시대가 정착될 때까지는 싫든 좋든 경쟁의 불가피성을 인정하고 살아야만 할 것 같다. 그래서 경쟁에서 이기고 일을 차질 없이 추진할 수 있게 해주는 승부근성은 중요할 수밖에 없다. 특히 같은 일을 같은 시점에서 시작해 같은 종점에서 그 성과를 동료들과 비교당하는 직장인들에게 더없이 절실한 역량이다.

특유의 승부근성으로 찬란한 위업을 이룬 사람도 많다. 세계 농구역사는 미국 NBA에서 열 번의 득점왕, 세 번의 MVP, 당대 세계 최고의 연봉을 누렸던 마이클 조던을 전설적인 인물로 기록하고 있다. 그의 성공을 얘기할 때 항상 따라붙는 단어가 있는데 그것은 바로 승부근성이다. 1998년 《월스트리트 저널Wall Street Journal》의 한 칼럼은 "마이클 조던의 강인한 승부근성과 부단한 연습은 그를 이 시대의 가장 위대한 선수로 만들고 있다"고 하면서 그의 승부근성을 집중 조명한 바 있다. "나는 승부를 사랑한다. 돈의 문제가 아니다. 경쟁하기를 좋아해서 도전한다. 경기가 있어야 이길 수 있지 않은가?" 승부를 사랑한다고 말하는 마이클 조던은 마치 승부를 위해 태어난 사람 같다.

정규교육을 3개월 정도밖에 받지 않았던 에디슨이 발명왕이 되었던 배경에도 바로 승부근성이 자리 잡고 있었다. 훗날 에디슨의 아들은 그의 아버지에 대해 "아버지가 이룬 성공의 열쇠는 승부욕이었다"고 술회한 바 있다.

이처럼 승부근성이 성공에 미치는 영향력은 가히 절대적이다. 이기려고 죽기 살기로 덤비는 사람처럼 무서운 사람이 없다. 이들은 대부분 성공을 통해 새로운 금자탑을 쌓는다.

이기는 훈련은 기한이 없다

승부근성이 불필요한 직장생활은 거의 존재하지 않는다. 직장에서의 기회는 누구에게나 평등하게 분배되는 것이 아니기 때문이다. 경쟁에서의 승리는 물론 일에서의 질 높은 성과 역시 승부근성이 상당 부분 보장해준다. 개인의 성과는 곧 직장의 성과로 이어진다. 그래서 기업에서는 직원들에게 승부근성 발휘를 특별히 주문하고 있으며, 신입사원 채용 시에도 승부욕, 경쟁심, 도전정신과 같은 승부근성과 관련 있는 정신역량을 중요한 평가요소로 삼고 있다.

우리는 이미 경쟁에 익숙해져 있다. 어렸을 때 유치원부터 다른 학생과 성적으로 경쟁해왔다. "어떻게 하면 점수를 더 올릴 수 있을까?"보다 "어떻게 하면 다른 학생들보다 더 잘할 수 있을까?"가 주된 관심사였다. 이러한 과정을 통해서 이미 상당수준의 승부근성이 알게 모르게 몸에 배어 있다.

이러한 승부근성은 운동경기에서 피땀 흘리며 사력을 다하는 선수의 모습에서 볼 수 있다. 그뿐 아니라 '나는 가수다', 'K팝 스타', '위대한 탄생' 등의 방송사 경선 프로그램에서 참가자들이 '내가 최고'란 것을 보여주기 위해 온몸으로 열창하고, 또한 경쟁에서 떨어지지 않으려고 부들부들 떠는 모습 등을 통해서 수시로 확인할 수 있다.

한국 사람의 승부기질은 이미 세계적으로 정평이 나 있다. 몇 년 전 세계적인 임원사관학교로 알려진 GE의 크로톤빌 연수원에서 교육받던 GE의 핵심임원 45명이 해외지역 교육의 일환으로 우리나라에 온 적이 있다. 이때 이들이 가장 관심을 두고 배웠던 내용이 바로 한국인의 승부근성이었다고 한다.

그래서 직장생활을 하는 과정에서 승부근성을 위한 의식적인 노력을 조금만 더 한다면 1등을 위한, 승리를 위한, 일을 완벽히 해내기 위한 양질의 승부근성을 얼마든지 만들어낼 수 있다.

승리를 갈망하라

승리를 담보하는 승부근성을 키우기 위해서는 첫째, 이기는 것을 염원해야 한다. 사람이든 일이든 승부수를 던지고 그것과 일전을 치러야 할 일이 직장에서는 비일비재하다. 이러한 상황에서 스킬 차원의 방법만으로 대응하는 것은 한계가 있다. 승리를 갈망하고 염원할 때 승부근성의 원료인 투혼과 악바리 근성이 생겨난다.

"이기는 것이 전부는 아니지만, 이기기를 원하는 것은 중요하다."
이 문구는 2007년에 포스코가 설정한 기업 비전이다. 모르긴 몰라도 승리를 염원하는 이 비전이 직원들의 가슴에 새겨져서 승부근성을 만드는 데 영향을 미쳤고, 이때 만들어진 승부근성이 포스코가 철강 부문에서 글로벌 1등 기업으로 존재하는 데 결정적인 기여를 한 것이 아닐까 생각한다.

둘째, 원대하고 명확한 목표를 설정해 마음에 아로새긴다. 승부근성은 명확하고 높은 목표가 있을 때 더욱 확고하게 우리 몸에 뿌리를 내리고 자란다. 일이라면 "잘할 것인가, 잘하면 얼마나 잘할 것인가?"를, 경쟁이라면 "앞설 것인가, 앞서면 얼마나 앞설 것인가?"를 목표로 명확하게 설정하는 습관을 들여야 한다. '적당히', '대충'이라는 단어는 승부근성의 원료인 투혼을 약화시킬 뿐이다.

"아마 3~4위전에서 일본을 만나지 않고 다른 팀을 만났다면 쉽지 않은 경기를 했을 것이고 졌을지도 모릅니다." 2012년 런던 올림픽에서 일본을 물리치고 동메달을 획득함으로써 우리나라 올림픽 축구 역사를 새로 쓰게 한 주역인 '형님' 홍명보 감독의 말이다. 이 말은 숙적 일본을 반드시 이겨야만 하는 확고부동한 목표의식이 승부근성을 강렬하게 자극해 결국 승리했다는 말과 다를 바 없다.

셋째, 행한 일에 대해서는 반드시 평가하는 습관을 들인다. 직장인들은 일의 현장에서 좋든 싫든 하루에도 열두 번씩 일의 결과를 맞이하고 그 결과에 따라 희비喜悲를 느끼며 살아간다. 그런데 문제는 '희'에 도취해, 또는 '비'에 위축되어 결과에 대한 평가를 소홀히 하는 경우가 많다. 평가가 승부근성 함양에 크게 기여하는데도 말이다.

성공적인 결과를 돌아보는 순간 성취감과 함께 또 다른 일에 대한 도전의욕을 자극하는 자신감이 생성된다. 그리고 별것 아닌 이유 때문에 실패했다는 것이 확인되기라도 한다면 설욕하고자 하는 욕구가 분출되기도 한다. 여기에서의 자신감과 설욕 욕구는 승부근성을 분출시키는 양수기 같은 존재가 된다.

넷째, 친선만 내세우지 말고 가끔은 내기로 승부를 가린다. 직장동료나 친구 등과 벌이는 골프, 테니스, 배드민턴 등의 친선경기는 승부근성을 키우는 데 좋은 재료가 될 수 있다. 여기서 적당히 내기를 걸면 실력향상은 물론 승부근성까지도 키울 수 있기 때문이다.

미국 PGA투어 3승, 유럽투어 14승의 대기록을 세운 '뚝심의 승부사' 대런 클라크Darren Clarke는 승부근성을 키우기 위해 어린 두 아들과 골프를 칠 때조차도 작지만 반드시 내기를 건다고 한다. 고소득과 높은 명예를 지향하는 직장인이라면 주말의 쉬는 시간일지라도 경쟁능력을 키우는 일에 관심을 가져야 한다. 물론 지나친 내기는 승부근성은커녕 스트레스만 가중시킬 수 있기 때문에 조심할 일이다.

다섯째, 승부를 걸 때는 가능한 한 능력이 비슷한 사람과 1대 1로 하는 것을 원칙으로 삼는다. 진정한 승부욕은 막상막하의 상대를 만났을 때 생겨난다. 상대가 만만해서 압박감을 느끼지 못하면 이길 수 있는 잠재력을 끌어올리지 못하고, 반대로 상대의 실력이 월등하면 포기하려는 마음이 생기기 때문이다.

그리고 집단적 상황보다는 1대 1의 상황이 승부근성을 더욱 자극한다. 여럿이 같이하는 일에서는 사람이다 보니 "나 하나쯤이야" 하는 생각을 하게 되고, 이러한 생각은 개인의 승부 욕구 진작에 도움이 되지 않을뿐더러 집단의 승리에도 부정적인 영향을 미친다. 그래서 승부근성을 키우기 위해서라면 실력이 비슷한 상대와의 1대 1 경기에 주력해야 한다.

여섯째, 인정할 것은 흔쾌히 인정한다. 승부의 세계는 승리도 있지만 패배도 있다. 승리는 승부를 가려보고자 하는 의욕을 부추기지만 패배는 사람으로 하여금 승부를 거는 일에 겁먹게 한다. 특히 승부자체에만 몰입되었다가 패배하면 소위 '멘붕' 상태, 즉 마음과 정신이 그대로 무너져 내릴 수 있다. 그래서 패배의 아픔도 긍정적으로 받아들이는 훈련을 해야 한다. 특히 마인드컨트롤 훈련은 승리나 패배를 보다 냉정하게 수용할 수 있도록 해주기 때문에 무엇보다 필요하다. 인정할 것은 인정하자는 얘기다.

남보다 더 잘하기 위해서, 전보다 더 잘하기 위해서 승부근성은 꼭 필요하다. 요즘과 같이 경쟁이 치열해 승자와 잘하는 자가 더욱더 인정받을 수밖에 없는 상황에서는 악바리 같은 승부근성이 직장인에게 없어서는 안 될 핵심 덕목이다. 좀 살벌하다는 생각이 드는가? 안타깝기는 하지만 이것은 엄연한 현실이다.

02

'One of them'이 아닌
'Only one'을 지향하라

프로의식

이렇다 하게 두각을 나타내 본 일도 별로 없고, 정상적인 퇴근 시간
에 나가면서도 남들 눈치 보고, 일요일 저녁 무렵이면 벌써 회사 일로
초조해지는 것이 평범한 직장인의 일상이다. 그런데 이와는 달리 높
은 명예와 소득을 당당하게 누리면서 최고의 경지를 향해 줄달음치
는 직장인이 있다. 이런 직장인들에게서 발견되는 공통적인 DNA가
있는데, 그것은 바로 다름 아닌 프로의식이다.

프로의식은 자신에게 주어진 과업은 투철한 책임감으로, 자신이
설정한 목표는 타오르는 열정으로 수행해 남과 나를 이롭게 하고 더
나아가서 해당 분야에서 최고가 되고자 하는 정신적인 특성이다. 프
로라고 불리는 사람은 바로 이러한 프로의식으로 단단히 무장된 사
람이다. 그래서 보통사람과는 분명 생각도, 태도도, 행동도, 성과의
질과 양도 다르다.

프로의 마인드는 다르다

프로는 남들이 책임 회피에 급급할 때 과감히 책임을 지고, 남들이 생각만 하다 기회를 놓칠 때 그 기회를 신속히 잡아내고, 남들이 불을 쬘 때 불을 지피고, 남들이 변명만 늘어놓을 때 자기 일에 목숨을 걸고, 남들에게는 하루가 24시간일 때 하루를 25시간처럼 보낸다.

어디 이뿐인가? 남들이 타인에게 엄하고 자신에게 관대할 때 프로는 자신에게는 엄하지만 남에게는 관대하고, 남들은 말로만 할 때 프로는 행동으로 보여준다. 그리고 남들은 '너 죽고 나 죽자'고 할 때 프로는 '너도 살고 나도 살자'고 하고, 남들은 놀 줄 모를 때 프로는 최고로 놀며, 남들은 'One of them'에 머무를 때 프로는 'Only one'을 지향한다.

프로는 가지고 있는 지식과 기술 활용에서도 남다르다. 아마추어 골퍼와 프로 골퍼의 스윙 상황을 비교해보자. 아마추어들은 스윙할 때 "머리를 움직여서는 안 되고, 허리는 최대로 돌려야 하고, 발은 어깨너비로 벌려야 하고, 몸의 힘을 빼고……" 등등 온갖 생각을 해가면서 스윙한다. 닥칠 때마다 떠올리려다 보니 머리가 복잡하다. 그러니 제대로 맞을 리가 없다.

그러나 프로 골퍼는 이미 그 기술을 체화시켰기에 머리가 복잡할 일이 없다. 그냥 잘 맞을 것만을 기대하면서 자연스럽게 스윙한다. 이때 공은 직사포 탄이 날아가듯 공중을 시원하게 가르면서 250야드 그물망에 그대로 꽂힌다.

프로의식은 더 높은 곳을 지향한다

프로의식이 빚어내는 위력은 대단하다. 2010년 경제전문지《포브스》가 선정한 가장 영향력 있는 세계여성 100인 가운데 7위에 오른바 있는 가수 레이디 가가, 그녀는 2012년에 뉴질랜드에서 열린 '더본 디스 웨이 볼The Born This Way Ball' 공연 도중 뇌진탕을 입는 사고를당했다. 사고 당시 그녀는 충격에도 불구하고 잠시 머리를 문지르며멈칫했을 뿐 곧 자세를 바로 했다. 그리고는 "좀 힘들기는 하지만 끝까지 여러분과 함께하겠다"는 말을 남기고 남은 열여섯 곡의 무대를선보이며 공연을 차질 없이 마무리했다. 공연이 끝난 후 그녀는 병원에 실려 갔다. 만일 그녀에게 프로의식이 없었다면 과연 이것이 가능했을까?

이뿐만이 아니다. 백만장자 자산운용 컨설팅 회사인 SEI 인베스트먼트는 보유자산 2000만 달러가 넘는 미국 부호 100명 이상을 대상으로 향후 관심사를 조사했다. 이 조사에서 응답자의 74%는 "향후5년 이내에 재산을 어떻게 증식시킬 것이냐"가 최고의 관심사라고답했다. 이들은 다른 사람들이 아니고 금전적으로는 더 이상 바랄 게없을 부호의 반열에 오른 사람들이다. 그러니 이들의 관심사가 돈을더 버는 일이라는 사실이 얼른 이해가 가는가? 이것 역시 최고의 부와 명예를 추구하는 강렬한 프로의식의 발로라는 것 외에는 다른 말로 설명하기 어려울 것 같다.

직장에서도 남다른 프로의식을 가지고 자기분야에서 찬란한 업적을 세우면서 고소득을 올리며 누구보다도 빠른 승진을 거듭하는 직장인들이 많다. 현대자동차의 영업부서에 근무하는 L모 영업차장이 있다. 그는 수천 명의 전문영업직원 중에서 연간 영업실적이 매년 10위권을 넘나드는 전국적인 판매왕인데, 사내는 물론 사외의 영업 분야에서도 그를 모르는 사람이 거의 없을 정도다.

어느 날 그는 유명세 덕분에 다른 회사로부터 출강의뢰를 받았다. 워낙 바빠서 사양했지만 거듭되는 요청에 회사 공식 근무시간 이후인 저녁 시간에 강의한다는 조건으로 출강을 수락했다. 일단 하기로 한 일이기에 그는 완벽하게 강의준비를 했다. 초청한 회사는 감사의 표시로 고액의 강사료를 주려 했지만 그는 받지 않았다. 그 대신 강의하러 간 회사의 사내 인터넷망에 자신을 소개하는 글귀를 몇 줄 올려달라는 제의만을 했다. 이미 그의 의도는 더 큰 곳을 겨냥하고 있었다. 그가 가진 남다른 프로기질로 봐서 아마 그는 그 회사 직원들에게 꽤 많은 차를 판매해 강사료와는 천양지차인 훨씬 더 큰 수익을 누렸으리라.

이처럼 프로의식이 있는 사람들은 일에 대한 투철한 책임감, 이왕이면 더 많은 소득을 올리겠다는 욕심, 저만치 앞을 내다볼 줄 아는 거시적인 안목을 가지고 있다. 이를 통해 남들이 부러워하는 아주 높은 명예와 소득을 누리며 살아간다.

열망은 불태우고 욕심은 부려라

이러한 프로의식 발휘를 통해 진정한 프로가 되기 위해서는 첫째,

부여된 일과 맘먹은 일에 책임을 진다. 강한 책임감은 프로의식을 더욱 끌어올려 궁극적으로 고성과를 거두는 데 크게 기여하고 성공을 향해 가는 속도를 한층 높인다. 매사에 책임지는 자세로 일하는 사람은 그와 이해관계로 연결된 다른 사람에게 강한 신뢰감을 주고, 덕분에 그들로부터 강력한 지지와 지원을 얻어낼 수 있기 때문이다.

알렉스 퍼거슨Alex Ferguson은 1986년에 영국 맨체스터 유나이티드 축구구단 사령탑에 올라 2013년 은퇴할 때까지 무려 27년간을 탁월한 리더십으로 팀을 지휘했던 세계 최장수 축구감독이다. 그가 이렇게 장수를 누릴 수 있었던 것은 바로 열정과 투철한 책임감에서 비롯되었다. 그는 한 언론과의 인터뷰에서 다음과 같이 말했다. "내가 해야 할 일은 오로지 팀을 승리하게 만드는 것이다. 나는 주어진 책임을 다하는 것보다 더 중요한 것은 아직 없다고 생각한다." 이러한 주어진 책임을 다하는 정신이 퍼거슨 감독을 오늘날 전설적인 명감독으로 빛나게 해준 것이 아닐까?

둘째, 열망과 욕심을 불태운다. 열망과 욕심은 프로의식의 근간을 이루는 핵심적인 요소다. 그래서 하고자 하는 동기를 유발하는 가장 강력한 요소인 열망과 전보다 더 크게, 그리고 남들보다 먼저 내 것으로 만들고야 말겠다는 욕심은 프로의식 발휘를 위해서 늘 절실하게 필요하다.

세계적 경제전문지 《포브스》의 발표에 의하면 2012년 미국 최대 부자들의 평균 순자산이 전년보다 13%나 증가한 것으로 나타났다. 이것은 미국의 경제성장률을 크게 앞지른 수치인데, 이로 인해 빈부 격차가 더욱 확대되었다고 《포브스》는 걱정했다. 이렇게 부자들의 소득이 그렇지 않은 사람들보다 더욱 증가한 것은 다른 이유도 있겠지만 "이왕 버는 것 제대로 한번 벌어보자"는 욕심이 가장 큰 이유로 작용한 것이 아닌가 싶다. 이러한 욕심이 부자들의 프로의식을 자극해 부를 지속적으로 확대 재생산하는 것이다.

셋째, 경제 감각을 드높인다. 경제 감각은 경제원칙에 의거한 업무 추진과 직결된다. '최소의 비용으로 최대의 효과를 거두는 것'은 효율과 효과를 지향하는 프로 직장인에게 핵심이 되는 경제원칙 중 하나다. 시간이나 자원은 누구에게나 똑같이 주어진다. 이런 상황에서 효율과 효과를 생각하지 않고 그냥 일한다면 성과의 극대화를 통해 남들을 앞서 가고자 하는 바람은 요원한 일일 뿐이다.

그리고 경제에 무디면 소득증대의 노하우를 습득하거나 발휘하는 데도 취약할 수밖에 없다. 우리는 "어린 녀석이 돈은 알아서 뭐해!" 하는 말을 들으며 살아온 덕택(?)에 금전에 대한 미약한 관념이 형성되어 프로의식을 약하게 하는 데 상당 부분 작용해왔던 것이 사실이다. 이것은 과거에 직장인들이 고액의 연봉을 거머쥘 수 있는 업무분야로 진입하는 것을 망설이는 데 한몫했다. 지금 같으면 최우선 순위로 덤벼들 텐데 말이다.

오늘날 세계 인구의 0.4%에 불과한 유대인이 세계 100대 기업의 40%를 소유하고, 노벨경제학상 수상자의 약 65%를 배출한 주요 배경에는 강한 경제 마인드가 자리 잡고 있다고 전문가들은 한결같이 입을 모은다.

넷째, 투자 마인드를 키운다. 투자 마인드는 경제 감각과 더불어 프로의식을 지탱하는 핵심요소로 고성과 창출에 크게 기여한다. 하지만 안타깝게도 적지 않은 직장인들은 그냥 열심히 일만 하면 성과가 나오고 동료나 상사로부터 인정받을 수 있다고 생각한다. 그러나 대인관계가 일의 성과를 좌우한다고 생각하면 얘기는 달라진다. 술 한 잔, 밥 한 끼, 커피 한 잔에도 약해지는 것이 사람이다. 이런 투자는 큰돈 들어가는 것이 아니면서도 그 효과는 작지 않다.

그럼에도 불구하고 투자 마인드가 약한 직장인들은 회사 돈으로 회식하러 간다면 그 누구보다도 빨리 달려가면서 술 한 잔이라도 사라면 그저 옹색하게 군다. 좀 쓰면 더 큰 이익을 맛볼 수 있을 텐데도 말이다.

이러한 물적인 투자도 중요하지만 정성을 다해 말과 행동으로 주변을 챙기는 심적인 투자 역시 중요하다. 어쩌면 이것이 더 중요할지도 모른다. 금전적인 신세보다 더 오래 기억에 남는 것이 진정한 마음에서 비롯된 관심, 배려, 격려, 칭찬 등이기 때문이다.

높은 성과를 얻으려면 그에 상응하는 또는 그 이상의 여러 가지 노력을 해야 한다. 수학에서는 1 더하기 1은 무조건 2가 되지만 사회과학이 적용되는 우리의 업무현장에서는 1 더하기 1은 3이 될 수 있고 5도 될 수 있다. 이렇게 3이 되고 5가 되는 데에는 사람에 대한 인적, 물적 투자가 큰 역할을 한다. 남이 2를 얻을 때 투자를 통해 3과 5를 얻는 사람이 바로 프로 대접을 받는 것이다.

다섯째, 항상 결과를 지향한다. 이왕 하는 것 혼신의 힘을 다해서 반드시 끝장을 보는 결과 지향적인 생활에 익숙해져야 한다. 과정도 중요하지만 프로의 세계에서는 결과 없는 과정은 별 의미가 없다. "과정이 있어야 결과가 있다", "결과보다 과정을 중시하라"고 하면서 많은 교육현장에서는 과정의 가치를 아름답게(?) 강조한다. 물론 일리 있는 말이다. 그러나 기업 등의 직장에서 상사에게 그간의 진행과정을 구구절절 나열했다가는 "아 그래서 결과가 어쨌다는 거야?", "결론이 뭐야 결론이……"라는 상사의 짜증스런 말을 듣기 십상이다. 당장 필요하고 중요한 것은 결과란 얘기다. 일반적인 상황에서도 이럴진데 프로들의 세계에서 결과를 중시하는 강도는 어떠하겠는가?

인간의 잘살려는 욕심, 열망, 책임감, 성과지향, 승리에 대한 기대감 등이 머리를 싸매고 밤새워 일하게 만들며, 이로 인해 앞서 이룬 1등이 무너진다. 이것이 조지프 슘페터Joseph A. Schumpeter의 '창조적 파괴'의 논리다. 여기서 욕심 등은 프로의식을 구성하는 핵심적인 요소다. 그래서 프로의식이 발휘되면 이미 이룩한 것이 발전적으로 해체되고 그보다 더 멋들어진 것이 만들어진다. 애플, 구글, 페이스북 등이 바로 이런 결과물들이다.

03

남을 얻으려거든
나부터 팔아라

—

영업 마인드

세상을 성공적으로 살아가기 위해서는 누구를 불문하고 영업 마인드가 절대적으로 필요한 시대가 바로 우리가 사는 시대다. 다시 말해 '나를 잘 파는 능력'이 무엇보다 중요한 시대다. '영업'이란 단어 때문에 '영업 마인드'가 영업 직종에서나 필요한 것으로 생각하면 그건 큰 오해다.

영업 마인드는 상대방을 만족시켜 그가 자발적으로 내게 다가올 수 있게 하는 대인지향적인 정신역량이다. 여기서 상대방은 영업과 직접적인 관련이 있는 사람은 말할 것도 없고 나의 이익과 조금이라도 관련되는 사람 모두를 포함한다.

영업 마인드는 더 이상 영업직원의 전유물이 아니다

"영업을 잘해야 우대받고 승진하는 조직, 전 직원이 영업 마인드로 무장한 강력한 조직을 반드시 만들겠다." 얼핏 보면 이 말은 영업조직을 담당하는 고위책임자가 자신의 포부를 다지는 말 같기도 하다. 그러나 그렇지 않다. 이것은 글로벌 대기업의 한 CEO가 취임식에서 취임일성으로 한 말이다. 영업 마인드가 얼마나 중요한지를 전 직원들에게 작심하고 피력한 것이다.

이처럼 영업 마인드는 더 이상 영업부서에만 필요한 덕목이 아니고 이제는 경제생활을 하는 사람이라면, 그리고 해당 분야에서 남다른 성공을 바라는 사람이라면 그 누구 할 것 없이 가져야 할 보편적인 가치가 되었다.

수익을 지향하는 기업은 영업 마인드가 당연히 필요하다고 치자. 그런데 이제는 학문의 요람인 대학에도 영업 마인드의 바람이 불고 있다. 학문적 능력이 출중해도 일단 영업 마인드가 없으면 총장임명 자격으로서 기준미달이다. 즉, 상아탑에 갇혀 있는 '학자형 총장'의 시대는 지나갔다는 얘기다. 기금을 끌어모으고 학교를 알리는 영업 마인드가 총장이 가져야 할 필수요건 중의 하나라는 점을 대학들이 절감하고 있다.

신입사원 응시자격란에 아예 '영업 마인드를 갖춘 자'라는 문구를 명기하는 회사도 늘고 있다. 응시자에게는 사실 반가운 문구는 아닐 것이다. 그러나 영업 마인드가 있으면 입사시험 통과는 물론 향후 이어질 직장생활에서도 높은 성과가 보장될 수 있기 때문에 오히려 관심을 두고 예의 주시해야 한다.

영업 마인드는 보다 넓고 깊은 사고를 가능케 해 개인이나 기업이 처한 위기에서 벗어나게 하는 위력을 지니고 있다. 우리나라 광케이블 개발의 주역 중 현업에 남은 유일한 사람인 K모 사장, 그는 이공계 출신으로 개발과 생산 분야에서 잔뼈가 굵은 사람이다. 그에게는 빛나는 영광도 있었지만 쓰라린 경험 역시 많다. 그는 모 일간지와의 성공 관련 인터뷰에서 그의 전공 분야를 칭송할 것이라는 예상을 깨고 "영업 마인드를 갖춘 뒤에야 비로소 큰 틀의 사고를 할 수 있었고, 이를 통해 회사를 위기로부터 구출할 수 있었다"는 소회를 피력했다. 영업 마인드의 위력을 강조한 것이다.

코오롱모터스의 K모 차장은 수입차를 가장 많이 판매하는 사람으로 유명하다. 2011년에는 214대의 BMW를 팔아 판매 1위를 기록했다. 서울 강남에서도 아닌 부산에서 1등을 했기에 사람들이 더욱 놀랐다. 그가 영업을 한다 하니 처음에는 주변 사람들이 의아하게 생각했다고 한다. 조용하고 내성적인 그의 성격은 영업에 맞지 않으리라고 생각했기 때문이었다. 그러나 자신의 성실함을 고객에게 알리고, 항상 고객을 내 가족이라 생각하며 지낸 결과 그는 보란 듯이 성공했다. 소소한 영업기술보다는 진정한 영업 마인드로 승리했던 것이다.

업무와 협상 모두 결국은 영업이다

시야를 좁혀서 영업부문을 한번 들여다보자. 영업부문은 당장에 필요한 '산소'를 조직에 공급하는 역할을 하다 보니 기업, 공공기관, 학교 할 것 없이 어느 조직에서나 더없이 중요한 파트로 여겨진다. CEO가 관심을 가지고 주시하는 부서를 설문한 취업정보회사의 조사결과가 이를 대변한다. 결과는 영업 25.1%, 재무회계 13.9%, 연구·개발 12.4%, 경영기획·전략 11.2% 순으로 나타났다.

만약 제조회사가 망하기 일보 직전이라서 인원을 감축하고 조직을 없앤다면 어디부터 정리하겠는가? 더 이상 물건이 필요 없으니 생산부서가 첫 번째 타겟이다. 다음은 실적을 분석하고 중장기 계획을 다루는 기획부서다. 목숨이 경각에 달리면 중장기 계획은 의미가 없다. 이 부서 저 부서 거처 맨 나중에까지 있어야 할 부서는 영업부서다. 왜냐하면 있는 재고라도 마지막까지 판매해 자금을 모아야 하기 때문이다.

지구촌에는 APEC, ASEM, ASEAN, G7, G20 등 다양한 형태로 여러 나라 정상들이 모이는 정기 또는 비정기 회의체가 있다. 겉으로는 정상들이 모여서 주로 우의를 다지고 각종 정치와 외교현안이나 논의하는 것으로 비친다. 그러나 그것이 전부라 보면 오산이다. 겉으로 평온해 보이는 오리가 물밑에서는 정신없이 발을 움직이듯이 점잖게 진행되는 공식회의 이면에는 정상 또는 실무자들이 원전이나 고속철을 판다든지, 공사 프로젝트를 따낸다든지 하는 국가 간 비즈니스에 더 골몰하며 부산하게 움직인다. 그곳은 영업이 없으면 나라도 존재할 수가 없다는 것을 여실히 보여주는 현장이다.

영업은 제품이나 서비스에 관심 없는 사람이나 거부하는 사람을 설득해서 팔아야 하기 때문에 여간 어려운 일이 아니다. 그러나 일이 어려운 만큼 다른 직종보다 다양한 차원에서 훨씬 더 많은 기회를 잡을 수 있는 곳이 바로 전문영업직이다. 영업 마인드에 진력하면 타 직종에서는 얻기 어려운 짜릿한 쾌감과 보람을 얼마든지 향유할 수 있다는 얘기다. 영업직종은 대부분 영업량에 비례해서 급여를 받기 때문에 영업만 잘하면 억대가 넘어가는 고액의 연봉을 챙길 수가 있다. 그리고 수많은 사람과의 관계를 통해서 배우는 것도 많을뿐더러 퇴직 후에까지 이어질 수 있는 '고객자산'도 얻을 수 있다.

그리고 현장영업, 마케팅 등 영업 관련 부서 출신은 과거와는 달리 경영층으로 올라가는 데 그 어느 분야 출신보다도 유리한 고지를 점하고 있다. 2012년 삼성그룹의 컨트롤타워이자 그룹의 2인자로 불리는 자리인 미래전략실장에 임명된 최지성 부회장, 그는 TV 총괄 사장을 맡으면서 빠른 의사 결정력과 공격적인 경영으로 삼성 TV를 세계 1위로 만들었고 삼성 휴대폰이 노키아를 따라잡는 데에도 기반을 닦은 사람이다. 그가 바로 삼성전자에서 엔지니어가 아닌 영업 및 마케팅 분야 출신으로 대표이사 부회장이 된 최초의 사람이다. 영업이 회사를 최전방에서 먹여 살리는 역할을 하다 보니 영업 분야에서의 핵심요직 발탁은 당연지사가 되는 것이다.

위에서 확인된 바와 같이 영업 마인드는 빛나는 명예와 고소득을 선사해주는 중요한 능력이다. 영업 마인드만 있으면 직장의 어느 부서에서도 성공 가능성은 훨씬 높아진다. 다시 말해 영업 마인드는 현재 개인의 성공을 좌우하는 핵심 상수로 존재하며 그 빛을 강하게 발하고 있다.

나는 당당하게 내세우고 남은 정중히 모셔라

영업 마인드를 키우기 위해서는 첫째, 직접 영업을 해본다. 전문영업직원이나 영업부서에서 근무하는 직장인들은 일 자체가 영업과 직결되어 있어서 영업 마인드를 키우기 위한 기회는 늘 있다. 그러나 영업 이외의 업무분야에서 일하는 직장인은 그렇지가 않다. 그래서 개인 스스로가 영업 마인드 제고를 위한 의식적인 노력이 필요하다.

직장생활 1, 2년 경험으로 성공을 욕심낼 수는 없는 일이다. 적어도 10년 이상 장기전 속에서 기회를 찾으며 성공을 겨냥해야 한다. 이러한 장기적인 안목을 가지고 자청해서라도 일정 기간 영업부서에 근무해보는 것은 영업 마인드를 높이는 가치 있는 기회가 될 것이다.

둘째, 나를 내세우고 끊임없이 홍보한다. 영업 마인드는 나를 남에게 당당하게 팔 수 있는 자신감과 홍보능력을 먹고 자란다. 상대방으로부터 인정받고 그들이 내게 몰려들 수 있게 나의 강점과 차별점을 끊임없이 내세우고 알릴 줄 알아야 한다. 아기가 태어나자마자 울음으로 살아 있음과 자신의 존재를 알리는 것처럼 말이다. "내가 뭐 대단하다고……", "뭐 굳이 자랑까지……" 하면서 필요 이상으로 겸손해지려거든 애초부터 직장에서의 큰 성공은 기대하지 않는 것이 좋다.

셋째, 상대를 만족시키고 감동시키기 위해 노력한다. 상대에게 만족과 감동을 주기 위한 반복적인 행위는 영업 마인드 함양과 직결되어 있다. 어쩌면 고객감동을 지향하는 태도는 영업 마인드의 또 다른 이름이라고도 할 수 있다. 영업 마인드의 최종 목표는 누구든 나의 이해와 관련 있는 상대방을 만족과 감동으로 설득해 내가 바라는 바를 달성하는 것이기 때문이다.

고객이 그 노력에 의해 설득됨으로써 내가 바라는 것이 이루어지면 고객을 위하고자 하는 의욕이 더욱 커질 것이 뻔하다. 그러면 또 고객설득과 나의 희망은 이루어지고, 이렇게 반복되는 과정에서 성공역량인 영업 마인드는 자연스럽게 형성될 것이다.

넷째, 원만한 대인관계성을 키운다. 영업 마인드를 키우기 위해서는 기본적으로 대인관계성이 좋아야 한다. 어차피 대인관계를 떠나서는 사회에서나 직장에서 살아갈 수 없기도 하지만 대인관계를 꺼리는 상황에서는 영업 마인드가 발현될 수 없기 때문이다. 대인관계가 적은 부서에 근무하는 직장인은 본의 아니게 대인관계에 소홀할 수도 있다. 그래서 자신이 관계에 약하고, 관계 여건 역시 미흡하다고 생각되는 직장인들은 영업 마인드를 고려해 일부러라도 다른 사람과 친해지려고 부단히 노력해야 한다.

다섯째, 항상 성과에 관심을 갖는다. 성과에 관심을 갖는 습관은 영업 마인드를 끌어올리는 데 도움을 준다. 자신이 올린 성과가 미흡하면 이를 높이려고 노력하는 중에, 그리고 성과를 맛본 후 더 잘해보고자 하는 중에 영업 마인드가 자연스럽게 키워질 수 있기 때문이다.

성과가 계량화될 수 있는 영업 또는 생산부서 등에서는 자신의 성과가 보기 싫어도 자주 눈에 보인다. 그러나 그렇지 않은 부서에서는 성과에 둔감해질 수가 있다. 그래서 평소 상사, 동료 등의 자신에 대한 평가, 목표달성의 질 등을 주시하면서 자신의 성과를 수시로 점검하는 것이 필요하다.

영업담당 직원들만 파는 일을 하는가? 절대 그렇지 않다. 자신이 하는 일의 종류와 상관없이 직장인으로 근무하는 모든 사람은 목적하는 바를 달성하려면 그 무언가를 항상 팔면서 생활해야 한다. 그 무언가는 바로 자기 자신이다. 팔더라도 멋지게 팔아야 한다.

04

억지로 하려거든
아예 하지 마라

—

동기부여능력

페이스북의 CEO 마크 주커버그Mark Zuckerberg는 2012년 회사 상장 직후 '돈벼락' 맞을 직원의 이탈을 막기 위해 고민에 빠진다. 그러다가 결국 그는 직원들에 대한 동기부여책을 강화하는 방향으로 가닥을 잡는다. 국내 기업들이 점점 럭비공처럼 변하는 직원들의 마음을 붙잡아 일에 몰입시키기 위해 부심할 때 가장 먼저 만지작거리는 카드도 역시 다름 아닌 동기부여에 관련된 카드다.

이제는 학교에서도 동기부여에 높은 관심을 보이고 있다. 국내의 한 대학교에서는 2012년 전국 대학 중 최초로 신입생 전원에게 한 달간 특별 프로그램인 '동기유발학기'를 도입해 대학가에 큰 화제를 몰고 온 적이 있다. 이것은 다른 대학교에까지 바람이 불어 현재 이와 유사한 강좌가 속속 개설되고 있다.

동기는 최고의 에너지원이다

이렇듯 사람이 있는 곳이라면 어디서든 동기부여를 위한 노력이 다양하게 펼쳐지는데, 이것은 동기부여가 그만큼 중요하다는 것을 단적으로 보여주는 것이다. 동기부여는 열정적으로 일할 수 있는 에너지를 만들어내는 원천이기에 중요하기 그지없는 정신역량 중 하나다.

주체에 따른 동기부여의 유형은 상사, 조직에 의한 외재적 동기부여와 자신에 의한 내재적 동기부여 등 두 가지다. 이 중 내재적 동기부여, 즉 자기동기부여의 파워가 당연히 더 크고 오래간다. 그래서 업무현장에서 개인의 성과를 가장 크게 끌어 올리려면 무엇보다도 자기동기부여를 잘해야 한다.

높은 성과를 창출하며 경쟁에서 앞서 가는 직장인들은 이러한 자기동기부여에 능숙하다. 높은 의욕과 능력을 갖춘 이들은 지속적으로 자신에게 동기부여를 해가는 것은 물론, 종전보다 더 효과적인 방법을 찾기 위해 끊임없이 노력한다.

지금은 사기업, 공기업 할 것 없이 경영층을 제외하고서도 억대 연봉자가 많다. 이들 잘나가는 셀러프라이저들은 인센티브, 포상 등 직장에서 제공하는 동기부여용 당근에 크게 연연하지 않는다. 대신 자신의 성공을 위해 스스로 자극해 추진의욕을 부추긴다. 꿈과 비전을 세우고 이를 달성해가는 것은 대부분 자신이 알아서 할 몫이라고 생각한다. 그렇다고 해서 자신들이 당연히 받아야 할 대가에 문제가 있는데도 불구하고 이를 그냥 수수방관하느냐 하면 절대 그렇지 않다.

자기동기부여밖에는 믿을 것이 없다

이들과는 달리 지극히 평범한 일상을 보내는 보통직원들은 쓸 만하다 싶은 당근이 공개되면 지나치리만큼 민감한 관심을 보이다가도 아니다 싶으면 마파람에 게눈 감추듯이 이내 관심을 접는다. 그야말로 이들은 당장 눈에 보이는 조그만 것밖에 못 챙기는 근시안적인 수렵형 직장인이다.

반면에 의욕 진작을 위해 노력은 하지만 외적 여건의 뒷받침 부족으로 자기동기부여를 제대로 못 하는 직장인도 있다. 지금은 경기침체에 따른 업무량 증가와 고용에 대한 불안감이 자기동기부여를 약화시키고 있다. 또 "열심히 해봐야 남 좋은 일만 해주는 것 아닌가?" 하는 의구심 역시 자기동기부여를 약화시키는 빼놓을 수 없는 요인 중 하나다.

직장에서도 대부분 경영상황이 녹록지 않아 그 어느 때 보다도 직원들의 동기를 유발하는 방안을 제시하기가 어려운 처지다. 그리고 업무현장이 당장의 성과를 위해 숨 가쁘게 돌아가다 보니 리더들이 차분하게 앉아서 직원들의 동기유발을 위해 몰두할 정신적, 시간적인 여유가 그리 많지 않은 것이 현실이다. 상황이 이러하다 보니 힘들다고 직장이나 상사 탓만 할 수도 없는 노릇이다. 이리저리 둘러보아도 결국 믿을 거라고는 나밖에 없다. 그래서 자기동기부여에서 답을 찾아야 한다.

다행스럽게도 학자들은 자기동기부여의 가능성을 매우 긍정적으로 보고 있다. 5단계 욕구위계론으로 유명한 아브라함 매슬로우

Abraham H. Maslow는 사람들을 당면한 자신의 욕구를 해결하고 실현하기 위해 스스로 노력하는 존재로 보았다. 이것은 인간이 무엇을 하고자 하는 기본적인 동기는 누구나 이미 가지고 있고, 그 동기에 대한 진작을 끊임없이 추구하려 한다는 얘기다. 이것은 스스로 자극해 일의 의욕을 끄집어내는 원동력인 자기동기부여로 얼마든지 성공을 위한 승부를 걸 수 있다는 말과 다름없다.

위의 내용을 종합해보면 지금은 자기동기부여가 그 어느 때보다도 중요한 시기라는 것, 자기동기부여는 직장이나 상사가 주는 것보다 영향력이 훨씬 더 크다는 것, 자기동기부여의 최대화는 자기 하기 나름이라는 것을 알 수 있다. 그래서 이제는 직장과 상사의 지원에 지나치게 매달리지 말고 스스로 의욕을 발동시키는 일에 주력해야 한다.

늘 부족함 속에서 갈망하라

스스로에게 동기를 강하게 부여하기 위해서는 첫째, 어느 정도 부족한 상태를 항상 유지하는 게 좋다. "늘 부족함 속에서 갈망하라. 그리고 우직하라Stay hungry. Stay foolish.." 이 말은 공업 시대를 연 토머스 에디슨, 대량생산 시대를 연 헨리 포드 등과 함께 산업의 3대 거장으로 불리는 스티브 잡스가 2005년 스탠퍼드 대학교 졸업식에서 행한 연설의 백미가 되는 구절이다. 그는 그 무엇보다도 적당한 부족함이 성공에 미치는 위력이 크다는 것을 강조한 것이다.

정신의학에서도 힘의 근원을 '모자람'에서 찾고 있다. 항상 충족된 상태를 유지하면 도전해야 할 목표가 사라지고 이로 인해 의욕에 불을 붙이는 에너지는 고갈되지만, 부족하다는 것을 느끼면 그 순간 그 부족함을 채우기 위해 무언가를 하려고 도전장을 내민다고 한다.

직장에서 개인 또는 조직차원의 업무목표를 세울 때 대개 의욕적으로 세운다. 그러다 보니 목표달성을 하지 못해 자업자득의 스트레스를 받기도 한다. 하지만 목표달성을 못 한 약간의 부족함은 빚진 느낌을 들게 해 오히려 다음 목표의 초과달성을 자극할 때도 종종 있고, 실제로 그로 인해서 목표가 자주 초과달성 된다. 즉, 적당한 부족이 궁극적으로는 업무성과를 향상시키는 요인으로 작용하는 것이다.

둘째, 소소한 것이라도 즐거운 일을 찾고 그 일을 즐긴다. 카리브 해의 작은 섬나라 자메이카, 이 나라는 세계 단거리 육상의 최강국이다. 현재 세계최고기록 보유자 우사인 볼트, 그리고 볼트와 쌍벽을 이루는 아사파 파월 등이 모두 자메이카 출신이다.

이 조그만 섬나라가 어떻게 세계 육상을 주름 잡고 있는 것일까? 대구 세계육상대회 때 그 이유를 묻는 기자들의 질문에 자메이카육상연맹 하워드 아리스Howard Aris 회장은 "자메이카인들에게 육상은 노래나 춤처럼 즐거운 일상 중 하나이기 때문이다"라고 답했다. 사실 즐기는 자를 누가 당해낼 수 있을까?

자메이카 육상이 증명하는 것처럼 즐거운 일은 의욕을 최고도로 유발하고, 그로 인해 성공적인 결과를 얻게 한다. 그러나 직장에서는 전공의 수요공급 불일치로 본인의 입맛에 딱 맞아떨어지는 일을 부여받기가 현실적으로 쉽지 않다. 이러한 현상은 일에 대한 의욕과 동기를 떨어뜨리는 대표적인 요인 중 하나다. 그렇다고 이러한 현실에 끌려다니다가는 셀러프라이저고 뭐고 아무것도 될 수가 없다. 그래서 어떻게 해서든 이를 극복하는 방법을 스스로 찾아야 한다.

채용과정 중이라면 자신의 흥미와 적성에 맞는 부서배치를 위해 인사담당자에게 적극 어필해본다. 현재 흥미를 느끼지 못하는 업무를 가지고 하루하루 억지로 씨름 중이라면 벙어리 냉가슴 앓지 말고 상사에게 전환근무를 간곡히 건의한다. 직원 개인의 성과는 부서의 성과와 직결되기에, 즉 상사에게는 남의 일이 아니므로 부하의 애로사항 해결을 위해 일단은 방도를 모색할 것이다.

이것저것 다 해봐도 해결이 여의치 않으면 주어진 일 속에서 스스로 즐거움을 찾는 길밖에는 없다. 재미없는 분야에서 일을 시작했지만 스스로 그 일을 새로운 흥미 거리로 전환시켜 오히려 승승장구하는 프로 직장인들이 많다는 것을 염두에 두면서 말이다.

셋째, 명확한 꿈을 품고 구체적인 목표를 가진다. 현대그룹 창업자인 정주영 회장의 청운동 자택은 원래 화신백화점 박흥식 사장의 집이었다. 그는 쌀가게를 운영할 때 우연히 박 사장의 집에 배달을 가게 되었는데, 그때 그는 "언젠가 이 집을 사겠노라"는 꿈을 가슴에 품었다. 당시 쌀가게 주인으로서는 감히 상상조차 하기 어려운 꿈이었을 것이다.

그러나 공교롭게도 화신백화점이 부도나면서 정주영 회장은 그 집을 구매했고, 결국 꿈을 이루었다. 그야말로 망상 같았지만 간절한 꿈이 목표를 만들었고 목표는 행동하게 하는 의욕, 즉 동기를 끄집어내어 결국은 하고자 하는 것을 달성한 것이다.

비록 원대한 것이 아니라 하더라도 이루고자 하는 꿈을 확고하게 설정해 놓는다. 셀러프라이저, 얼마나 좋은가? 그 다음에 이 꿈을 이루는 데 필요한 목표들을 잘게 쪼개어 설정하고 이 목표를 크든 작든 하나하나 성취해나간다. 일단 성취감을 맛보면 "어디 또 그런 일 없나?"하고 다른 일을 찾게 될 것은 뻔하다. 한 시간 후의 기대거리, 반나절 후의 기대거리, 일과 후의 기대거리들은 눈앞의 일을 위한 의욕에 불을 지필 것이다.

넷째, 심신의 안정을 꾀한다. 안정을 주는 안전욕구가 해결되지 않으면 그다음 단계인 성취를 담보하는 자아실현욕구를 돌아볼 여력이 없다. 안정될 때까지는 상사가 시키는 일만, 그리고 해야 할 기본적인 일만 하게 되고 더 큰 성취를 위한 동기는 만들어지지 않는다.

직장에서 불안을 느끼는 원인에는 여러 가지가 있지만 그중 가장 대표적인 것이 상사를 비롯한 동료들과의 원만치 못한 인간관계다. 이것은 자기동기부여에서 매우 큰 장애요인이다. 직장동료는 더없이 좋은 친구이다가도 가장 큰 적으로 돌변하기도 한다. 그래서 평소 일에 몰려 주변을 돌아볼 겨를이 없다 하더라도 늘 보고 사는 직장 내 사람들과 친분을 쌓거나 유지하는 것만큼은 절대로 소홀해서는 안된다.

타인에 의한 동기부여는 나의 잠재능력을 고스란히 끄집어내기에 너무 약하다. 그래서 높은 성취를 위해서는 자기동기부여가 절대적으로 필요하다. 동기부여가 되지 않은 상태에서 기계적으로 일한들 쌓이는 피곤 속에서 시간만 축낼 뿐이며 제대로 능력 발휘도 되지 않는다. 이와 함께 상사로부터의 인정과 승진도 멀어져간다. 그러나 자력으로 동기가 발동되면 항상 의욕이 충만하고 일의 효율과 효과가 극대화될 것이다.

05

대승을 거두려면
자신부터 이겨라

—

자기조절능력

생각은 사람을 때로는 기쁘게, 때로는 슬프게 만든다. 즉, 사람이 어떠한 상태로 놓이는가는 전적으로 생각하기에 달려 있다. 그러나 생각을 자유자재로 통제하는 것은 이 세상 그 무엇보다도 어려운 일이다. 통제는 고사하고 생각에 끌려 다니느라 정신 못 차릴 때도 가끔 있다. 따라서 생각관리가 가능한 사람은 세상에서 가장 행복한 사람일지도 모른다.

그런데 이것을 가능케 하는 능력이 있다. 그것은 바로 자기조절능력이다. 자기조절능력은 생각과 마음을 통제해 정신적인 행복을 누리게 해주지만 남들과의 치열한 경쟁상황을 슬기롭게 대처하는 힘도 제공한다. 자기를 이기는 사람을 가장 무서운 사람이라고 하는 판국인데, 남까지 이기게 한다면 자기조절능력의 위력을 미루어 짐작할 수 있다.

나를 이기는 능력을 의식하라

이 같은 점을 고려한다면 자기조절능력은 세상을 살아가는 데 가장 중요한 능력 중의 하나라는 점이 자명해진다. 『차라투스트라는 이렇게 말했다』에서 "자신과의 싸움에서 이기는 사람이 진정한 강자"라고 한 니체의 말과 "자신에 대한 통제력이 바로 성공으로 가는 지름길"이라고 한 『마시멜로 이야기』의 저자 호아킴 데 포사다Joachim de Posada의 말은 이를 뒷받침한다.

호아킴 데 포사다는 그의 저서를 통해서 여기 자기조절능력이 성공에 미치는 위력에 관련된 흥미로운 실험결과도 제시했다. 네 살짜리 아이들 600명을 대상으로 마시멜로 과자를 앞에 놓고 15분간 먹지 않고 참으면 과자를 더 주겠다고 했다. 약속대로 참은 아이들에게 약속대로 두 개를 더 주었다. 여기서 먹고 싶은 충동을 억제하고 기다린 뒤 마시멜로 두 개를 더 얻은 아이들의 15년 후를 살펴보니 모두 성공적인 삶을 살고 있었다.

연세대학교 심리학과 김주환 교수 역시 자기조절능력의 중요성을 강조하는데, 그의 저서 『회복탄력성』에서 자기조절능력을 핵심 키워드로 다루고 있다. '회복탄력성'은 변화하는 환경에 적응하고 그 환경을 스스로에게 유리한 방향으로 이용하는 능력, 즉 성공을 위한 대표적인 요소인데 이를 구성하는 핵심적인 요소가 바로 자기조절능력이라는 것이다.

자기조절능력은 사회생활은 물론 개인의 직장생활에서도 성공을 담보하는 중요한 능력으로 작용한다. 사실 직장에서 같이 출발한 동료보다 빠르게 고위직급으로 올라갔거나 더 많은 보수를 받는 사람들은 자기감정을 통제하는 데 얄미우리만큼 유능한 전문가적 기질을 가진다.

이들은 대개 자존심을 팍팍 긁어내리는 상사의 질책 앞에서도 자기의 상처받은 자존심은 애써 감추고 상사의 자존심을 고스란히 지켜주며 묵묵히 인내한다. 다른 사람 같으면 불같이 화낼 일도 잘 참으며 이성적으로 접근해 상황을 현명하게 이끈다. 이들은 조직에서 상사에게 덤비면 부하가 십중팔구 손해 본다는 사실을 잘 알고 있는 것이다.

스스로를 조절할 줄 알아야 한다

자기조절능력이 중요한 만큼이나 이를 저해하는 요인 역시 만만치가 않다. 불안감, 스트레스, 급한 성격, 약한 인내심 등이 바로 평상심을 뒤흔들어 자기조절을 저해한다. 특히 불안감이나 스트레스는 자기조절을 해치는 최대의 적이다.

심리전문가들은 인간은 구조적으로 불안을 느낄 수밖에 없는 동물이라고 한다. 이들은 또 사람들이 통상 걱정하는 것 중 92%는 걱정할 필요조차 없는 것들이거나 걱정한다고 상황이 달라지지 않을 것들이라고 하면서 쓸데없는 염려와 걱정에 엄청난 시간을 허비하고 있음을 지적한다. 미리부터 욕먹을까 불안해하고, 비즈니스가 깨질까 두려워하고, 인사고과가 엉망으로 나올까 불안해한다. 백 년을 사는데 천 년을 걱정하는 듯한 사람까지도 있다. 이 모든 걱정은 대부분 쓸데없는 것들인데도 말이다.

스트레스도 평상심을 깨는 주범이다. 스트레스는 만병의 근원으로 불리는 만큼 사람의 건강에도 치명적이다. 한 조사기관에서 직장인을 대상으로 한 설문조사 결과, 직장 내에서 스트레스를 많이 받는 이유로는 직장 내 인간관계, 업무량, 본인 업무 적합성 등의 순으로 나타났다. 그러니 대인관계가 원만치 못한 직장인은 스트레스에 시달리는 것은 물론이고 하는 일도 제대로 될 리 없다.

급한 성격 역시 평상심을 깨는 데 한몫을 한다. 한국 사람의 성격이 급한 것은 세계적으로 정평이 나 있다. 상대방이 통화 중인 것을 뻔히 알면서도 전화 안 받는다고 계속 버튼을 눌러대는 사람, 컵라면에 물을 붓고 3분을 못 참아 결국 설익은 라면을 먹는 사람이 한국 사람이다.

제프리 존스Jeffrey Jones 전 주한미국상공회의소 회장은 "한국 사람은 끊임없이 나아지려 하기에 감정조절을 잘 못 한다"고 지적했다. 그러면서도 그는 "야망이 있는 사람에게는 한국이 좋은 훈련장소가 될 수가 있다"는 강점도 애써 덧붙였다. 어쨌든 때와 장소를 가리지 않는 급한 성격은 분명 발전의 저해요인이다.

동서고금을 통틀어 자기조절을 제대로 못 해 죽임을 당하거나, 다이룬 승리를 눈앞에서 날리거나, 다시 어찌할 수 없는 치명적인 사고를 친 사례들을 수없이 발견할 수 있다.

삼국지에서 장비는 의형 관우가 죽자 수하인 장달과 범강에게 모든 병졸에게 흰옷을 입히라고 명했지만 이들은 전쟁터이기 때문에 어렵다고 명령을 거역했다. 장비는 불같은 성격을 참지 못하고 이들을 심하게 매질했다. 이들은 죽음이 두려워 결국 장비를 죽여버렸다. 장비의 인내심 부족과 장달, 범강의 불안감이 부른 비극이었다.

2011년 LPGA 세이프웨이 클래식에서 당시 한국의 세계적인 골프 스타 최나연 선수가 노르웨이 수잔 페테르센Suzann Pettersen 선수와 접전을 벌였는데, 다 이긴 경기에서 간발의 차이로 역전패를 당했다. 경기 직후 인터뷰에서 최나연은 "긴장하지 않으려고 최대한 노력했지만 지대한 관심이 자신에게 향하고 있다는 생각을 떨칠 수 없었다"고 토로했다. 순간의 긴장이 결국 최나연 선수를 결승전 역전패의 나락으로 몰고 간 것이다.

직장인들의 자기조절 실태는 어떠할까? 직장인들은 그들의 평가가 서열화될 수밖에 없는 구조 속에서 살기 때문에 경쟁에서 받는 스트레스에 그대로 노출된다. 같이 가는 동료와 늘 비교당하면서 사는 것이다. 그렇다 보니 그 어느 직종보다 평상심이 더 자주 흔들리는 상황 속에 사는 게 현실이다.

물론 운동선수처럼 경쟁을 밥 먹듯 하는 사람도 있지만 그래도 이들은 경기가 없는 기간에 좀 여유가 있다. 그러나 직장인들은 그렇지 않다. 특히 요즘처럼 고용이 불안정한 상황에서는 성공은 고사하고 생존을 위해서라도 동료와 치열하게 경쟁해야 하는 처지다. 심지어 "동료의 불행이 나의 행복이고 나의 불행은 동료의 행복"이란 서글픈 말까지 들리기도 한다.

상황이 이러하다 보니 직장인들, 특히 성공을 향해 내달리는 직장인들은 평상심을 잃는 상황에 자주 직면한다. 그렇기 때문에 직장에서의 무탈한 롱런과 더 나아가서 셀러프라이저로서의 성공은 상당 부분 자기조절능력에 달려 있다 해도 과언이 아니다.

급할 때일수록 천천히, 넓게 조망하라

자기조절능력을 향상하기 위해서는 첫째, 스트레스를 최우선적으로 관리한다. 설령 높은 명예와 소득을 누리고 있다 해도 스트레스로 심신이 상했다면 그것은 상처뿐인 영광이다. 스트레스는 자기조절의 힘과 반비례하기 때문에 크면 클수록 자기조절능력은 떨어진다. 그래서 어떻게 해서든 스트레스는 잡아야 한다.

스트레스를 덜 받아 평상심을 유지하기 위해서는 최우선적으로 직장 내의 동료들과 원만하게 지내야 한다. 직장인을 울고 웃게 하는 첫 번째 요인은 직장 내 상하좌우의 인간관계이기 때문이다. 이스라엘 텔아비브 대학의 샤론 토커 박사가 중심이 된 연구팀은 연구를 통해 동료들과 정서적 유대 관계가 낮은 사람일수록 스트레스로 인해 그렇지 않은 사람보다 수명이 짧은 경향이 있다는 것을 밝혀냈다. 원만한 인간관계가 스트레스를 줄이는 것은 물론이고 수명에도 영향을 미친다는 것을 알 수 있다.

둘째, 미래의 일에 대해 지레 겁먹지 않는다. 사람들은 외부상황의 변화에 수시로 불안을 느낀다. 그런데 두려움을 느낄 때 떠오르는 반사적인 생각들은 대부분 비현실적이라고 전문가들은 말한다. 즉, 아무짝에도 쓸모없는 근심과 걱정을 수시로 한다는 얘기다.

미리 염려한다고 다음날 임원에게 브리핑하는 것이 잘 끝날 것 같은가? 꼭 그렇지는 않다. 오히려 염려가 만든 긴장 때문에 완벽한 프레젠테이션을 해보겠노라며 밤을 지새운 노고가 무색하게도 혀가 꼬이고 생각이 막혀 망쳐버릴 수도 있다. 미래에 대한 불안과 두려움을 이기는 방법은 늘 희망과 긍정적인 기대를 품고 사는 것이라고 하버드대 정신과 교수인 스리니바산 필레이Srinivasan Pillay는 조언한다.

셋째, 불필요하고 과도한 욕심은 부리지 않는다. 프로 직장인이 되기 위해서는 적절한 욕심이 당연히 필요하다. 그러나 문제는 당장 필요하지도 않은 것에 집착하거나 능력이 못 미침에도 불구하고 해보려고 기를 쓰는 데 있다. 이런 행동이 자칫 잘못하면 평상심을 깨고 급기야는 화까지 부른다. 그래서 당장 눈앞의 자잘한 이익을 취하는 데 급급하지 않고 더 큰 이익을 위해 한 템포 늦추고 여유롭게 조망하는 자세가 필요하다.

"3년 동안 벌었다면 1년 치는 사회에 환원한다는 생각을 하면 마음이 편안하다. 1년 치를 환원시킨다 해도 무려 2년 치가 남기 때문이다." 일본 마쓰시타그룹의 창업자 마쓰시타 고노스케의 말이다. 이렇게 긍정적이고 여유 만만한 마인드로 평소 기업을 경영했기에 경영의 신으로까지 칭송받으며 부와 명성을 쌓을 수 있었던 것이 아닐까?

넷째, 필요 이상으로 서두르지 않는다. 급하게 서두르는 것은 평상심을 깨는 첩경이다. 차례대로 말할 때 자기차례가 조금만 늦어져도 "거 좀 빨리빨리 말하세요!"라고 하거나, 방금 음식 시켜놓고 바로 나오지 않으면 "사장 오라고 해!" 하고 소리치는 사람이 한국 사람이다. 또 운전할 때 조금만 틈이 생기면 본인은 잘도 끼어들어 가면서 남이 내 차 앞으로 들어오는 꼴은 절대로 못 본다. 모든 일이 당장, 아니면 오늘 안에 이루어져야 한다는 강박관념 속에서 사는 듯하다.

그러나 이렇게 조급한 마음으로 일하면 일이 제대로 될 리가 없다. 직장 내에서 부산을 떨고 서두르는 사람치고 칭찬받는 사람 거의 없다. 그래서 평상심을 유지해야 하는데, 그러기 위해서는 주변 상황에 지나치게 민감하거나 일희일비하는 태도를 최소화하고 차분하고 이성적인 태도를 늘 견지해야 한다.

다섯째, 어느 정도의 긴장은 유지한다. 긴장감은 업무수행능력과 밀접한 관계가 있다고 요크스-다드슨Yerkes & Dodson의 법칙이 이를 설명한다. 긴장감의 수준이 낮을 때는 주의가 산만해 쓸데없는 정보에도 신경을 쓰게 되어 업무수행능력이 떨어지지만, 긴장 수준이 적당히 높아지면 중요한 정보에만 주의가 집중되므로 업무수행능력이 오히려 좋아진다는 것이다.

대추나무에 열매가 너무 적게 열려 고심하던 어느 농부가 지나가는 사람의 말을 듣고 대추나무에 개를 묶어놓기도 하고, 가끔 발로 차기도 하고, 흔들어보기도 했더니 다음 해의 대추 수확량이 두 배로 늘었다고 한다. 나무에서까지 확인되는 적당한 긴장감의 위력이다.

직장인들은 상사로 인한 불안감, 경쟁으로 인한 긴장감, 목표달성에 대한 중압감, 거기에다 어제저녁 벌인 부부싸움의 찜찜함까지 가세해 혼란스런 마음으로 전전긍긍하는 경우를 수없이 경험한다. 이럴 때마다 일은 일대로 안 되고 금쪽같이 귀중한 시간만 허공으로 사라

질 뿐이다. 그러나 자기조절능력은 이를 해결할 수 있는 답을 가지고 있다. 스트레스가 몰려올 때마다 "이 또한 지나가리라", "내가 이러면 내 건강과 내 가족은 어쩌라고", "이런다고 내가 죽나?" 등의 위안과 힘이 되는 말을 되뇌면서 마음의 평안을 찾아보자.

06

뭐든 할 수 있음을
가장 먼저 믿어라

—

자신감

자신감을 쪼개보면 그 안에는 자아존중감, 자아효능감, 자긍심이라
는 자신감의 기둥이 되는 세 가지 요소가 들어 있다. 이 중 어느 하나
라도 실력 발휘를 못 하면 자신감은 힘을 잃는다. 그렇지만 이 세 가
지가 적절히 잘 버무려지면 자신감이 끌어올려 지면서 의욕과 활력
이 샘솟는다.

흔히 자존심이라고 불리는 자아존중감은 자신을 존귀하게 여기
는 마음으로서 상처를 심하게 받으면 '멘붕' 상태로 내몰리기도 하지
만 잘만 유지되면 정신전력의 대들보가 된다. 그리고 '인생 최고의 경
쟁력'이라고도 불리는 자기효능감은 자신에게 어떤 과제를 수행할 수
있다는 믿음을 주는 역할을 한다. 자긍심 역시 자신감을 불태우는
고효율의 연료로서 자신의 현재 입장이 탁월하고 남보다 우월하다고
생각하게 해주는 근원이다.

노벨상을 휩쓰는 진짜 이유

수많은 명사와 전문가들은 자신감의 중요성을 역설한다. GE의 최연소 최고경영자로 시작해 세계 최고 기업으로 성장시킨 잭 웰치Jack Welch 전 회장은 자신감을 다음과 같이 찬미한 바 있다.

"적당한 자신감이야말로 승리의 가장 중요한 기준이다. 자신감 있는 사람들은 출처와 관계없이 모든 아이디어와 변화에 개방적인 태도를 보인다. 자신감 있는 사람들은 자신의 의견이 도전받는 것을 두려워하지 않는다. 그들은 아이디어를 더욱 풍성하게 만드는 지적인 싸움을 즐긴다."

IQ보다 자신감이 학업 성취도에 더 큰 영향을 미친다는 영국 런던대학교 정신의학연구소의 연구 역시 자신감의 중요성을 일깨워주고 있다. 이 연구는 유대인이 노벨상을 휩쓰는 이유는 IQ가 아니라 바로 앞선 우월감, 자신감에서 비롯된다는 점을 확인했다. 사실 일반 통념과는 달리 유대인은 IQ가 절대 뛰어나지 않으며 오히려 우리나라 사람보다 낮다.

필자는 나이 50이 넘어 주경야독으로 박사학위를 취득했다. 글로벌 대기업의 간부는 일하는 것 자체만으로도 혹독하게 바쁘다. 그러다 보니 일하다가 퇴근 시간을 넘기는 경우가 비일비재하다. 그러나 이러한 상황에서도 학업을 완수했고, 회사 일 역시 우수한 업적을 계속 일구어 왔다. 이것은 순전히 '할 수 있다'는 자신감으로 일과 학업에 매진한 결과였다.

어느 날 미국 대통령이 NASA를 방문했을 때의 일이다. 한 청소부가 땀을 훔치며 열심히 정리정돈을 하고 있었다. 대통령은 감동해 청소부에게 지금 무슨 일을 하느냐고 물어보니 그는 힘찬 목소리로 "우주선을 달에 보내는 일을 하고 있습니다" 하고 대답했다. 일화 속 주인공의 자긍심에 감탄이 절로 나올 뿐이다.

청소부의 마인드가 이럴 진데, 훨씬 더 좋은 여건에서 일하는 보통 직장인들은 과연 얼마나 자기의 일에 자긍심을 가졌는지 한번 돌아볼 일이다. 또 자긍심 함양을 위해 어떤 노력을 기울이고 있는지도 역시 생각해봐야 한다.

이처럼 자신감은 사람의 마인드와 행동을 바꾸어 일하게 하는 동력을 제공한다. 특히 자신감은 구렁텅이에 있다 해도 쉽게 빠져나오게 해준다. 그래서 자신감은 오늘날 고단한 삶을 사는 사람들에게 더없이 필요한 요소다. 만일 자신감이 없으면 어떻게 될까? 아마도 그 사람에게는 두더지가 쌓아 올린 흙더미에 지나지 않는 조그만 일도 태산처럼 보일 것이다.

'개발도상국 콤플렉스'에서 벗어나라

펜실베이니아 대학교의 마틴 셀리그만Martin E. P. Seligman 교수는 보험회사의 영업직원을 대상으로 한 연구에서 "사람들이 당신을 좋아할 것 같은가?"라는 질문에 그렇다고 답한 사람이 아니라고 답한 사람보다 37% 더 많이 판매했다는 것을 확인했다. 이 연구는 자신감을 가지면 일을 훨씬 더 잘할 수 있다는 것을 입증한다.

이렇게 자신감만 있으면 안 될 일도 될 수 있는 상황인데도 주변을 둘러보면 자신 없이 하루하루를 보내는 직장인이 의외로 많다. 이러한 상황은 경쟁으로 인한 피로감과 고용의 불안정성 등의 외부적인 요인에서도 물론 기인하지만 자기주변 현실을 부정적, 염세적인 시각으로 바라보는 습관도 한몫을 한다.

이런 습관은 우리나라 사람들이 국가위상을 평가하는 데서도 나타난다. 우리나라는 경제에 관한 한 이미 선진국에 진입했다는 것이 외국 경제전문가들의 일관된 견해다. 외교 전문지 《포린 폴리시 Foreign Policy》는 "한국은 이미 신흥 강국이 아닌 선진국 대열에 합류했고, 향후 5년 내 1인당 소득이 일본을 넘어설 것"으로 전망하고 있다. 그런데도 대다수의 우리나라 사람은 자신감 부족으로 아직도 '개발도상국 콤플렉스'에서 벗어나질 못하고 있다.

직장 안에서는 그 어느 때보다도 개인 간의 경쟁이 치열하게 벌어지고 있다. 그러다 보니 경쟁에서 승리한 직원이나 경쟁에 치인 직원할 것 없이 모두 쉽게 지쳐 나가떨어지기 일쑤다. 여기에 인력 구조조정, 좌천성 인사이동 등까지 겹치면 직장인으로서 존재감마저 잃어버릴 수 있다. 그러나 언제 어느 상황에서라도 자신감만큼은 가장 마지막까지 잡고 있어야 하는 '마지노선의 벙커'라고 생각해야 한다.

시작은 비록 미미하지만 끝은 창대할 수 있다

전문가에 의하면 인간은 어려움에 직면했을 때 상황을 통제할 수 있는 본능적 역량이 있어서 어려움을 극복할 수 있다고 한다. 그래서 그런지 어려운 상황에서도 스스로 자신감을 만들고 발휘해 성공한 사람들이 적지 않다.

한국이 낳은 세계적인 소프라노 조수미는 "절대 약하거나 외로운 모습을 보이지 말자. 항상 도도하고 자신만만하자"는 말을 수첩에 적어 놓고 이를 실천했다고 한다. 겉으로 볼 때는 나약한 여성의 이미지지만 무대 위에서 폭발하는 카리스마는 청중을 압도하고도 남는다. 이러한 힘은 바로 그녀가 평소에 다짐하는 자신감에서 뿜어져 나오는 것이다.

여기 매사에 자신 있게 덤벼도 될 만한 근거들이 또 있다. 양쯔 강은 중국 서쪽 티베트의 해발 5000m 산의 옹달샘 물에서 발원해 중국 내륙 6211km를 관통하며 거대한 강을 이루어 남중국해로 들어간다. 현대자동차는 조그만 정비소에서 시작했지만 오늘날 글로벌 대기업으로 발전해 파죽지세로 그 위상이 상승하고 있다. 애플은 스티브 잡스가 중고차를 판 돈 1300달러로 시작했지만 지금은 세계 IT 산업계를 주름 잡는 회사가 되었다. "시작은 비록 미미했지만 끝은 창대하다"는 것을 보여주는 이러한 사례들은 얼마든지 자신감을 가지라고 소리 없이 외치고 있다.

작은 성공이 큰 성공을 부른다

하고자 하는 일을 왕성하게 할 수 있는 자신감을 향상하기 위해서는 첫째, 긍정적인 암시를 습관화한다. 영국 정신분석학자 존 하트필드John Hatfield는 자신에 대한 긍정적 암시가 자신감에 미치는 강한 위력을 실험을 통해서 증명해 보였다. 그는 총 세 사람에게 악력계를 나눠주고 그중 한 사람에게는 "당신은 강하다"라는 암시를, 다른 한 사람에게는 "당신은 약하다"라는 암시를, 또 다른 한 사람에게는 아무말을 하지 않은 상태에서 악력계를 쥐게 했다. 그들의 평균 악력은 101파운드였는데, 강하다는 암시를 준 사람의 악력은 무려 142파운드에 달했다. 타인이 암시를 해주어도 이 정도인데 자신이 암시하면 그 힘이 어떠할까? 말이 필요 없을 것이다.

직장인들은 직장생활을 하면서 많은 선택과 결정을 해야 한다. 때로는 머리 부여잡고 고민해야 할 때도 있다. 어떤 얄밉고 빡빡한 상사는 4~5일은 족히 걸려야 할 수 있는 일을 "내일 아침에 보자"며 툭 던져놓고서 퇴근한다. 참으로 괴로운 순간이다. 그렇다고 피할 수도 없다. 하지만 이때마다 "나는 할 수 있어", "까짓것 한번 해보지 뭐" 하며 긍정적인 암시를 반복적으로 자신에게 주어보자. 또한 그 누구 할 것 없이 강점은 있게 마련이므로 자신만의 강점을 자기암시를 통해서 확신해보자. 그러면 저도 모르게 자신감이 솟아오를 것이다.

둘째, 작더라도 성취감을 느끼는 경험을 많이 한다. 매월 실적을 평가하는 업무현장에서는 몇 달 동안 좋은 실적이 계속 되면 사람인지라 긴장이 풀리면서 한동안은 업무를 적당히 할 때도 있다. 그렇다면 그달은 그전보다 실적이 떨어져야 정상인데, 실적이 떨어지기는커녕 오히려 더 좋아지는 경우가 간혹 있다.

왜 그럴까? 이것은 그동안 한 달 한 달 이룬 성취감으로 만들어진 자신감이 나태함으로 발생할 수 있는 생산성 하락을 상쇄하고 실적을 오히려 더 올려준 것이다. 이렇게 해서 좋은 성과가 반복되면 몸값은 지속적으로 높게 책정되고 사랑스러운 부하로 대접받으면서 급기야는 남들은 여간해서 갈 수 없는 셀러프라이저의 경지까지 쉽게 올라갈 수 있다.

셋째, 객관적으로 내세울 수 있는 공인자격을 갖춘다. 명문대학교나 대학원 졸업장, 희소가치가 있는 자격증이나 높은 학위와 같은 공인자격은 가지고 있는 것만으로도 자신감이 생긴다. 사실 요즈음처럼 직장일이 숨 가쁘게 돌아가는 때에 알아주는 자격증을 별도의 시간을 내어 확보한다는 것이 절대 쉽지 않다. 그렇지만 독한 마음 먹고 대들면 직장일과 공인자격이라는 두 마리 토끼를 못 잡을 것도 없다. 잡고 난 이후에 예상되는 좋은 결과를 미리 상상해보라. 그러면 의욕이 펄펄 끓어오를 것이다.

사람의 능력은 생전에 불과 10% 정도밖에 발휘되지 않는다고 한다. 이것은 반대로 보면 사람에게는 활용 가능한 미개발 잠재능력이 무궁무진하다는 얘기다. 힘들지만 노력해서 이러한 잠재능력을 조금만이라도 끄집어내어 이용할 수 있다면 공인자격 등 자신감을 주는 것들을 얼마든지 만들어낼 수 있다. 이런데도 불구하고 남이 잘되는 것에 박수나 보내며 사는 평범한 직장생활을 굳이 고집한다면, 고행이 될지도 모르는 일들을 굳이 겪으라고 권하고 싶지는 않다.

넷째, 많은 것을 알아두고 미리미리 준비한다. 요즘의 직장업무는 전문적이고 고도화된 일들이 많아서 그 어느 때보다도 더 다양하고 깊은 지식이 필요하다. 이런 상황에 대응할 수 있는 지식과 노하우가 부족해서 하는 일에 번번이 브레이크가 걸리면 자신감은 생겨날 수가 없다. 그래서 책을 통하든 경험을 통하든 일단 많이, 그리고 깊게 알아야 한다.

또한 벼락치기 공부하듯 일이 코앞에 닥칠 때서야 준비하는 '임박형'이 아니라 미리미리, 그리고 항상 준비하는 '상비형'이 되어야 한다. 갑자기 준비하려면 준비 자체도 제대로 안 되겠지만 이로 인한 불안감으로 자신감이 저 멀리 도망간다. 직장에서 자신만만해 보이는 사람들은 십중팔구 많은 것을 미리 준비해 놓고 일전을 기다리는 사람들이다.

작가 공지영 씨의 말에 의하면 육체에만 근육이 있는 게 아니라 생각과 마음에도 근육이 있어서 이것이 어느 날 갑자기 성공을 들어 올린다고 한다. 이 마음 근력의 핵심이라고 할 수 있는 자신감이 없다면 직장에서 어떤 일을 하든지 간에 성공은 고사하고 남들보다 조금 앞서는 일조차 어려울 것이다. 그래서 나의 가치를 인정하는 자아존중감, 나의 능력을 인정하는 자아효능감, 나의 존재를 인정하는 자긍심 등 자신감을 발휘하는 에너지원들을 키우는 일은 아무리 강조해도 지나침이 없다.

07

끝없는 열정으로
인생을 뜨겁게 살아라

—

열정

"열정은 당신의 사랑을 성공적으로 이끌 것이다. 열정은 사랑의 감정에 불을 붓는다. 열정적이지 못한 인생은 살 가치가 없다. 열정적이지 못한 삶은 시험해볼 가치도 없다. 세월은 피부를 주름지게 하지만, 열정을 저버리는 것은 영혼을 주름지게 한다." 이 말은 2차 세계대전 당시 미국의 태평양지역 최고사령관이었던 맥아더 장군이 한 말이다. 맥아더 장군의 말이 맞는다면 열정을 접어두고 사는 생활은 생각조차 말아야 할 것 같다.

열정은 그 자체로도 중요한 정신역량이지만 사람의 여러 능력에 작용해 해당 능력의 발휘를 최대화하는 촉진제 역할을 한다. 그리고 승자와 그렇지 않은 사람을 구별하는 대표적인 요소이기도 하다. 인생을 위한 고성능 엔진이라고 할 수 있는 이러한 열정이 없다면 사실 삶은 '바람 나간 고무풍선', '앙꼬 없는 찐빵'과 전혀 다를 바가 없다.

열정은 세상을 바꾼다

열정으로 살았기에 많은 사람의 뇌리에 오랫동안 기억되는 사람들이 있다. 그들의 삶에는 열정이 살아 숨 쉬고, 그 열정은 곧 전염될 것같은 느낌이 든다.

「로키마운틴 하이」, 「애니송」, 「테이크 미 홈 컨트리로드」 등 아름답고 주옥같은 컨트리 팝송으로 1970년대, 80년대 젊은이들의 마음을 송두리째 사로잡았던 가수 존 덴버John Denver, 그는 미국의 로키 산과 그 산자락에 자리 잡은 덴버 시의 아름다움에 취한 나머지 성을 덴버로 바꾸었다. 공교롭게도 자신이 몰던 비행기가 우연히 로키 산에 충돌해 몸까지 그 산기슭에 묻었다. 그래서 오늘날까지도 많은 사람은 노래 못지않게 이러한 존 덴버의 열정에 감탄하고 찬사를 보낸다.

세계적인 IT 기업 소프트뱅크의 회장이자 한때 일본 갑부 1위에까지 올랐던 손정의가 이룬 신화적 성공 스토리는 다음의 외침과 함께 시작되었다. "다들 저보고 미쳤다고 합니다. 많은 애널리스트들이 소프트뱅크는 곧 파산할 거라고 합니다. 하지만 전 제 방식대로 세상을 봅니다. 이 사업은 누가 뭐래도 성공합니다." 손정의의 성공신화는 지금도 계속되고 있다.

이외에도 남다른 열정으로 자신의 이름을 찬란히 빛내고 그가 이룬 결실로 세상을 살만한 세상으로 만드는 데 크게 기여한 사람들은 무수히 많다. 만일 이들의 뜨거운 열정이 없었더라면 후대의 사람들은 그것으로 만들어지는 풍성한 결실을 즐기지 못하고 있을 것이다.

인생에서 왜 열정이 중요한가

임종 직전의 사람을 수없이 돌본 미국의 호스피스 의사 카렌 와이어트는 그의 경험을 통해 사람들이 죽기 전에 대표적으로 후회하는 일곱 가지를 꼽았는데, 그중 두 가지가 열정과 직결되는 "한 번뿐인 인생, 열정적으로 살아볼걸", "죽을 만큼 마음껏 사랑해볼걸"이다. 이렇게 마지막 가는 사람까지 붙잡고 싶은 것이 바로 다름 아닌 열정이다.

직장은 구성원의 열정이 필요한 대표적인 삶의 현장이다. 열정적으로 일하면 그 과정에서 즐길 수 있고 차별화된 능력을 얻어낼 수도 있다. 이렇게 해서 두각을 나타내면 동료에게는 선망의 대상이 되고 상사에게는 더없이 소중한 부하가 되면서 빠른 승진과 고액의 연봉을 담보하는 높은 인사고과가 보장된다.

"임원이 되려면 부지런하고 열정이 있어야 한다. 대기업 직원 교육을 해봐도 일찌감치 자리 잡고 앉아 열정적으로 수업에 임하는 사람이 나중에 임원으로 승진하는 경우가 많다." 이 말은 서울대 경영학과의 이경묵 교수가 모 일간지 인터뷰에서 한 말이다. 이처럼 학계의 전문가도 고위직으로 승진하는 데 필요조건으로 열정을 꼽고 있다.

한 보고서에 따르면 100명 중 99명이 긍정적이고 활력 넘치는 사람들 옆에 있고 싶어 하고, 10명 중 9명이 그런 사람 옆에 있으면 생산성이 높아진다고 한다. 그러니 열정적인 사람은 일단 좋아하고 볼 일이다. 사실 직장에서 어떤 일에 몰입해 열정적으로 일하는 사람을 보면 아무리 나이가 있어도 젊어 보이고 신선함이 감돈다. 그리고 밥이라도 한번 같이 먹고 싶어진다.

이처럼 열정은 죽기 살기로 일하게 하는 의욕에 불을 댕기는 '번개탄'과 같은 존재다. 다른 동료 직원들과 함께 몰려서 평범한 길을 가려 한다면 특별한 열정은 필요 없을 수도 있다. 그러나 그들보다 명예와 소득을 더 많이, 그리고 먼저 확보하려 한다면 항상 열정적으로, 활력적으로 일하는 자세를 견지해야 한다.

"다 먹자고 하는 일"만 하는 사람이 무엇을 하겠는가

열정이 이렇게 중요함에도 직장에는 중간지대에 안착해 우선은 편하게 살려고 하는 사람들이 많다고 성공한 직장인들은 지적한다. 지금은 생존경쟁은 기본이고 남들보다 앞서 가기 위한 경쟁이 전쟁처럼 벌어지는 상황이다. 이런 상황에서 그나마 얄팍한 월급봉투가 상대적으로 더 얇아지는 것도 모른 채 '중간이나 가자'는 안이한 생각에 빠졌다면 중간은 고사하고 꼴찌인생으로 전락할 수도 있다. 그래서 높은 명예와 소득을 거머쥐고자 줄달음치는 사람들은 '중간'을 '포기의 또 다른 이름'이라고 여기는 것이다. 자고로 중간은 최후에나 고려해볼 수 있는 선택지일 뿐이다.

혹시 부지불식간에 나 자신은 물론 다른 사람의 열정까지 흐려놓을 수 있는 말을 습관처럼 하면서 살고 있지 않은지 스스로 되돌아볼 필요가 있다. "다 먹자고 하는 일인데……", "목구멍이 포도청이라 안 할 수도 없고……" 이렇게 내뱉는 말들은 나와 남의 열정을 죽이는 대표적인 말이다. 심리전문가들도 이런 말이 반복되면 어느 순간 자기도 모르게 실제로 열정 없는 사람으로 전락할 수 있다고 경고한다.

그러나 열정적인 사람들은 사회생활이나 직장생활에서 자기 자신과 적당히 타협하지 않고 미래의 풍요로운 삶을 그리면서 항상 최선을 다해 살아간다. 이들은 '전공필수과목'은 말할 것도 없고 '선택과목'에도 열심이고, 거기서 '끼'까지 발휘한다. 애니카 소렌스탐Annika Sorenstam은 2008년 은퇴할 때까지 LPGA투어, US오픈, 유럽여자골프투어 등을 휩쓴 골프계의 살아 있는 전설이다. 그녀는 한 라운드에 54타를 치겠다는 '비전 54'라는 목표 아래 늘 자신의 정신과 체력의 한계에 도전해가며 열정적으로 투혼을 불태웠다. 그러한 그녀는 현역시절 골프 외에 요리와 음악 실력도 수준급이었고, 저술과 컴퓨터 프로그래밍에도 발군의 소질을 발휘했다고 한다. 이것은 열정이 어느 한 능력에만이 아니라 골고루 영향을 미친다는 것을 여실히 보여준다.

필자도 나름대로 열정을 부리고 사는 사람 중의 한 사람이 아닌가 생각한다. 그간의 직장생활을 돌아보면 상복도 꽤 있었다. 일반적으로는 지점장 직책 근무 중 한 번 해내기도 어려운 전국 차원의 '최우수지점'을 필자는 다섯 차례나 일구어내는 대기록을 수립했다. 그 덕에 '최우수지점 제조기'라는 별명까지 얻었다. 이런 와중에도 주경야독으로 학문의 최고봉이라 일컫는 박사학위까지 취득했다. 일하면서 어렵사리 공부했지만 석사과정에서는 전 과목 A 학점, 특히 박사과정에서는 전 과목 A+ 학점이라는 기록적인 성적을 받고 졸업했다. 이를 통해서 열정은 발휘되기만 하면 반드시 값진 결과를 가져다준다는 사실을 몸소 체험할 수 있었다.

'명사형'이 아니라 '동사형'으로 살아보라

누구에게나 내재된 열정 DNA를 밖으로 솟구치게 하기 위해서는 첫째, 늘 동적動的으로 생활한다.

정적靜的인 생활을 멀리하고 동적인 생활을 습관화하는 것이야말로 열정을 부르는 지름길이다. 열정의 에너지인 활력은 지속적으로 움직일 때 생겨나기 때문이다. 자기계발과 성공학 분야의 세계적 전문가인 브라이언 트레이시Brian Tracy는 "죽은 명사가 아니라 생명력 넘치는 동사로 사는 사람들은 성장한다"고 하면서 가장 중요한 것은 행동하는 것이라고 말한다.

자동차는 '흡입, 압축, 폭발, 배기'라는 동적인 4 사이클을 거쳐야 비로소 힘이 만들어져 움직인다. 사람도 마찬가지다. 적절한 사이클을 갖추고 끊임없이 행동해야 일정한 단계를 거쳐 엔진의 폭발과도 같은 열정이 만들어진다.

둘째, 항상 긍정적이고 적극적인 태도를 보인다. 열정은 주로 긍정적이고 적극적인 삶의 태도에서 만들어진다. "하라면 해야지요", "어떻게 되겠지요" 등의 소극적 표현은 남들에게 나약하게 보여 자신의 이미지를 흐리게 만들뿐더러 그나마 가지고 있는 열정마저 날려버릴 수 있다.

그러나 상사가 말하면 되든 안 되든 "안 될 리가 있겠습니까?", "제가 해보겠습니다" 하고 긍정적이고 적극적인 태도로 일관한다면 열정이 자연스럽게 몸 밖으로 솟구칠 것이다. 만일 타자가 홈런을 의식하면서 외야석을 향해서 공을 힘차게 때리듯이, 일을 공격적이고 적극적으로 추진하는데도 열정 인자가 작동하지 않는다면 오히려 그것이 이상한 일 아니겠는가?

미국의 기상학자 에드워드 로렌츠Edward N. Lorenz 교수에 의해서 밝혀진 나비효과는 열정에 의미 있는 시사점을 제공한다. 나비효과는 나비의 작은 날갯짓이 중국에 가서는 거센 폭풍우를 몰고 올 수 있다는 현상을 말한다. 이는 직장에서의 적극적인 행동 하나하나가 쌓이면 나비효과의 위력을 발휘해 중국에 가서는 불타는 업무 열정을 만들어낼 수 있으리라는 것을 짐작하게 한다.

셋째, 평소 자신의 비전과 확고한 목표를 세운다. 열정은 비전과 확고한 목표를 먹고 산다. 비전이 없거나 목표가 불확실하면 실행하면서도 열심히 달려야 할지 말아야 할지 그저 혼란스럽기만 하다. 이런 상황에서는 자신의 열정 발휘는커녕 열정 있는 남들에게 끌려다니기에 십상이다.

그러나 비전을 가슴에 품고 목표를 확고하게 설정하면 추진의지와 열정에 불이 붙어 하는 일을 초지일관 강력하게 밀어붙일 수 있다. 그리하여 마침내 목표를 달성하는 쾌거를 이루고, 한번 달성해 본 경험에서 얻어진 자신감은 다시 차원 높은 또 다른 일에 도전하게 하는 열정을 만든다. 이렇게 열정이 반복되면 성과의 확대 재생산은 필연적일 것이다.

넷째, 가능한 한 좋아하는 일을 한다. 좋아하는 일, 관심 있는 일은 하고자 하는 열정을 끄집어낸다. 그러나 직무의 수요와 공급 간 불일치로 전공 분야에서 일하거나 좋아하는 일을 하는 직장인은 안타깝게도 많지 않다. 하지만 동료들이 이런 상황에서 일할 때 자신은 원하는 일을 하는 기회를 잡는다면 경쟁에서의 승리는 더욱 확연해진다.

이를 위해서는 직장 내 직무순환을 적극 건의해보는 것이 필요하다. 어차피 상사도 부서의 일 효율을 높여야 하므로 길이 보이면 이를 긍정적으로 검토할 것이다.

그런데 만일 이것이 여의치 않다면 일에 자신을 맞추는 노력을 하는 수밖에는 없다. 어차피 해야 할 일이라고 수용하고 열심히 일하다 보면 남의 일이 우리 부서의 일이 되고, 우리 부서의 일이 어느새 나의 일이 되는 경우도 많다. 이런 과정을 통해 일과 적성 간에 궁합이 맞으면 자기도 모르게 열정이 확 피어오를 것이다.

오늘날 직장인들에게는 열심히 살아도 뜻대로 안 되는 일이 허다하다. 열심히 산다는 것, 성실하고 부지런하게 산다는 것이 더 이상 성공을 담보하는 충분조건이 아니라는 얘기다. 그래서 우리 자신의 무한한 잠재적 능력을 끄집어내어 눈에 보이는 능력으로 만들고, 그것을 최고도로 발휘할 수 있는 불쏘시개 같은 열정이 필요한 것이다. 이러한 열정은 분명 동료가 부러워하고 상사도 견제하는 프로 직장인으로 만들어줄 것이다.

08

밀려오는 고난을
흔쾌히 즐겨라

—

고난 극복능력

고난은 일반적인 어려움이 아니고 예기치 않게 돌발해 정신과 육체에 강한 충격을 가하기 때문에 당하는 순간에는 정말이지 괴롭고 힘이 든다. 그러다 보니 어떻게 해서든 고난은 피하고 싶은 것이 인지상정이다.

그러나 동서고금을 막론하고 수많은 위인과 성공한 사람들은 고난 극복의 경험이 성공을 위해서 꼭 필요한 것임을 강조한다. 로마의 철학자 세네카는 "불행을 당해보지 않은 사람만큼 불행한 사람은 없다"고 했다. '삼중고三重苦의 성녀'로 불리는 헬렌 켈러 역시 "성품이란 쉽고 편안한 자리에서는 성장할 수 없다. 오직 시련과 고난의 경험을 통해서만 영혼은 강건해지고, 목표는 분명해지며, 열정에는 불이 붙고, 성공은 이루어질 수 있다"는 말로 고난의 위력을 함축했다.

적당한 시련은 오히려 보약이다

훌륭한 농기구를 만들기 위해서는 아무리 숙련된 대장장이라도 고통스러운 풀무질을 반복해야만 한다. 동작 하나를 익히는 데 5만 번이라는 피나는 반복연습이 있었기에 피겨의 여왕 김연아가 탄생했다. 이는 비록 역경이 힘들어도 극복만 되면 독이 아닌 최고의 보약이 된다는 사실을 일깨워준다. 고난 극복의 경험은 성공하는 데 필수불가결한 통과의례이자 전제조건이라는 얘기다.

미국 하버드 대학교 조지 베일런트George Vaillant 교수가 중심이 된 연구팀의 고난에 관한 연구를 살펴보자. 이들은 행복하고 건강한 삶에 어떤 법칙이 있는지를 규명하기 위해 1930년대 말에 하버드에 입학한 2학년생 268명의 삶, 서민 남성 456명, 그리고 여성 천재 90명 등 총 814명의 72년에 걸친 삶의 궤적을 추적했다. 연구팀은 이 연구에서 사람의 성공과 행복에 중대한 영향을 미치는 일곱 가지 요소를 발견했는데, 그중에서 가장 중요한 첫 번째 요소가 바로 고난에 대처하는 자세라는 것을 확인했다. 즉, 어려움을 겪는 과정에서 형성된 고난 극복능력이 인간의 성공과 행복을 좌우한다는 것이다.

이뿐만이 아니다. 독일 막스플랑크 교육연구소의 연구결과 역시 고난 극복의 힘을 확인해준다. 1000명을 대상으로 한 15년 동안의 연구를 통해 "지혜로운 사람들은 대부분 역경이나 고난을 극복한 경험이 있었고, 인생의 쓴맛을 본 사람들이 순탄한 삶을 살아온 사람들보다 훨씬 지혜로웠다"는 사실을 밝혀냈다. 이를 통해 역경이 바로 지혜의 산실이라는 것을 알 수 있다.

새벽이 어두울수록 여명은 찬란하다

업적이 찬란히 빛나는 역사적인 위인들과 남다른 부와 명예를 획득한 사람들은 대부분 지독한 시련과 모진 풍파를 딛고 일어선 사람들이다. 이를 통해 큰 성공의 이면에는 여지없이 고통스러운 과정이 자리 잡고 있음을 발견하게 된다.

애플 신화의 주역인 스티브 잡스는 미혼모에게 태어나 어려운 가정 형편 때문에 대학에 들어간 지 6개월 만에 자퇴할 수밖에 없었다. 친구 집 거실에서 잠을 잤고, 빈 콜라병을 모아 병당 5센트를 받고 넘겨 먹을거리를 샀고, 한 끼 식사를 위해 10km를 걸어 힌두교 예배에 참석하며 수업을 청강했다. 심지어 자신이 창업한 애플에서 쫓겨나는 수모까지 겪었다.

그러나 그는 세계에서 가장 큰 애니메이션 제작사를 만들고 화려하게 애플로 금의환향錦衣還鄕해 애플신화를 창조했다. 가난했던 초년 시절, 고달프기 그지없었던 초창기 사업 시절은 자신에게 성공의 밑거름이 되었고, 특히 애플에서 해고당한 사건은 오히려 전환점을 만들어준 최고의 가치 있는 일이었다고 2005년 스탠퍼드 대학교 졸업식 연설에서 그는 술회했다.

이외에도 소아마비의 다리를 이끌고 미국대통령을 세 번이나 역임한 미국의 루스벨트 대통령, 전신마비상태의 장애인임에도 '한국의 스티븐 호킹'으로 불리며 정상인 이상의 열정과 역량으로 후학 양성을 위해 정열을 바치고 있는 서울대학교의 이상묵 교수, 이들 역시 장애라는 고난을 극복하고 성공한 인간 승리의 표상이다.

이처럼 남다르게 성공한 사람들에게서는 혹독한 정신적, 육체적 시련의 시기가 있었다는 공통점을 발견할 수 있다. 그들이 겪은 시련은 당시에는 피와 땀과 눈물 그 자체였지만 나중에는 그것이 오히려 성공과 발전의 강한 기폭제로 작용했다는 것을 알 수 있다.

직장인도 마찬가지다. 성공한 직장인들과 일반 직장인들을 가르는 능력요소들은 분명히 존재하는데 그중 대표적인 것이 바로 고난을 극복할 수 있는 정신역량이다. 만일 시작에서는 앞서 가다가 나중에 진급이나 급여 등에서 동료에게 현격한 차이로 역전당했다면 이것은 거의 고난의 시기에 제대로 대처하지 못했기 때문일 가능성이 아주 높다.

달리기의 승패는 코너링 기술에 달려 있다

스케이팅은 어려운 코너에서 승부가 갈리고, 기업들의 위상은 주로 불황기에 뒤바뀐다. 직장인도 이와 다를 바 없다. 이것은 고난의 시기는 어려움도 있지만 그 시기를 잘 대처하면 전보다 나아지고 남보다 앞서 갈 기회를 잡을 수 있다는 것을 말해준다.

그럼에도 불구하고 적지 않은 직장인들이 직장에서 주는 안락함 속에서 눈앞의 편안함만을 추구하며 살아간다. 일하는 중에 어려움이 닥치면 일단 피할 궁리만 하다가 상사나 동료의 눈 밖에 나서 결국은 남들을 앞서 갈 기회를 한순간에 날리는 안타까운 상황을 목격하기도 한다.

"풍파는 언제나 전진하는 자의 벗이다. 풍파 없는 항해는 얼마나 단조로운가. 고난이 심할수록 나의 가슴은 고동친다"는 니체의 말처럼 시련이 없으면 짜릿한 다이나믹을 느낄 수 없다. 다시 말해 귀찮고 어려운 일은 어떻게든 피하려 하고 평탄한 길만 찾는다면 그 길에서는 짜릿한 성공을 절대 맛볼 수 없다.

정상을 지향하는 과정에서 운명적으로 언덕이나 계곡을 맞닥뜨릴 수밖에 없는 것처럼 직장에서도 일 또는 사람으로 발생하는 좌절과 고통을 완전히 피할 수는 없다. 피할 수 없다면 기꺼이 대가를 지불하고 오히려 그것을 이용하는 것이 훨씬 '남는 장사'다. 이 과정에서 고난을 극복할 수 있는 가치 있는 능력이 만들어지기 때문이다.

그리고 우리는 고난을 잘 극복할 수 있다는 자신감을 얼마든지 가질 수 있다. 다른 나라와 대비해서 위기를 슬기롭게 극복해온 역사의 과정들이 이를 확실하게 뒷받침하고 있다. 거기다가 국외의 전문가들도 이에 힘을 실어준다. "한국인들은 위기가 닥치면 단결해서 극복하는 데 뛰어나다. 마치 끓는 물이 담긴 냄비에 던져진 개구리가 재빨리 밖으로 뛰쳐나가는 것과 같다." 이 말은 최근 「제2차 한국 보고서」를 작성한 매킨지 글로벌인스티튜트의 리차드 돕스Richard Dobbs 소장의 말이다.

고난을 수용하되 철저하게 이용하라

고난을 잘 극복해 성공 동력으로 승화시키기 위해서는 첫째, 고난을 긍정적으로 수용해야 한다. 고난이 발생하면 고난 이후의 기분 좋은 반전을 상상하며 일단 이를 긍정적으로 수용한다. 고난이 지나간 자리에는 성공의 꽃이 피고, 고난을 이긴 자에게 씌워지는 것은 승리의 월계관이라고 생각해보는 것이다. 이때 도자기가 아름다운 것은 불구덩이에서 구워졌기 때문이라는 점과 땡감이 달콤한 홍시로 변한 것은 차가운 서리를 맞았기 때문이라는 점도 떠올려보자.

말기 암임에도 불구하고 죽기 전까지 후학을 위한 강의에 몰두한 미국의 랜디 포시Randolph F. Pausch 교수의 '마지막 강의' 중 다음 구절이 심금을 울린다. "장벽이 있는 것은 다 이유가 있기 때문이다. 우리를 내몰려고 장벽이 있는 것이 아니다. 장벽은 우리가 무엇인가를 얼마나 절실히 원하는지 깨달을 수 있도록 기회를 제공한다. 왜냐하면 장벽은 그것을 절실하게 원하지 않는 사람들을 멈추게 하려고 거기 있기 때문이다. 장벽은 당신이 아닌 다른 사람들을 멈추게 하려고 거기 있는 것이다." 우리에게 큰 힘이 될 수 있는 고난을 이제부터는 흔쾌히 인정하고 수용하자.

둘째, 고난 속에서 새로운 현상을 발견하고 이용한다. 고난을 고난 자체로 바라보지 말고 고난에서 발생할 수 있는 새로운 현상과 발전을 위한 방안을 찾아보는 것이다. 고소득을 올리거나 승진이 빠른 직원들은 역시 남다른 데가 있다.

언젠가 시장 상황이 좋을 때나 나쁠 때나 자동차 판매를 꾸준히 잘하는 직원에게 "기복 없이 판매할 수 있는 특별한 비결이라도 있느냐?"고 물어본 적이 있다. 그는 이어지는 거절 속에서 무언가 반복되는 현상을 발견했는데, 그것은 일곱 명의 고객에게 거절당하면 여덟 번째 고객은 대부분 구입한다는 것이었다. 그래서 그는 한 번 거절당할 때마다 포기 대신 "여섯 번 남았구나", "이제 다섯 번 남았구나", "성공이 점점 다가오는구나" 하고 생각하며 기다리다가 판매의 기회를 낚아챘다. 그는 거절을 당하는 아픔 속에서도 좌절하지 않고 무언가 새로운 현상을 알아내 자신의 판매증대에 이용했던 것이다.

셋째, 고난의 시기를 남을 앞서 가는 기회로 삼는다. 보통의 상황에서는 너도나도 열심히 일하기 때문에 자신을 상대적 우위에 올리기가 여간 어려운 일이 아니다. 그러나 어려움이 닥치는 시기에서는 경쟁에서 앞설 기회를 잡기가 오히려 용이하다. 상황이 어려우므로 대부분의 경쟁 상대들이 일단은 위축되고 겁을 먹어 활동을 줄이기 때문이다. 이런 때에 용기와 지혜를 가지고 조금만 노력하면 보통 때보다 더 쉽게 경쟁자를 따돌리고 추월할 수 있다.

보통 새들은 열심히 날갯짓해야만 날 수 있다. 그러나 하늘의 제왕 독수리는 다른 새들이 나는 것처럼 요란 떨지 않는다. 독수리는 바람의 흐름을 구별해 적당히 바람에 몸을 맡길 뿐이다. 그러다가 폭풍이 와서 다른 새들이 두려워 벌벌 떨 때 독수리는 오히려 그 폭풍을 받아들여 더 높이 날아오른다. 어려움이 닥치면 남들처럼 두려워하지 말고 독수리처럼 오히려 그것을 이용해 남을 크게 앞서는 방법을 모색해보자.

넷째, 고난을 자발적으로 경험해본다. 고난 속으로 자신을 일부러 내몰아보는 모험도 고난 극복능력을 키우는 데 도움이 된다. 인간에게는 도전 본능이 굳게 자리 잡고 있어서 완벽히 불가능한 환경만 아니라면 맘먹은 것을 어떻게든 해낸다고 한다.

필자에게 처음에는 걱정과 의구심을, 종국에는 감탄을 준 직원의 행동이 떠오른다. 그는 지금 회사의 판매왕으로 수억대의 고액연봉을 받으면서 동료의 부러움을 한몸에 받고 있다. 그런데 그가 지금 이렇게 잘나가는 데에는 저간의 사연이 있다.

그는 영업과장 시절 열심히 돈 벌어 갚을 요량으로 강남의 약 165㎡가 넘는 아파트를 구입했는데, 무려 집값의 2/3 이상에 달하는 돈을 은행에서 융자받았다. 당시 받던 한 달 월급의 두 배가 되는 돈을 벌지 않으면 개인파산자가 될 수밖에 없는 상황이었다. 당시 그의 말이다. "일단 피할 수 없는 대형 사고를 쳐놓으면 제가 살기 위해서라도 죽을 힘을 다해 판매해서 돈 벌지 않겠습니까? 그래서 원리금 잘 갚으면 언젠가 아파트는 온전히 내 것이 될 것이고요."

지금 그는 은행융자를 모두 갚았고 한강이 시원스레 내려다보이는 고가의 대형 아파트에서 가족과 함께 행복하게 살고 있다. 이 이야기는 시련 속에 자신을 의도적으로 밀어 넣고 거기서 성공역량을 키워 종국에 가서는 목적을 달성한 성공사례다.

겨울에 자란 나무는 좁은 나이테를 만들며 단단하게 자라고, 경사지에서 자란 수박은 굴러 떨어지지 않기 위해 더욱 싱싱하게 성장한다. 마찬가지로 수 없는 패배, 좌절, 수모가 점철되는 거칠고 험한 과정을 거치면 그 과정에서 양질의 성공 DNA를 얻을 수 있다. 야구 9회말 투아웃, 농구 후반전 종료 호각소리 이후, 축구 연장전 후 페널티킥 상황에서 드라마틱하게 승부가 갈리는 것도 상대에게 지고 있던 고난 상황 속에서 잘 연마된 고난극복능력이 발휘된 것은 아닐까?

09

어차피 해야 한다면
유쾌하게 하라

—

긍정적 사고

1914년 12월, 에디슨이 67세이던 해에 그의 실험실은 화재로 거의 전소해 그동안 해놓은 대부분의 작업이 화염과 함께 날아가 버리고 말았다. 다음 날 아침 에디슨은 폐허가 된 자신의 작업실을 바라보며 한탄 대신 다음과 같은 의외의 말을 했다. "재앙도 가치가 있구먼. 내 모든 실패가 날아가 버렸으니…… 새로 시작하게 해주신 신이여 감사합니다." 화재 후 3주 만에 에디슨은 축음기를 처음으로 개발해 선보였다.

화재를 재앙이 아닌 더 큰 일을 해낼 수 있는 절호의 기회로 생각하고 세기적인 발명에 활용한 에디슨의 긍정적 사고에 감탄사가 절로 나온다. 그의 일화는 긍정적 사고를 하는 사람에게 시련은 오히려 값진 보물이 될 수 있음을 일깨워주고 있다.

긍정은 성공의 어머니다

오늘날 사회, 직장 어느 분야에서든 성공과 행복을 논하는 데 약방의 감초처럼 빠지지 않고 등장하는 단어가 바로 긍정이다. 그만큼 긍정은 성공을 하고 행복하게 살아가는 데 절실하게 필요하다는 얘기다.

여기 미국 하버드 대학교 법대 1학년 학생을 대상으로 긍정적 사고의 위력을 조사한 장기 종단연구가 있다. 연구팀은 대상자들을 무려 30년 동안 추적해 그들의 여러 특성 중에서 사회적 성공, 부의 축적, 육체적 건강을 좌우한 변수를 찾아보았다. 그 결과 부모의 부富, 백인, 탁월한 성적, 뛰어난 두뇌 등은 별 상관없었지만 가장 크게 관련 있었던 변인은 바로 낙관성이라는 점이었다. 즉, 세상을 얼마나 긍정적으로 보는가가 그 사람의 성공을 결정하는 것으로 밝혀진 것이다.

긍정심리학의 대가인 미국 펜실베이니아 대학교의 마틴 셀리그만 Martin E. P. Seligman 교수의 조사결과를 통해서도 긍정성의 영향력을 확인할 수 있다. 그는 보험회사 영업직원들을 대상으로 심리 상태에 따른 성과를 조사했는데, 상황을 긍정적으로 해석하는 직원들이 부정적으로 해석하는 직원보다 실적이 37%나 높게 나왔다. 역시 긍정적 사고가 성과창출에 큰 영향을 미친다는 연구결과다.

또한 뇌에 대한 건강을 다루어 세계적인 베스트셀러로 기록된 『뇌내혁명』의 저자이자 의사인 하루야마 시게오는 그의 저서에서 긍정적 사고를 플러스 발상으로, 부정적 사고를 마이너스 발상으로 규정하고, "무엇이든 플러스 발상을 하는 습관이 있는 사람은 면역성이 강해 좀처럼 병에 걸리지 않지만 늘 마이너스 발상만 하는 사람은 한심스러울 정도로 쉽게 병에 걸리고 만다"고 지적했다. 이처럼 긍정적 사고는 사회에서는 물론 직장에서 높은 성취를 이루고 건강을 유지하는 데 결정적인 기여를 하는 중요한 정신역량이다.

주어진 일을 긍정적으로 생각하고 바라보면 의욕이 생기고 에너지가 넘치며 일은 아주 효율적으로 진행된다. 그리고 해결해야 할 중요한 과제가 있을 때 잘될 것이라는 낙관적인 마인드로 접근하면 마음이 안정되고 과제 해결을 위한 아이디어가 톡톡 튀어나온다. 또한 직장에서 긍정적으로 생활하면 동료들이 좋아해 이들과 공적, 사적 만남의 자리가 많이 만들어지고 거기서 직장생활에 필요한 다양한 고급정보를 확보할 수 있다. 어디 이뿐이겠는가? 긍정적 사고로 살다 보면 일반적인 상황에서는 빈발하게 발생하는 동료와의 갈등도 대폭 줄어들고, 갈등이 생긴다 해도 이내 사라지기 마련이다.

긍정 마인드의 메가톤급 위력

그러다 보니 긍정적인 사람은 십중팔구 직장에서 총알같이 잘나간다. 고속으로 진급한 임원, 같은 직급에서 최고의 인사등급으로 높은 연봉을 받는 직원, '왕' 칭호를 받으면서 고소득을 누리는 전문영업인, 특별한 업적으로 고액의 인센티브를 거머쥐는 직장의 임직원 대부분은 일에 대해서, 그리고 사람에 대해서 항상 긍정적이다.

이들은 상사에게 말도 안 되는 불호령이 떨어져도 불평을 토로하기보다는 역지사지의 마음으로 일단은 수용하고 협조한다. 일이 산더미처럼 몰려와도 긍정적이고 여유 있는 태도로 일을 받아들인다. 아무리 고난도의 일이라도 "이 세상에 해결 못 할 일은 없다"는 플러스 발상의 마음가짐으로 일에 접근한다.

남들은 상사와 직장동료를 술안줏감으로 마구 요리해댈 때, 그리고 특별한 이유도 없이 회사를 씹어댈 때 긍정적인 직원들은 다음과 같이 반응한다. "부장이 오죽했으면 그랬겠냐?", "우리 회사 욕해봐야 내 밑 들어 남 보이기지 뭐." 그렇다고 이런 긍정적인 사람들이 천부적인 마인드 컨트롤 능력과 자비심을 가진 성인군자인 것도 아니다. 그들 역시 감정을 가진 사람이기에 본성과 이성 사이에서 갈등할 때가 많다. 다만 가능한 한 나쁜 면 보다는 좋은 면을 바라보고자 늘 노력하고, 이러한 가운데서 긍정적 사고를 만들어가는 것이다.

이처럼 긍정적 사고가 성공적인 직장생활을 담보하는 것임에도 불구하고 이를 깨닫지 못하고 부정적 사고로 일관하는 직장인이 사실 적지 않다. 이것은 곧 자신이 맞이할 수도 있는 높은 명예와 소득을 스스로 포기하는 행위나 다름없다.

부하직원이 애써 만들어온 기획안을 "우리 부서에서 여태 한 번도 안 해 본 건데 되겠어? 괜히 일만 만들지 말게나", "그 친구 하는 일이 다 그렇지 뭐" 하면서 업무 의욕과 사기를 무참히 꺾어버리는 상사가 있다. 그런가 하면, "어차피 해봐야 본전도 못 뽑아", "이 나이에 뭘 하겠어", "팀장이 도와줘야 하든가 말든가 하지"라며 매사 부정적인 생각으로 일관해 본인도 피곤하고 사무실 분위기까지 흐려놓는 직원도 있다. 이런 직장인들은 제때 진급하는 것은 고사하고 동기들이 부장이나 이사 직함을 달고 있을 때 과장이나 차장 정도에 머물러 있을 가능성이 아주 큰 사람들이다.

근거 없는 낙관주의는 조심하라

긍정이 아무리 중요해도 그것이 지나쳐서 자칫 근거 없는 낙관주의로 흘러가는 것은 매우 위험하다. 긍정이 지나치면 현실을 외면하기 때문이다.

그러나 안타깝게도 건강한 긍정성과 비현실적인 낙관성을 혼동하는 직장인이 있다. 이런 직장인들은 "이달 목표는 무난히 달성할 수 있을 거야" 하고 자신하면서도 목표달성을 위한 활동을 하지 않거나, "금년에는 진급되겠지"라고 낙관하면서도 진급을 위한 노력은 거의 하지 않는다. 건강한 긍정성은 낙관적인 기대를 하면서도 현실을 객관적으로 파악하고 준비를 게을리하지 않는 가운데 만들어지는 것인데도 말이다.

"현대인이 왜 피로한지 아십니까? 곳곳에서 '넌 할 수 있어'라고 외치는 과도한 긍정성 때문에 죽을 때까지 일하다 쓰러지면서도 스스로 착취한다는 인식을 못 하는 겁니다. 스스로 가해자이면서 피해자가 되는 거죠." 이 말은 『피로사회』의 저자인 독일 카를스루에 조형예술대학의 한병철 교수가 그의 책에서 지나친 긍정주의를 경고하면서 한 말이다. 공감이 가는 말이다.

주변에서 자신에게 끊임없이 들려주는 달콤하고 듣기 좋은 긍정적인 말들은, 무언가를 해내야 하지만 이미 심신이 지쳐버린 직장인들을 마약처럼 자극할 수 있다. 이것은 직장인으로 하여금 과로하게 해 그들이 일의 보람을 만끽하기도 전에 직장생활을 조기에 마감하게 할지도 모른다. 그래서 직장인들은 긍정적 사고를 해야 하지만 한편으로는 도를 넘는 지나친 자신감과 의욕, 그리고 외부의 지나친 부추김으로부터 자신을 보호할 줄도 알아야 한다.

'돌 무더기'를 '돈 무더기'로 바라보라

긍정적 사고를 키우기 위해서는 첫째, 긍정적으로 바라보는 습관을 들인다. 물론 긍정성이 마음먹는다고 해서 쉽게 생기는 것은 아니다. 복근 키우겠다고 마음먹는다고 해서 당장 복근이 생기지 않는 것과 마찬가지다. 그래서 좋은 일이든 나쁜 일이든 직장에서 벌어지는 모든 일을 일단은 긍정적인 관점으로 바라보는 습관부터 들이는 것이 필요하다.

직장에서 힘들게 하루를 보내다 보면 벌어지는 일 중에는 긍정적인 일보다 부정적이고 짜증스러운 일들이 훨씬 더 많게 느껴진다. 그러나 전문가의 말에 의하면 하루에 발생하는 긍정적인 사건과 부정적인 사건의 횟수는 대동소이하고 부정과 긍정의 강도 차이는 미미할 뿐이라고 한다.

이는 관점을 긍정적으로 살짝 바꾸어본다면 얼마든지 상황이 낙관적이 될 수 있음을 짐작게 하는 것이다. 이처럼 관점 바꾸는 것을 습관화하면 어느새 긍정적인 사람으로 변해 있을 것이다.

한 환경미화원은 어려운 일을 하면서도 표정이 늘 밝았고 즐거워 보였다. 그 점을 의아하게 생각하던 한 젊은이가 "힘들지 않으시냐?"고 하면서 그 이유를 물었다. 그런데 환경미화원의 대답이 걸작이었다. "나는 지금 지구의 한 모퉁이를 청소하고 있다네." 서울대학교 최인철 교수의 저서 『프레임』에 나오는 이야기다. 그 환경미화원의 긍정적 사고의 깊이, 더 나아가서 격조 높은 직업정신에 그저 감탄할 따름이다. 그런 마인드를 가진 그에게 일을 맡긴다면 어떤 일이든 못할까?

둘째, 모든 일에는 가능성이 있다고 생각한다. 이런 일화가 있다. 3억 5000만 원짜리 임야가 경매에서 계속 유찰되다가 7000만 원까지 하락했다. 돌무더기 땅이다 보니 사람들이 보러 왔다가 그냥 모두 돌아갔다. 그러나 그중 한 사람은 바로 군청으로 달려가서 돌을 캐다가 파는 것이 가능한지 물었다. 가능하다는 답변을 듣고 그는 땅을 7450만 원에 낙찰받아 구입했다. 사람들이 처치 곤란해했던 돌을 그는 돈으로 보았던 것이다. 트럭 100대분 돌이 나왔고 이를 현금 5000만 원에 팔았다. 그리고 땅을 담보로 3000만 원을 대출받음으로써 결국 그는 자기 돈 한 푼 없이 땅을 구입했다. 그리고 돌이 없어진 그 땅을 대지로 용도 변경하니 땅값은 뛰었고, 곧바로 그는 11억 원에 땅을 팔아서 엄청난 차익을 남겼다. 쓸모없는 땅이 거액의 돈이 된 것이다.

가능성을 가지고 접근한 결과는 이처럼 대단하다. 가능성을 가득 품고 바라보는 습관을 들이면 불가능한 일에도 길이 보이면서 긍정적 사고가 부지불식간에 형성될 것이다.

셋째, 긍정적으로 말하는 습관을 들인다. 전문가들은 이구동성으로 긍정성 향상을 위해서는 긍정적으로 말하는 습관을 들여야 한다고 조언한다. 미국의 뇌 과학자들의 연구를 비롯한 여러 연구결과에서 전체 뇌세포 230억 개 가운데 98%가 말의 지배를 받는 것으로 나타나 이의 필요성을 뒷받침하고 있다. 말을 하면 그 말이 뇌에 박히고, 뇌는 척수를 지배하며, 척수는 행동을 지배하는 과정이 이루어진다. 이때 긍정적으로 말하면 그 말이 뇌를 장악해 행동을 긍정적으로 바꾼다고 한다.

실제로 동료직원들 사이에서 인기가 좋고, 상사로부터 총애받고, 일에서 높은 성과를 이루면서 살아가는 직장인들을 보면 항상 말이 긍정적이고 활기차다.

직장에서 생각이나 말투가 부정적이고 공격적인 사람이 인사고과를 잘 받는다든가, 남보다 일찍 진급하는 경우는 거의 없다. 전국에 사업장을 가진 어느 회사의 정기인사이동을 살펴보자. 회의할 때마다 쓸데없이 말이 많고, 그 말도 회사나 동료를 비판하기 일색이었던 한 간부가 인사이동 대상자 명단에 들어 있었다. 어디로 가나 보니 출퇴근도 할 수 없는 머나먼 지방이었다. 이것은 "콩 심은 데 콩 나고 팥 심은 데 팥 난다"는 우리의 옛 속담이 그대로 적중하는 사필귀정의 현실이다. 기업에서 이런 일은 실제로 비일비재하다.

넷째, 많이 웃고 항상 감사하며 운동을 많이 한다. "웃는 낯에 침 못 뱉는다"는 말이 있듯이 웃음은 상대방의 상한 감정을 풀어주고 웃는 당사자에게도 긍정성을 높여주는 좋은 일을 한다. 얼굴에 있는 웃음과 관련된 근육이 움직이면 우리 뇌는 웃는 것으로 판단해 긍정성과 관련된 도파민이라는 물질이 대량으로 만들어진다고 한다.

감사하고 배려할 때 몸에서 최고의 엔도르핀이 나온다는 것은 누구나 아는 사실이다. 이 엔도르핀으로 한껏 고무된 마음은 긍정적 사고가 생성되기 위한 아주 좋은 토양으로 작용할 것이다. 그러니 범사 凡事에 늘 감사할 일이다.

직장에서 단합하고 직원 간 유대관계를 돈독히 하기 위해서라면 운동만 한 게 없다. 평소에 갈등이 있던 직원들도 한바탕 축구라도 같이하고 시원한 맥주 한 잔 기울이다 보면 서로 긍정적인 말들을 마구 쏟아내는 모습을 우리는 수시로 보기도 하고 몸소 경험하기도 한다.

길을 걷다가 돌에 걸려 넘어졌을 때 그것을 걸림돌이라고 생각하지 말고 그것을 디딤돌이라고 생각해보자. 물론 쉽지는 않다. 그러나 이러한 긍정적인 생각은 하고자 하는 의욕을 유발하고, 유발된 의욕은 노력을 촉진하고, 촉진된 노력은 높은 성과를 만들고, 높은 성과는 다시 마음속에 건강한 긍정적 사고를 형성시킬 것이다. 이러한 선순환은 틀림없이 당신을 부장에서 임원으로, B급의 직원에서 S급의 직원으로 빠르게 바꿔줄 것이다.

10

후회하지 않으려면
일단은 저질러라

—

도전정신

지루하게 반복되는 일상에서 어떤 새로운 일을 시도하는 것은 가슴 설레는 일이다. 이 시도에 해내고야 말겠다는 굳은 의지가 포함되면 도전이 되고, 이 도전을 추진하는 연료는 바로 도전정신이다. 도전정신은 사람의 운명을 뒤바꾸어놓을 정도의 막강한 힘을 발휘할 수 있다.

인류가 등장하기 바로 직전 침팬지, 고릴라, 오랑우탄, 인류의 조상인 오스트랄로피테쿠스 등은 먹이를 구하기 쉽고 안전한 숲 속에 살았다. 숲과 달리 초원은 영양, 가젤, 기린 등의 동물들이 많아서 숲에서 구하기 어려운 영양이 풍부한 동물성 단백질을 구할 수 있었지만 그래도 숲을 떠나기는 어려웠다. 초원에는 사자, 표범 등 사나운 맹수들이 우글거려 그 안으로 들어간다는 것은 위험천만한 일이었기 때문이다.

모두 숲에 움츠리고 있던 어느 날 인류의 조상 오스트랄로피테쿠스는 당당히 초원에 도전장을 던졌다. 그 한순간에 있어났던 도전은 오늘날 울타리를 경계로 한쪽은 구경하는 존재, 한쪽은 구경 당하는 존재로 만들어놓았다.

이처럼 먼 옛날 불확실한 환경에 대한 과감한 도전이 있었기에 인류는 지금 이렇게 세상을 지배하고 있는 것이다. 도전이 만든 결과물은 참으로 위대하기만 하다.

이제는 스펙이 아닌 도전정신이다

사람들의 도전은 지금도 계속되고 앞으로도 계속될 것이다. 도전을 통해 새로운 것을 만들어내지 못하고서는 결코 지속적인 발전과 행복을 보장받을 수 없기 때문이다. 그래서 오늘도 많은 사람이 원하든 원하지 않든 새로운 도전거리를 찾아 여기저기로 나서는 것이다.

최근 대한상공회의소의 보고서는 기업에서 도전정신이 얼마나 중요한지를 여실히 보여준다. 국내 매출액 상위 100대 기업의 인재상을 분석한 보고서를 보면 88개 사가 도전정신, 창의성, 주인의식, 전문성, 글로벌 역량, 열정, 팀워크 등 여러 가지 덕목 중 인재에게 필요한 덕목으로 도전정신을 지목했다. 기업이 직원에게 요구하는 가장 중요한 덕목이 바로 도전정신이라는 뜻이다. 5년 전에 가장 중요하게 여겼던 창의성을 제치고서 올라선 것이다.

도전의 중요성은 도전정신으로 찬란한 업적을 일구어가는 사람들의 말을 통해서도 알 수 있다. "치열한 경쟁에서 살아남기 위해서는 위기를 기회로 만드는 도전정신이 필요하다." 이 말은 공격적 도전경영으로 오늘날 현대차그룹을 세계 초일류기업으로 성장시킨 정몽구 회장이 기회가 있을 때마다 강조하는 말이다.

기업에서는 매출에서 얻은 이익으로 조직을 운영하고 종업원들을 먹여 살리므로 그 어느 조직보다도 성과창출이 절박하게 강조된다. 높은 성과창출은 필연적으로 동종업계와의 치열한 경쟁을 유발하는데, 여기서 도전정신이 미약하면 그 경쟁에서 승리를 결코 장담할 수 없다. 그래서 직원들은 도전하는 삶 속에서 나날을 보내다시피 한다.

삼성전자 수원 사업장에 최근 신축한 27층짜리 모바일연구소 건물 안 직원 휴게실에는 2층 높이의 암벽등반 시설이 갖춰져 있다. "아니 사무실에 웬 암벽등반 코스?"라고 의아해할지 모르겠지만, 이것은 직원들이 그냥 쉬기만 할 게 아니라 쉬면서도 도전정신을 키우라고 만들어 놓은 것이다. 도전정신이 얼마나 중요하면 이렇게까지 하겠는가?

이제는 대학에서도 '스펙이나 쌓는 곳'으로 변질해가는 대학의 상황을 스스로 성토하면서 학생들의 도전정신 함양에 관해 심도 있게 논의하고 있다. 얼마 전 한 언론사가 주최한 대학 총장 간담회에서는 대학 총장들이 "이제는 무엇보다도 창의적이고 도전적인 올바른 인재들을 대학에서 키워내야 한다"는 말을 이구동성으로 쏟아내기도 했다.

이러한 대학의 움직임은 기업들의 학력파괴 바람과 무관치 않다. 기업들의 채용현장에서 학교, 학력, 성적, 어학 점수 등의 스펙의 비중이 과거와는 달리 뒤로 밀리고 있다. 대신 인성을 비롯한 도전정신, 열정, 프로의식 등의 정신역량이 더욱 중시되고 있다. 그래서 도전정신은 입사할 때나 입사해서 근무할 때나 직원을 평가하는 중요한 잣대가 되는 것이다.

불굴의 도전정신으로 해내라

"열 번 찍어 안 넘어가는 나무 없다"는 말이 있듯이 다양한 형태로 문제에 도전하다 보면 문제는 대부분 해결된다. 어떤 원대한 목표의 달성도 마찬가지다.

올림픽 개최는 스포츠 분야는 물론 다른 산업분야에까지 막대한 파생적 유발효과를 몰고 온다. 그래서 어느 국가든 유치하려고 안간힘을 쓴다. 우리나라는 세 번씩이나 도전한 끝에 평창 동계올림픽을 유치해냄으로써 4대 국제 스포츠 대회를 모두 개최하는 스포츠의 '그랜드 슬램'을 달성한 국가가 되었다. 만일 평창 동계올림픽 유치과정에서 권토중래捲土重來의 도전정신과 불굴의 투지가 발휘되지 않았더라면 평창 동계올림픽이 아니라 독일의 뮌헨 동계올림픽이 되었을 것이다.

물론 새로운 일에 과감히 도전하거나 실패한 일에 다시금 도전하는 것은 늘 하는 일을 반복하는 것보다 훨씬 더 많은 정신적, 육체적 에너지가 필요하다. 결과가 어떻게 될지 모르니 더더욱 그렇다. 그러나 이루어내기만 한다면 힘든 것 이상으로 그 대가는 더 크고 달콤하다. 이것이 바로 더 큰 명예와 소득을 추구하는 직장인이 도전과 모험을 택해야 하는 이유다.

마크 트웨인이 한 다음의 말은 잠자는 도전의욕에 마구 불을 지핀다. "앞으로 10년 후에 당신은 저지른 일보다는 저지르지 않은 일 때문에 더 실망할 것이다. 그러니 밧줄을 풀고 안전한 항구를 벗어나 항해를 떠나라. 돛에 무역풍을 가득 담고 탐험하고, 꿈꾸며, 발견하라. 일을 저질러라. 현실에 안주하지 말고 무언가를 하라."

도전정신이 있는 사람은 삶이 다르다

도전하는 사람들의 특성은 승부근성이 아주 강하고 직장에서 주어진 일, 자기가 하고자 하는 일을 반드시 해내야겠다는 의지가 투철하다. 그래서 이들은 남들이 출근해 인터넷 기사나 뒤적거리는 아침부터 분주히 움직인다. 오늘 새롭게 돌파해야 할 일은 무엇인지를 파악하고, 어제 실패한 일을 오늘 성사시키기 위해서 어떻게 재무장해야 할지를 궁리하고, 오늘 또 도전해서 퇴짜 맞으면 그다음 대응은 어떻게 할 것인지까지 고민한다. 이렇게 해서 하고자 했던 일이 성사되면 그것으로 끝나지 않고 새로운 도전을 향해 출사표를 던진다.

세계적인 산악인 엄홍길, 그의 삶은 도전 그 자체다. 8000m 8좌까지 등반한 1995년, 그는 한국인 최초로 14좌를 완등하겠다고 선언했다. 그리고 2000년 여름에 세계에서 여덟 번째, 아시아인으로는 최초로 히말라야 8000m급 14좌 완등에 성공했다. 그는 욕심을 더해 히말라야 위성봉인 얄룽캉과 로체샤르를 정복해 세계 최초로 히말라야 8000m 16좌 완등의 주역이 되었다. 이처럼 끊임없이 이어지는 도전정신이 엄홍길을 '신화를 창조하는 산악인'으로 만든 것이다.

이렇게 도전하는 삶을 사는 사람이 있는 반면에 도전과는 상관없이 "지난번에도 잘 되었는데 뭐", "때가 되면 잘 되겠지"라고 하면서 근거 없는 낙관주의에 사로잡혀 현실에 안주하는 직장인들 또한 있는 게 사실이다. 이는 흡연을 하면서 "난 괜찮을 거야"라며 건강관리를 안 하는 행위와 다를 바 없다.

도전하지 않는 사람들은 풍파 없는 고요한 삶과 안녕을 찾아서, 아니면 과거의 실패경험으로 위축되어 안전지대만을 기웃거리는 사람들이다. 이런 사람들은 높은 성취감을 제공해주는 직장치고, 풍파 없고 기복 없는 평탄한 곳에 구성원을 그냥 조용히 모셔두는 곳은 없다는 사실을 알아야 한다.

어떤 이유든지 간에 도전을 피하는 것은 직장에서 남다른 성과를 통해 희열을 만끽할 수 있는 셀러프라이저의 길을 포기하는 것과 다름없다. "이봐, 해봤어?" 하고 소리치며 지시한 일을 시도해보지도 않고 미리부터 주저하는 간부를 강하게 질타한 현대그룹 창업자 정주영 회장의 일화는 유명하다.

이솝우화의 여우와 신포도 이야기가 떠오른다. 맛있는 포도가 주렁주렁 매달려 있는 걸 본 여우는 군침을 흘리며 포도를 따 먹으려 애썼다. 그러나 여러 가지 방법을 다 동원해도 따 먹을 수가 없었다. 울적해진 여우는 "포도가 덜 익어서 시퍼렇군. 괜히 고생해서 따봤자 먹지도 못할걸. 쓸데없는 짓이야" 하고 중얼거리며 포기했다. 이런 여우같이 나약하고 명분만 찾는 존재가 되면 직장에서 결코 성공할 수 없다. 이도 저도 안 되면 포도나무를 뿌리째 뽑아서라도 따먹고자 하는 공세적인 의지로 도전의욕을 불태우는 것은 어떨까?

1%의 가능성에도 시도하라

도전이 이루어지면 분명 풍성한 과실을 얻을 수 있다. 그래서 힘들더라도 도전정신을 함양하고 발휘하고자 하는 노력은 합당한 명분과 충분한 가치를 가진다.

성공 에너지인 도전정신을 함양하기 위해서는 첫째, 도전욕구를 스스로 자극하는 것이 좋다. 인간은 어느 정도 안전지대에 머물고자 하는 욕구도 있지만 다른 한편으로는 누구나 다 새로운 도전지대를 찾아 나서고자 하는 도전과 모험의 욕구가 마음속에 자리 잡고 있다고 한다. 사람들이 도전욕구를 가지고 있다는 것은 그 욕구에 어느 정도의 자극을 가하면 과감한 도전정신을 발휘할 가능성이 있다는 것이다. 그래서 새로운 일을 활력적으로 추진해나가고 싶다면 자신의 도전욕구를 스스로 자극해야 한다.

이러한 도전욕구를 자극하는 것으로는 스스로 정한 비전과 확고한 목표만 한 것이 없다. 자율설정 목표는 실현되기만 하면 나는 물론 주변 동료와 조직까지도 더불어 신명이 난다. 이때 목표는 굳이 거창할 필요는 없다. 작은 목표라도 달성하는 데 큰 무리가 없고, 그 달성이 나를 즐겁게 하는 것이면 무엇이든 좋다. 그렇게 해서 달성되면 새롭게 시도하고자 하는, 또는 또다시 반복 도전하고자 하는 욕구가 마음에서 절로 분출될 것이다.

둘째, 가능성이 조금이라도 보이면 시도한다. 아무리 어려워 보여도 1%의 가능성만이라도 엿보이면 일단 시도해보는 것이다. 시작이 반이라는 말이 있는 것처럼 일단 시작하는 것이 도전의욕 고취를 위해 무엇보다 중요하다. 물론 처음 도전을 할 때는 "잘못되면 어떡하나?" 하는 불안감 때문에 겁이 나기도 할 것이다. 그러나 고난도의 일도 아주 특별한 일을 제외하고는 일단 시도해보면 실타래 풀리듯이 문제가 풀리면서 길이 보인다. 해보지도 않고 미리부터 겁먹어서 천재일우千載一遇가 될지도 모르는 절호의 찬스를 날리는 일은 없어야 할 것이다.

이렇게 해서 조그만 일이라도 성사시킨 경험이 생기면 자신감이 붙으면서 또 다른 일을 넘보게 된다. 또 그 일이 잘 추진되면 급기야는 도전욕구에 불이 붙는다.

셋째, 남들이 꺼리는 곳을 지향한다. 도전의 기쁨을 만끽하려면 안락을 추구하는 다수가 몰리는 곳에서 도전거리를 찾지 말고 욕심 있는 소수가 있는 곳에서 찾아야 한다. 대부분의 남들이 갸우뚱하는 엉뚱한 일을 저질러보는 것이다. 구글 창업자 래리 페이지Larry Page는 "유튜브, 크롬, 안드로이드처럼 지금 그들이 열광하는 서비스는 모두 미친 짓의 산물이다. 만일 당신이 미친 짓을 하고 있지 않다면, 당신이 일을 잘못하고 있는 것"이라는 말로 필자의 말에 힘을 실어준다.

발자국이 나지 않은 새로운 길을 간다는 것은 물론 부담일 수 있다. 그러나 분명한 것은 그러한 곳에서 일을 벌이면 그 과정에서 불타는 도전 DNA를 얻을 수 있다는 것이다. 어렵사리 성공이라도 한다면 또 다른 도전의지가 충천할 것은 자명하다. 직장에서 임원이 되고, 고위간부가 되고, 고액의 연봉자가 되는 사람들은 대부분 이렇게 자신을 새로운 도전에 빠뜨리는 사람들이지 그냥 시류에만 따라가는 그런 사람들이 결코 아니다.

넷째, 도전을 습관화한다. 도전습관을 만드는 것이 중요한데, 도전습관이 만들어지면 자신도 모르게 도전정신이 높아진다. 이를 위해서는 어떤 일이 끝나는 즉시 새로운 일에 곧바로 돌입하는 것이다. 새로운 일의 추진은 자신을 각성시킨다. 그리고 새로운 일의 성공은 자신감, 보람, 성취감을 가져다주고 이것은 또 다른 일을 하게 하는 원동력이 된다. 이 과정에서 자연스럽게 도전습관이 만들어진다.

사상 처음으로 수영 보조기구를 사용하지 않고 대서양을 헤엄쳐 건넜던 미국의 브누아 르꽁트가 횡단에 성공한 직후 "더 이상 미친 짓을 하지 않겠다"고 말했다. 그랬던 그가 은퇴선언을 뒤집고 2012년에 태평양 횡단 도전장을 들고 나왔다. 은퇴를 뒤집은 이유를 묻는 기자들의 질문에 그는 "하나의 산을 오르면 쾌감을 느껴 또 다른 산을 찾아 나서는 것과 다를 바 없다"고 짤막하게 답했다. 이처럼 전에 이룬 성취감으로 만들어진 도전습관은 끊임없이 새로운 도전을 부추긴다.

온갖 시도를 다했는데도 해결되지 않는 문제는 사실 없다. 장벽이 앞에 있으면 뛰어서 넘어 보고, 이것이 안 되면 옆으로 돌아가 보고, 이것도 안 되면 넘어지나 안 넘어지나 발로 한번 차보기도 하고, 이것조

차도 안 되면 곡괭이로 내리치며 정면 돌파를 시도하자. 이렇게 가능성을 가지고 열정적으로 하루하루를 바쁘게 보내다 보면 온몸이 활기로 충만하면서 도전정신은 자연스럽게 발휘될 것이다. 그리고 이런 도전하는 모습은 상사나 경영층의 뇌리에 무엇을 시켜도 잘할 것이라는 인식을 확실하게 심어주고, 덕분에 성공에 도달하는 기간이 남과 비교도 안 될 정도로 훨씬 짧아질 것이다.

11

나의 길을 놔두고
남의 길로 가지 마라

—

소신

날은 어두워지는데 깊은 숲에서 길을 잃었다면 얼마나 당황스러울까? 벗어나기 위해서는 더 어둡기 전에 어디로든 빨리 가야 한다. 이때 어찌할지 몰라 아무 곳으로나 가면 시간은 시간대로 흘러가고 다시 나오기조차 어려운 오리무중의 수렁으로 빠져들 수 있다. 이럴 때 그나마 최선의 대응책은 심사숙고해서 방향을 정한 뒤 꾸준히 그 한 방향을 향해 소신 있게 걸어가는 것이다.

우리의 일상이나 직장에서도 마찬가지다. 맘먹고 뭐 한번 해보려 하면 발목을 붙잡고 머리를 혼란스럽게 하는 것들이 나타나기도 한다. 물론 성의 있는 충고도 있다. 그러나 모든 일의 중심에는 항상 권리와 책임을 동시에 갖는 자기 자신이 있어야 함을 잊어서는 안 된다. 다시 말해 주어진 여건 속에서 가장 현명한 의사결정을 한 뒤 소신 있게 그 일을 밀고 나가야 한다.

소신 있게 살아야만 하는 이유

직장은 상중하의 계층체계로 구조화되어 있고 인사고과권은 당연히 상사가 가지고 있다. '직장민주화' 소리가 드높아지고는 있지만 부하가 자기 소신을 부담 없이 펼치기는 아직 이른 게 사실이다.

그러나 이러한 상황에서도 의식 있는 직장인들은 상사와 직장에 활발하게 자신의 의견을 개진하고 소신을 피력하며 살아간다. 그중 일부는 적절하게 소신을 펼쳐 상사와 직장으로부터 괘씸죄를 받기는 커녕 오히려 핵심 브레인으로 발탁되어 승승장구하기도 한다. 이는 소신이 잘만 발휘되면 실보다 득이 훨씬 더 클 수 있다는 것을 알게 해주는 것이다.

언제나 진실만을 말하지 않는 사람의 특성도 우리가 소신을 발휘해야 할 이유 중 하나다. 기업에서는 고객의 구매특성을 파악하기 위해서 일반적으로 시장조사를 실시한다. 그런데 시장조사를 하기는 하되 조사결과를 거의 무시하다시피 하는 기업도 있다. "그러고도 판매가 됩니까?" 하고 의아해서 그 회사 간부에게 물어보니 이렇게 말한다. "고객은 여간해서 진실을 잘 이야기하지 않습니다. 진실은 제쳐놓고 엉뚱한 다른 이야기를 하기가 일쑤입니다. 절대로 말하는 것을 모두 다 믿지 마십시오." 일반화된 절차도 중요하지만 때로는 소신껏 밀어붙이는 것도 필요하다는 얘기다.

자동차를 구입하는 고객의 경우를 살펴보면 이점을 쉽게 공감할 수 있다. 수입차를 사는 일부 고객에게 구입 이유를 물어보면 대개 성능, 내구성, 디자인 등을 이야기한다. 요즘 국산 차가 수입차 못지

않게, 또는 그 이상으로 좋아졌다는 것을 인정하면서도 말이다. 그러나 조금 더 이야기하다 보면 이면의 진실은 꼭 그렇지 않다는 것을 알 수 있다. 사실은 비싼 차를 사서 폼 잡고 과시하고 싶은 것이 실제 이유에 더 가깝다. 물론 모든 고객이 다 그런 것은 아니지만 말이다. 상황이 이러하다 보니 소신 없이 상대방의 말만 믿고 그냥 따라가다가는 아무 일도 못할 수도 있다.

지금 지식정보화 시대를 맞이해 직장 내외에 정보가 흘러넘치고 있어 어느 장단에 춤을 춰야 할지 모르는 상황에 봉착하기도 한다. 검증되지 않은 수많은 첩보와 정보가 판단을 흐리게 하는 것이다. 이런 상황에서는 무엇보다도 소신이 중요하다.

뻔뻔스러움이 역사를 만든다

소신을 발휘하기 위해서는 모든 생각과 행동의 중심에 자기 자신을 정렬시켜야 한다. 의사를 확실하게 표현하고 행동의 주도권을 잡아야 한다. 그러나 우리나라 사람들은 아직도 자기표현에 지나치게 조심스럽다. 직장에서 회의할 때도 윗사람 눈치를 보거나 동료가 나의 발언에 어떤 반응을 보일까에 민감하다. 한국 사람들과 같이 일하는 국내 외국인들은 이런 소통 문화 때문에 우리나라 직장인들이 실력이 있음에도 불구하고 그만큼 인정받지 못한다고 지적한다.

인도 사람들은 생각하는 바를 뻔뻔스러우리만큼 당차고 소신 있게 말하는 데 선수로 알려졌다. 어떤 이는 말 못하는 인도인을 만나는 일은 자존심과 체면을 중시하지 않는 한국인을 만나는 것처럼 희박하다고까지 말한다. 이러한 소신 있는 의사표현능력과 탁월한 숫자 감각은 인도인들이 미국의 유수한 기업들을 이끄는 글로벌 리더로서의 역량을 발휘하는 배경이기도 하다.

그러나 소신이 필요하다고 상황 불문 밀어붙여서는 곤란하다. 특히 위계질서가 살아 있는 직장에서는 더더욱 그렇다. 머리를 조금밖에 돌리지 못하는 악어와 같이 누구도 공감하지 않는데 고집불통으로 일관한다면 그건 직장 내에서 웃음거리밖에 안 된다. 잘못된 방향이라는 확신이 선다면, 또는 좀 더 나은 또 다른 방향이 보이면 이미 결정된 방향을 과감하게 수정하는 융통성이 필요하다. 융통성도 소신능력 중 중요한 한 요소다.

요즘 상사는 '예스맨' 대신 '소신맨'을 좋아한다

대부분의 직장 상사는 '예스맨'을 좋아하는 것이 현실이다. '노(NO)'가 아무리 명분 있고 근거가 있다 하더라도 일단은 싫어한다. 그러다 보니 상사가 만든 업무 추진안에 과감하게 "별로입니다"라고 자기 뜻을 들이댈 수 있는 부하들이 많지 않다. 몇 명이라도 동조해주면 한번 밀어붙여 볼 텐데 그런 동료 역시 별로 없다 보니 더더욱 그렇다. "찍힐까 봐", "잘못되면 책임지게 될까 봐" 등의 이유로 몸을 사리는 것이다. 나의 생살여탈권을 쥐고 있는 하늘 같은 선임자나 상사 앞에서 "노"라고 하는 것은 동료들 사이에서는 '소신맨' 또는 '진짜 사나이'

가 될 수 있지만, 때로는 그것이 '폭탄'이 될 수도 있기 때문이다.

그렇지만 여러 가지 사례를 통해 확인되는 분명한 사실은 소신과 주관을 가진 사람이 그렇지 않은 사람보다 성공할 가능성이 훨씬 높다는 것이다. 2006년 투수 부문 다승·탈삼진·평균자책점 1위에 오르며 신인왕과 MVP까지 움켜쥐고, 지금은 미국 메이저리그에 입단해 전인미답前人未踏의 성공 스토리를 써가고 있는 '괴물투수' 류현진, 그는 배짱이 두둑하기로 유명하다. 2013년 LA 다저스와의 입단계약 협상 시 줄다리기가 있었다. 다저스 측은 "구단이 요구하면 마이너리그에 내려갈 수 있다"는 단서조항에 도장을 찍으라는 것이고 류현진은 못 찍겠다는 것이었다. 3600만 달러, 약 403억 원이란 거금 앞에서 웬만한 선수 같았으면 막강한 다저스의 요구에 그냥 '오케이' 했을 텐데 그는 소신으로 버텼고, 결국 그는 협상에서 승리했다.

이처럼 소신을 펼치고 살기가 비록 쉽진 않지만 성공을 위해서라면 소신 발언과 행동에 적극적이어야 한다. 특히 직장에서 부하를 성공으로 이끄는 유능한 상사는 적당히 순응하려는 사람보다는 신선한 아이디어로 무장하고 소신껏 일하는 창조적인 인재를 더 선호한다는 사실을 직시할 필요가 있다.

얼마 전 한국의 대표적인 글로벌 대기업에서 고졸 신입사원을 모집했다. 학력 불문하고 능력 있는 인재를 모집하고자 대규모로 채용했는데, 이들 합격자 중에는 마음만 먹으면 좋은 대학에도 입학할 수 있는 수능성적 상위 10%에 드는 아주 우수한 고졸 학생들도 있었다. 요즈음의 대학을 향한 사회적 추세를 감안했을 때 이들은 자신의 소신과 주관이 매우 뚜렷한 학생들임은 분명하다. 이들은 입사해서 충실하게 직장생활을 할 것이고, 아주 빠른 기간 내에 남들이 부러워하는 셀러프라이저의 반열에 오를 것으로 기대된다.

나를 나로 살아가게 하라

이처럼 중요한 소신을 성공능력으로 키우기 위해서는 첫째, 확신이 서면 그대로 밀고 나가는 것이 중요하다. 일단 합리적이고 이성적인 판단으로 방향을 설정했으면 좌고우면左顧右眄하지 말고 나아가야 한다. 외부상황에 민감해 자신을 거기에 속박시켜서는 안 된다. 물론 남들이 몰려가는 곳에서 이탈하면 왠지 모르는 불안감, 소외감을 느낄 수 있다. 그래서 음식점에서 참치 정식을 시켰다가도 동료들이 모두 값싼 김치찌개를 주문하면 소신이 쪼그라들어 이내 메뉴를 김치찌개로 바꾸는 일이 벌어지기도 한다. 동료들은 별로 개의치 않는 자신만의 불안일 뿐인데도 말이다.

당돌하고 개성 있는 신세대가 넘치면서 과거보다 직장상황도 많이 바뀌었다. 오히려 이런 때에 호기롭게 더 비싼 식사도 한번 시켜서 '동조하지 않는 1%의 행복'을 과감히 느껴보는 것이다. 친구 따라 강남 가는 것은 놀러 갈 때나 적용되는 것이지 프로를 꿈꾸는 직장에서는 발전에 장애물이 될 뿐이다.

둘째, 업무계획을 확고하게 세우는 습관을 들인다. 수립한 업무계획이 확고하지 않고 유동적이라면 아무래도 강하게 밀어붙이는 추진력이 약할 수밖에 없다. 그러면 상사나 동료가 조금만 지적을 해도 이

내 방향이 틀어지고, 이것이 반복되면 자신감을 잃어 소신 발휘에 문제가 생긴다. 그래서 누가 건드려도 쉽게 흔들리지 않는 확고한 계획을 처음부터 수립하는 습관을 들이는 것이 소신력을 키우는 데 긴요하다.

셋째, 평소에 다양한 지식과 노하우로 무장한다. 소신은 풍부한 지식과 노하우를 먹고 산다. 그러므로 소신의 에너지원인 지식과 노하우가 부족한 상태에서는 소신력이 나올 수가 없다. 설령 소신 있게 덤벼본다 하더라도 상대에게 인정받지 못한다. 그래서 업무지식은 물론 업무 외적인 정보까지 두루 아는 것은 소신 발휘를 위해 중요하다. 거기에다가 남들이 모르는 고급 노하우까지 겸비한다면 금상첨화다. 이렇게 된 상태에서 소신을 주장해야 비로소 상사나 동료로부터 예스맨이 아니라 소신맨으로 인정받을 수가 있다.

넷째, 형식이나 체면, 입장에 지나치게 얽매이지 않는다. 사람들은 수많은 시간을 형식, 체면, 입장 때문에 자기 자신의 욕구를 필요 이상으로 억제하며 살아간다. 형식은 조직에서 이루어진 '사회적 합의'를 지키기 위해, 체면과 입장은 소위 '체통'이라는 것을 지키기 위해 개인이 의도하는 생활을 방해한다. 소신은 무엇보다도 이러한 형식과 체면이라는 갑옷을 홀러덩 벗어야 쉽게 뛰어나올 수 있다.

영국의 경제전문지 《이코노미스트Economist》가 1984년에 전문가들의 경제분석과 전망을 평가하는 실험을 했다. 대기업 회장, 전직 재무장관, 옥스퍼드 대학교 경제학과 대학원생, 런던 환경미화원 각 네 명씩 총 열여섯 명에게 경제를 예측해보라고 했다. 10년 후 예측 적중률의 평균을 내봤더니 환경미화원과 대기업 회장 그룹이 1위, 전직 재무장관 그룹이 꼴찌를 기록했다. 이 실험 결과는 전문가들이 만들어 놓은 상식의 틀 또는 외부에서 만들어 놓은 형식을 과신해서는 안된다는 교훈을 던져준다.

물론 직장에는 상중하의 위계와 조직운영 규정이 엄연히 존재한다. 그래서 정리되지 않고 인정되기 어려운 소신을 함부로 내세워서는 안 된다. 소신이 지나치면 고집과 아집으로 변하고, 이로 인해 혼자 사는 외로운 인생으로 전락할 수도 있다.

테드 터너Ted Turner가 처음에 뉴스 전문방송을 만든다고 하니 많은 사람이 "말이 되느냐?", "정신 나갔냐?"고 하면서 말렸다고 한다. 그러나 그는 사람들의 의견과 상관없이 뉴스 전문방송 CNN을 만들었고, 오늘날 세계적인 갑부가 되었다. 어떤 일을 하는 데 생각을 흔드는 수많은 요소는 있게 마련이다. 만일 테드 터너가 주변의 말들에 흔들려 소신을 접었다면 오늘날 전 세계인이 가장 생동감 있게 즐겨보는 'CNN LIVE'는 태어나지 않았고 그의 성공 역시 없었을지도 모른다. 테드 터너의 성공까지는 아니라 하더라도 직장 내에서 높은 대우를 받고자 한다면 소신 없이 타인에게 하루하루를 이끌려 다니는 것은 아닌지 수시로 돌아볼 일이다.

CHAPTER 2

인간관계는
모든 일의 시작이다

관계역량

12

멀리 가려거든
같이 가라

—

대인관계능력

혼자서는 이 세상을 도저히 살아갈 수가 없다. 그래서 일찍이 아리스토텔레스는 "인간은 사회적 동물"이라고 하질 않았던가? 혼자가 아니기에 안전을 도모할 수 있고, 주변에 여럿이 있기에 나의 존재가치가 더욱 선명해지고, 중지를 모을 수 있기에 무엇이라도 할 수 있다.

이처럼 주변의 사람들은 나에게 힘이 되어주지만 때로는 그들이 있기에 괴롭고 힘든 것도 사실이다. 상대에게 신변의 위협을 느끼기도 하고, 서로 눈을 부라리며 싸우기도 하고, 상대에게 뒤지면 스트레스를 받기도 한다. 그래서 사람들은 어쩌면 양날의 칼 같은 존재이기도 하다. 그러나 사람으로 인해서 비롯되는 실失은 득得에 비하면 극히 미미할 뿐이다. 그래서 사람들은 사귐의 결과는 나중 문제로 돌리고 일단은 다양한 사람들을 만나 서로 간의 관계증진을 도모하기 위해서 일터, 모임, 운동경기장 등 어디에서든 바삐 움직인다.

성공을 견인하는 대인관계의 비밀

미국 경영 컨설턴트 존 팀펄리John Timperley는 과거가 '무엇을 아느냐', 즉 'Know what'의 시대였다면 현대사회는 '누구를 아느냐', 즉 'Know who'의 시대라고 했다. 대인관계의 중요성이 점점 높아지는 것을 고려한다면 성공의 주축이 'Know what'에서 'Know who'로 이동한 것은 분명해 보인다.

또 과거 프랑스의 미테랑 대통령 보좌관을 지낸 자크 아탈리Jacques Attali는 미래의 대안사회를 '인간적인 길'이라고 명명하면서 관계성 자산의 중요성을 강조했다. 그는 또한 관계성 자산이 주도적으로 성취하는 삶을 살아가는 우선 조건이 될 것으로 예측했다.

직장에서는 주요한 일들이 조직단위로 이루어지기 때문에 구성원 간의 돈독한 관계자산을 만들 수 있는 대인관계능력은 필수적이다. 최근 대학생 4234명과 기업인사 담당자 44명을 대상으로 한국고용정보원이 실시한 조사에서 기업 인사담당자들이 대학생의 구직역량을 향상하기 위해 가장 필요한 항목으로 도전정신과 대인관계 능력을 지목한 것으로 나타났다. 대인관계능력이 직장에서 생존과 성공을 위해서는 물론이고 그곳에 들어가기 위해서도 필수불가결한 덕목으로 간주되는 것을 알 수 있다.

지금 페이스북은 트위터, 구글과 함께 세계 소셜네트워크 서비스를 주름 잡고 있다. 많은 전문가는 창업자 마크 주커버그 외에 대인관계가 탁월한 최고운영책임자COO 셰릴 샌드버그Sheryl Sandberg가 없었더라면 페이스북이 이렇게 짧은 기간에 성공을 거둘 수 없었을 것이라고 입을 모은다. 샌드버그 합류 약 2년 만에 페이스북의 고용 인원이 1800명으로 여섯 배 늘었고, 가입자 수가 일곱 배 이상인 5억 명이 된 것이 이를 여실히 증명한다.

이처럼 대인관계능력은 성공을 견인하는 핵심적인 능력이며, 이에 이의를 제기하는 사람은 아무도 없다. 직장에서도 남보다 잘나가는 셀러프라이저들은 대인관계능력의 위력을 누구보다도 잘 안다. 그래서 그들은 성공하기 위해 시간 나는 대로 자리를 박차고 일어나서 주변 사람을 향한다. 그리고 여러 부류의 사람들과 어울리며 다양한 정보를 수집한다. 관계하는 사람이 말이 많아도 불만을 표출하지 않고 경청하고 질문한다. 의욕이 넘치는 프로들은 간혹 상대방이 부담스러워 할 정도까지 지원사격을 요청하기도 한다. 그들의 도움이 중요하고, 그들의 말과 행동이 자신의 발전에 긴요하다는 것을 잘 알기 때문이다.

인간관계보다 어려운 것이 또 있을까

대인관계가 대단히 중요하다는 것은 부인할 수 없는 사실이지만 그렇다고 어울리는 것에만 치중해서는 곤란하다. 가족 또는 절친한 친구 간에는 서로의 입장이 어떤 상태이든지 간에 특별한 조건 없이도 관계할 수 있다. 그러나 유감스럽게도 직장에서는 그렇지 못하다. 어떤 관계든 예외 없이 그 '관계의 조건'이 있다 해도 과언이 아니다. 이는 각자의 이익을 추구하는 과정에서 발생하는 이해득실 때문이다.

이러한 직장 특유의 특성 때문에 어느 정도의 실력이 뒷받침되지 않고서는 관계가 그리 오래가지 못한다. 즉, 상대에게 도움이 되거나 관심을 끌게 하는 그 무언가가 있어야만 균형이 유지되면서 관계가 롱런할 수 있다. 그래서 대인관계를 잘할 수 있는 별도의 능력이 필요한 것이다.

그렇지만 대인관계가 중요한 것만큼이나 대인관계능력을 키우고 발휘하는 것이 어려운 것도 사실이다. 관계해야 할 대상이 마음먹기에 따라 천의 얼굴로 변할 수도 있기 때문이다. 주변에 럭비공처럼 도대체 종잡을 수 없는 상사나 동료가 있는 것만 보아도 이를 짐작할 수 있다. 그러다 보니 직장에서는 인간관계 스트레스가 상존한다.

다음의 조사결과가 이와 같은 현실을 입증한다. 취업포털 커리어가 입사 2년 미만의 초급직장인 262명을 대상으로 어려움을 겪은 상황을 조사한 결과를 보면 특히 인간관계에서 가장 큰 스트레스를 받는 것으로 나타났다. 60.8%가 입사 후 상사나 동료들과의 관계에서 어려움을 겪었다고 답한 것이다. 이러한 상황은 입사 10년이 넘은 선임자라고 해도 크게 다를 바 없다. 이처럼 인간관계에서 발생하는 어려움은 만만치 않고 때로는 일에서 느끼는 어려움을 능가한다.

한국인에게는 관계본능이 있다

상사, 동료들과의 대인관계가 어긋난 상황에서는 업무능력 발휘가 제대로 될 수 없다. 그래서 동료들과의 관계를 잘 유지하고 발전시켜

나가는 것은 성과창출 극대화의 전제조건으로 매우 중요하다.

다행히도 우리나라 사람들에게 대인관계능력 발휘를 잘할 수 있는 심리적 소질이 있다고 전문가는 말한다. 심리학계의 거두인 미국 미시간 대학교의 리처드 니스벳Richard E. Nisbett 교수는 그의 저서 『생각의 지도』에서 동양 사람들은 심리적으로 자신이 속한 집단에서 조화롭게 적응하면서 살기를 갈망한다고 소개한다.

실제로 우리나라 사람들은 무리에서 이탈될까 두려워하고, 그런 일이 생기면 극단적인 상황까지 치닫는 경우가 왕왕 발생하는 것을 보면 니스벳 교수의 말은 분명 일리 있어 보인다. 따라서 대인관계를 지향하는 이러한 강렬한 욕구는 대표적인 성공역량인 대인관계능력을 키우는 데 상당 부분 긍정적으로 기여할 것임을 짐작할 수 있다.

그리고 우리나라 직장의 근무 구조 역시 대인관계능력을 키울 수 있는 좋은 토양이 된다. 특유의 장시간 근무와 활성화된 회의문화 덕분에 좋든 싫든 하루 대부분의 시간을 많은 직장동료와 얼굴을 마주보며 생활하기 때문이다. 이러다 보니 잠자는 시간을 제외하면 가족들과 함께하는 시간보다 양적으로는 더 많은 시간을 같이 보내는 직장인들이 부지기수다. 이러한 상황이 부부보다 회사 동료와 보내는 시간이 더 많은 '오피스 스파우즈Office Spouse'를 양산하는 데 일조하는 것도 사실이다.

그래서 마음만 먹으면 직장에서 든든한 후원자가 될 수 있는 사람들을 얼마든지 구할 수 있고, 여기서 만들어진 관계의 힘을 바탕으로 자신의 존재가치를 더욱 드높일 수 있다.

대인관계의 기본은 '지피지기'다

직장에서 성공적인 대인관계를 가능케 하는 능력들에는 여러 가지가 있다. 설득능력, 인맥관리능력, 감성소통능력, 갈등관리능력, 조직적응 및 활용능력, 팀워크 능력, 의사표현능력, 자기홍보능력, 처세능력, 리더십 능력 등은 대인관계를 위해서 핵심이 되는 능력들이다.

이러한 능력들을 키우는 방법은 다음 장에서부터 능력별로 나누어 세부적으로 살펴보기로 하고, 본 장에서는 직장인의 입장에서 대인관계능력 향상을 위해 기본이 되고 꼭 필요한 보다 넓은 개념의 방법을 우선 제시한다.

첫째, 관계할 상대방의 우선순위를 정한다. 직장에는 상사, 동료 등 같이 근무하는 수많은 직원이 있다. 이들 모두를 완벽히 알고 지내려 한다면 애초부터 그것은 무리다. 그래서 남다르게 관계해야 할 필요성이 있는 사람이 누군지를 파악하고 그를 우선순위로 삼아야 한다.

어디나 마찬가지지만 직장에도 이른바 실세가 존재하기 마련이다. 이들 실세는 임원을 비롯한 윗사람과의 관계가 아주 밀접하거나, 탁월한 업무수행으로 인정받고 있거나, 원만한 성품과 소양으로 주위로부터 신망이 두터운 사람들이다.

바로 이들이야말로 남다르게 관계를 맺을 필요가 있는 '타겟 1순위'의 사람들이며, 그러기 위해서는 이들에 관한 세부적인 사항을 잘 파악해야 한다. 기본적인 인적사항은 물론 가치관, 신념, 성향, 장점, 단점, 좋아하는 것, 싫어하는 것, 취미, 가족관계 등을 모두 섭렵할 필요가 있다. 이것들을 알려면 정확하게 알아야 하며 어설프게 알면 오히려 관계를 악화시킬 수 있으므로 조심할 일이다.

둘째, 상대를 객관적이고 전략적으로 평가한다. 대인관계의 기본은 나와 남을 객관적으로 평가하고, 그것을 토대로 관계 맺는 것이다. 특히 남을 평가할 때는 공정하고 객관적으로 평가하고 있는지를 스스로 점검하는 습관을 들일 필요가 있다. 남을 나보다 낮게 평가하고자 하는 인간의 본능 때문이다.

미국 코네티컷 대학교 의대의 하워드 테넨Haward Tenen 교수의 연구가 이의 중요성을 깨닫게 한다. 그는 관련 논문을 분석해 상대방을 객관적으로 평가하지 않을 때 77%는 그로 인해 자신이 해로운 영향을 받고, 나머지 23%도 해롭진 않더라도 득이 없다는 결론을 도출했다.

때로는 상대에 대한 전략적인 평가도 필요하다. 왜냐하면 사람들은 상황이 어떻든지 간에 상대방의 입에서 좋은 소리가 나오는 것은 반기지만 부정적인 소리를 수용하는 아량은 상당히 부족하기 때문이다.

그래서 동료들과 대인관계를 원만히 하기 위해서는 내 마음속에서 내리고자 하는 평가, 즉 있는 그대로의 평가보다 좀 더 후하게 평가하는 전략적인 접근이 필요하다. 이렇게 하면 상대방에게 의욕과 자신감을 주고 궁극적으로는 이것이 나의 이익에 기여할 것이다. 그렇다고 위선자가 되어서는 안 된다. 모든 것이 그렇듯이 지나치면 문제가 된다.

셋째, 공감대를 굳건하게 형성한다. 돈독한 관계의 가장 큰 전제조건은 상대와 함께하는 넓고 깊은 공감대다. 직장에서 이러한 공감대를 잘 형성하려면 공적이든 사적이든 공통의 관심사를 많이 갖는 것이 필요하다. 직장동료와는 늘 일로 얽혀서 지내기 때문에 업무적인 공통 관심사만큼 공감대를 끌어 올려주는 것도 사실 거의 없다.

때로는 오래전에 선약한 절친한 친구와의 저녁 자리가 얼굴을 맞대고 사는 직장동료와의 갑작스러운 '번개' 술 한 잔에도 가끔 밀리는 것을 보면 직장에서 비롯되는 공통 관심사의 위력을 알 수 있다.

그러나 업무적인 공통 관심사를 기반으로 형성된 신뢰는 대부분 이해관계가 걸려 있어서 여차하면 쉽게 손상될 수 있는 취약점을 안고 있다. 물론 관계의 바탕에 비공식적이고 인간적인 정서가 잘 깔렸다면 얘기는 달라질 수도 있다. 그래서 자신이 극복해야 할 호랑이 같은 상사와 까칠한 동료직원이 있다면 그들과 비공식적인 관심사를 공유하기 위해 평소 의식적으로 노력하는 것이 필요하다.

넷째, 내부고객관리를 잘한다. 외부의 고객이나 비즈니스 파트너는 나의 업무성과와 이익창출에 직결된 사람들이 대부분이다. 그러다 보니 일반적으로 이들을 중심으로 한 관계에 진력한다. 이와는 달리 직장 내부에 있는 동료는 그저 옆에 있는 사람 또는 우군으로만 생각하고 부지불식간에 소홀히 대하기에 십상이다.

그러나 상사, 선배, 후배, 동기 등 사내의 동료들은 내부고객으로서 이해관계가 얽혀 있는 외부 사람들 못지않은 가치를 지니고 있다. 또한 언제 어느 때 적군으로 돌변할지 알 수 없는 동료들도 일부 존재하는 것이 사실이다. 그래서 직장인은 내부고객관리에도 언제나 만전을 기해야 한다. 어쩌면 직장에서 성공하기 위해서 이들은 외부사람들보다 더 중요하게 대해야 할 사람인지도 모른다.

직장에서는 적기에 여러 동료들의 도움을 받아야 일이 보다 원만하게 진행될 수 있다. 어떤 보고서를 잘 작성하고자 할 때는 같은 부서 내에 능력 있는 동료가, 그 보고서를 보고해 결재를 구할 때는 결재 라인에 있는 상사가, 결재과정에서 협조를 구해야 할 때는 협조부서 직원이, 보고서 결재 후 집행하고자 할 때는 집행 관련 부서 직원이 바로 중요한 내부고객이다.

"같은 회사 동료들인데 무슨 일 있겠어?" 하고 대수롭지 않게 여기다가 관계가 소원해지면 정작 외부고객과 상대하기도 전에 여기서 브레이크가 걸려 아무 일도 못할 수 있다.

다양한 분야에 박식하고 업무적으로 모든 것을 섭렵하고 있다면 직장에서 그를 인재라고 대접할까? 그렇지 않다. 그렇다면 진정한 인재는 누구인가? 지금은 업무적인 지식과 노하우에 능통하고 거기다가 대인관계능력까지 발휘할 줄 아는 사람만이 진정한 인재로 불린다. 나아가서 대인관계능력은 업무수행능력에 우선한다. 그래서 다른 사람과의 원만하고 끈끈한 관계를 유지하고 향상시킬 수 있는 대인관계능력이 직장에서 군계일학群鷄一鶴의 성공능력으로 굳건히 자리 잡고 있는 것이다.

13

원하는 것을 얻으려면
상대의 마음부터 가져와라

—

설득능력

어떤 사람이 "나는 앞을 보지 못하는 맹인입니다. 도와주세요"라는 표지판을 옆에 놓고 대로변에 앉아서 구걸하고 있었다. 깡통에는 이따금 동전 몇 푼이 던져질 뿐이었다. 이때 지나가던 한 여인이 가는 길을 잠시 멈추고 모습을 쳐다보더니 표지판의 내용을 이내 다른 말로 바꾸어 써놓았다. 웬일일까? 이때부터 동전이 수북이 쌓이기 시작하는 것이었다. 표지판의 바뀐 글귀는 다름 아닌 "오늘 날씨가 아주 좋군요. 그런데 이 아름다운 날을 나는 보지 못한답니다"였다. 바뀐 글귀 한 줄이 상황을 전혀 다르게 만들어놓은 것이다.

강제력을 발동해 상대의 마음을 빼앗고 그렇게 해서 승자가 되는 시대는 지나간 지 오래다. 이제는 남이 나의 말에 자진해서 따를 수 있도록 하는 매력과 노하우가 있느냐가 승자의 중요한 전제조건이다. 이러한 매력과 노하우가 바로 다름 아닌 설득능력이다. 남의 마음을 사로잡아 자신의 의도를 관철했다는 점에서는 유혹의 대가 클레오파트라나 희대의 바람둥이 카사노바와 돈 후안 등은 어쩌면 타고난 설득 전문가일지도 모른다.

이제 설득은 능력이다

설득은 가장 빈번하게 발생하는 대인관계의 한 과정이다. 그리고 설득은 원하는 것을 얻게 하는 마법의 힘을 가지고 있다. 설득은 이 것 이외에도 내 말에 설득되어 긍정하는 상대방의 모습을 보며 성취감을 느낄 기회까지도 선사한다. 그러다 보니 설득은 반복되는 일상이며 설득에서 나오는 힘은 만족스럽고 성공적인 생활을 위해 필수불가결한 요건이다.

직장인의 하루 역시 설득으로 시작해 설득으로 끝나다시피 한다. 과거에는 아침 출근 후 상사가 업무지침을 하달하면 그것으로 일은 일사불란하게 시작되었다. 불합리한 명령에도 일단은 복종했다.

그러나 지금은 직장민주화 시대를 맞이해 상황이 많이 바뀌었다. 상사가 일을 지시하려면 부하직원들 모아놓고 일단 모닝커피부터 한 잔해야 한다. 그리고 나서 상사는 일의 배경을 구구절절 설명하면서 부탁하듯이 전달한다. 와중에 한두 명이 반기라도 들면 한참 설득하는 것이 필수 코스다. 예전에 가능했던 무조건적 "Follow me!"가 이제는 불가능한 것이다. 퇴근 시간 무렵 올라온 보고서를 결재하다가 상사가 새로이 추가하고 싶은 것이 있어 작업을 더 지시하려면 부하직원을 붙잡고 야근하도록 설득해야 한다.

어디 이뿐인가? 상사가 기분 좋아 한잔 쏜다고 갑자기 부서 '번개집합'을 걸면 무조건 오케이 하던 예전과는 달리 지금 "사전 예고도 없이 무슨 회식이냐?"며 항명하는 부하직원이 나타나기도 한다. 아무튼 대부분의 상사, 특히 중간관리자로서의 상사는 결재받기 위해 자신의 상사를 설득해야 하고 일을 시키거나 한잔하자고 부하를 설득해야 하는 등 설득에 치여 사는 것이 현실이다.

설득이 어려운 것은 부하도 마찬가지다. 자기 딴에는 제아무리 밤을 새워 만든 훌륭한 방안이라 하더라도 상사를 비롯한 관련 동료를 설득시키지 못하면 그 방안은 채택되지 못한다. 잘못하면 바로 쓰레기통으로 직행한다. 이처럼 설득은 우리의 일상이며 일을 함에 있어서 피할 수 없는 과정이다. 그만큼 설득능력은 생활의 핵심능력이자 성공능력인 것이다.

서울대학교 소비트렌드분석센터의 김난도 교수팀은 매년 10대 소비트렌드를 선정해서 발표하고 있는데, 2012년도에 소비트렌드의 열 가지 키워드를 소개한 바 있다. 여기서 지금을 불확실성의 시대, 혹독한 경쟁의 시대라고 규정하고 이 열 가지 키워드를 관통하는 공통분모이면서 이 시대에서 살아남을 수 있는 능력으로 설득능력과 공감능력을 제시했다.

미국 노스웨스턴 대학교 로스쿨의 반 잔트 학장 역시 설득능력의 중요성을 역설한다. "법률가에게는 법률지식도 중요하지만 중요한 덕목은 다른 사람을 설득시키는 능력과 인간관계다." 법이라는 든든한 배경이 있어 아쉬운 소리를 좀 덜 해도 될 듯싶은 법률가도 이렇게 설득능력이 중차대한 덕목이라고 말하는 것을 보면 설득능력의 중요성이 어느 정도인지를 짐작할 수 있다.

과학적으로 설득하라

특성과 생각이 완벽하게 동일한 사람이 세상에 한 명도 없다 보니 사람과 관계한다는 것은 기본적으로 어려운 일이다. 특히 반대 처지에 있는 사람을 내가 의도하는 방향으로 돌리는 작업인 설득은 더욱 힘들다. 사람들은 아무리 공감이 가고 이해를 해도 자신의 이익과 부합하지 않으면 상황을 수용하려 하지 않기 때문이다. 사실 설득은 설득당하는 사람보다 설득하는 사람에게 이익이 더 있게 마련이다. 그래서 설득하는 사람은 "미안하지만 제발 내 말 좀 들어다오" 하고 속으로 외치는 것이다.

북한에 핵실험을 하지 말라고 국제사회, 나아가서 동맹국인 중국까지 나서서 회유하고 협박까지 하면서 그토록 설득했지만 그들은 이에 아랑곳하지 않고 2013년 2월 마침내 세 번째로 일을 저질렀다. 설득이 얼마나 어려운지를 일깨워주는 사례다.

이렇듯 설득이 만만치 않은 일임에도 불구하고, 준비도 인내심도 없이 짧은 시간에 설득하고자 무리수를 두는 직장인들이 적지 않다. '바늘허리에 실 매어 쓰려는 자세'로는 아무래도 좀 이기적인 것이 아닐까?

이런 직장인들은 그 옛날 세종대왕이 보인 설득의 자세를 곱씹어

볼 필요가 있다. 세종대왕은 정액세법인 공법貢法으로 세제 개혁을 단행하기 위해 무려 17년간의 논의와 설득 과정을 거쳤다고 한다. 조선 시대 최초의 여론조사를 하고, 개혁의 피해자들인 기득권층이 개혁의 당위성을 모두 수긍한 상태에서 세제 개혁을 단행했던 것이다.

설득이 어렵다고는 하지만 설득능력은 훈련으로도 얼마든지 높일 수 있다고 전문가는 말한다. 세계적인 설득 전문가인 미국 애리조나 주립대학교 심리학과의 로버트 치알디니Robert Cialdini 교수는 "설득은 마술이 아니라 과학"이라고 하면서 "설득하는 능력을 타고나는 사람은 드물다. 원리를 깨치면 누구나 설득의 달인이 될 수 있다"고 단언한다. 설득에 겁먹지 말라는 얘기다.

그래서 설득 아니면 해결할 수 없다는 것을 뻔히 알면서 자꾸 설득을 피하려고만 하는 행동은 이제 중지하고 효과적인 설득방법을 적극 찾아 나서야 한다.

똑똑한 설득에는 근거와 비교가 필요하다

설득은 정서적 접근방법과 기술적 접근방법 등 크게 두 가지가 있다. 상대방의 감성에 호소하고 공감대를 이루는 것이 주가 되는 정서적 접근방법은 뒤에 기술할 감성소통능력 부분과 어느 정도 중복되는 부분이 있다. 그래서 본 장에서는 그 부분은 제외하고 기술적인 부분에 초점을 두고 설득방법을 살펴본다.

설득을 기술적으로 잘하기 위해서는 첫째, 객관적이고 구체적인 근거를 제시한다. "목소리 큰 사람이 이긴다"고는 하지만 그건 친구 간의 술자리에서 말의 주도권을 잡고자 할 때나 유효하다. 그러나 안타깝게도 그 외의 상황에서까지 목소리나 소위 말발로만 상대를 설득하려는 사람들을 자주 본다.

설득은 상대방의 귀를 열게 하는 것은 기본이고 무엇보다 마음을 움직여야 한다. 이를 위해서는 주장과 요청에 대한 객관적이고 구체적인 근거를 제시해야 한다. 신앙은 증거를 요구하지는 않지만 설득의 핵심기반인 신뢰는 증거가 필요하기 때문이다.

현대그룹의 창업자 정주영 회장이 맨주먹으로 조선소를 만들려고 할 때 거북선이 나와 있는 오백원짜리 지폐를 근거로 제시해 거래를 성사시킨 일화는 유명하다. 수치가 포함된 조사결과나 연구결과, 전문가나 사회적 명사의 견해, 나와 남의 성공사례 등은 상대를 설득할 때 사용할 수 있는 훌륭한 근거자료들이다.

직장에서 업무보고를 할 때 화려한 미사여구만 가지고는 상사의 벽을 넘기 어렵다. 상사와 부하의 관계는 대등한 관계가 아니기 때문이다. 그러나 이때 상사가 미처 생각하지 못한 객관적이고 구체적인 근거를 적기에 들이대면 상사와 업무적으로 대등한 관계가 형성되면서 쉽게 설득할 수 있다.

둘째, 비교해서 설명한다. 둘 중 하나에 스포트라이트를 들이대고 집중적으로 비추면 그것은 부각되지만 반면에 다른 하나는 시야에서 사라진다. 비교가 이러한 특성이 있다 보니 동료와 비교되었을 때 울고 웃는 직장인들이 많다.

하지만 비교가 가지는 이러한 파괴력을 잘 이용하면 상대를 설득하는 데 큰 효과를 거둘 수 있다. 설득전문가 로버트 치알디니 교수 역시 "똑똑한 설득에는 비교가 필요하다", "대상의 특징은 진공 상태에서 인식되는 것이 아니라 다른 것들과 비교하는 속에서 인식된다"며 비교의 필요성을 강조했다.

삼성전자 TV 광고 갤럭시S II LTE의 '다운로드 스피드 테스트' 편을 기억해보자. 여성이 눈을 깜짝하는 시간과 갤럭시S II LTE가 MP3 한 곡을 다운받는 시간 대결이 펼쳐졌다. 결과는 눈을 크게 뜬 여자가 눈을 감았다 다시 뜨기도 전에 다운로드는 끝난다. 동시에 두 가지를 비교해본 시청자는 비록 광고지만 속으로 탄성을 자아낸다. 이처럼 비교는 탄성을, 탄성은 곧 '사고 싶다' 또는 '들어주고 싶다'는 설득을 이끌어낸다.

셋째, 상대도 이익을 보게 한다. 설득 프로세스에서는 상대로부터 얻어내야 할 것은 분명 있는데 반면 줄 것은 마땅치 않거나, 얻어내야 할 것보다 줄 것이 적은 게 일반적이다. 이것이 바로 설득을 어렵게 하는 대표적인 요인이다. 제아무리 공감이 가도 자기의 이익과 관련 없으면 설득당하지 않으려는 게 사람의 마음이기 때문이다. 그래서 얻으려는 설득의 결과물에 연연하기만 하고 남의 이익에는 무관심하면 설득은 어려워질 수밖에 없다.

건의사항에 하자가 없고 부서장 선에서 해줄 수 있는 일이라면 부서장은 그 건의를 수용해줄 것으로 부하는 생각할지 모른다. 그러나 건의수용의 결과가 부서의 발전에 기여하는 등 부서장에게도 무언가 돌아갈 것이 있어야 하는데, 그렇지 않고 오로지 건의하는 부하만 득을 본다면 부서장은 그 건의에 흔쾌히 공감을 표하겠는가?

설득은 나만의 이익을 중시하는 흥정이 아닌 상생을 위해 협상할 때 성공 가능성이 높다. 다시 말해 "꿩 먹고 알도 먹자"는 욕심 대신에 "누이 좋고 매부 좋고"에 관심을 둘 때 설득은 잘 이루어진다.

넷째, 심리효과나 법칙을 잘 활용한다. "심리를 알면 마음이 보인다"고들 하는데, 실제로 사람들의 심리를 토대로 이름 붙인 심리효과나 법칙은 사람의 마음을 확인하는 데 아주 쓸 만한 도구다. 사람의 마음을 사로잡아 나의 의도를 관철하고자 하는 것이 설득이라는 점을 고려한다면 이러한 효과나 법칙을 안다는 것은 더없이 중요하다. 연일 이어지는 바쁜 직장생활이지만 스마트폰 검색할 시간을 조금만 빌려도 설득심리에 대한 다양한 지혜를 제공하는 심리서적이나 자료들을 섭렵할 수 있다.

다섯째, 온라인 접촉을 줄이고 오프라인 접촉을 늘린다. 소통에서 인터넷과 스마트폰이 생활에 지대하게 기여한다는 점에 부인하는 사람은 거의 없다. 이것들은 더 많은 사람을 더 빨리 연결해주는 대단한 도구임이 틀림없다. 그러다 보니 상대를 설득하는 일까지도 인터넷이나 스마트폰을 이용하는 현상이 급증하고 있다. 그러나 이러한 온라인 소통은 '동시다발적으로', '빠르게'라는 장점이 있는 반면에 공감을 통해서 설득을 용이하게 하는 정서공유가 어렵다는 한계점이 있다.

이러한 정서공유가 설득 성공에 미치는 긍정적 영향력이 워낙 크다 보니 시간은 걸리지만 오프라인, 즉 면대면面對面 방식을 많이 이용하는 직장인들이 온라인에 매달리는 동료보다 훨씬 더 강한 설득력을 발휘한다. 로버트 치알디니 교수는 그의 저서 『설득의 심리학 2』에서 직접적인 접촉은 개인 간의 관계를 더욱 돈독히 해 설득 가능성을 높여주지만 온라인 접촉은 오히려 설득 성공에 걸림돌이 될 수 있다는 점을 강조함으로써 이를 지지한다. 그래서 효과적인 설득을 위해서는, 특히 업무적인 과제가 걸려 있는 사람들이라면 더더욱 면대면 중심으로 접촉해야 한다.

원만한 대인관계의 한복판에는 설득능력이 자리 잡고 있다. 직장에서는 대인관계능력이 직무능력과 함께 대들보 같은 존재이기 때문에 설득능력은 성공적인 직장생활을 위한 방법의 '알파와 오메가'라고 해도 과언이 아니다. 내게 호감을 느끼고 있지 않은 1%의 비우호 세력까지도 내게로 끌어들여, 동료보다 더 빠르게 성공의 반열에 올라보자.

14

사람도
전략적으로 관리하라

인맥관리능력

"손은 안으로 굽기 마련"이란 말을 자주 쓰고 듣는다. 이 말에는 일
단 '같은 편'이라는 인식을 심어주면 이후엔 큰 노력 없이도 상대방으
로부터 계속해서 도움을 받을 수 있다는 뜻이 내포되어 있다. 그래서
나를 같은 편으로 인정해줄 사람을 만드는 일, 즉 인맥을 만드는 일
은 누구에게나 관심사다. 인맥은 단어가 풍기는 특유의 배타성 때문
에 다소 부정적인 느낌을 주기도 하지만 지금은 사회인에게 필요한
핵심 자산으로 인식되어 그 중요성이 날로 높아지고 있다.

이러한 인맥관리는 사람을 사귀는 일의 한 축을 이루지만 사교적
인 관계와는 다소 차이가 있다. 인맥관리는 친분보다는 주로 일과 관
련된 관계, 넓은 것보다는 깊은 관계, 일방적인 것보다는 상호적인 관
계다. 즉, 관계를 통해서 무언가를 얻고자 하는 목적을 가진 대인관계
가 바로 인맥관리다. 다분히 전략적인 면이 엿보이는 관계인 것이다.

'아는 사람'을 먼저 생각하는 것은 인지상정이다

미국의 사회학자인 스탠퍼드 대학교의 마크 그래노버터 교수는 어떤 한 사람에게 도움을 줄 수 있는 사람이 과연 몇 명인지에 관해 연구했다. 우선 한 사람이 알고 지내는 사람 수를 300명으로 잡았다. 그 각각의 300명이 아는 사람을 다시 300명으로 잡은 뒤 그중에서 겹치거나 도움이 안 될 만한 사람을 200명으로 보고 이를 제외했다. 그래서 순수하게 남는, 즉 도움이 될 만한 사람을 100명으로 보았다. 이렇게 네트워크를 연결한 끝에 어떤 한 사람에게 도움을 줄 수 있는 사람의 수는 무려 3만 명에 이른다는 결론에 도달했다. 이 연구결과는 인맥관리를 제대로 한다면 상상 이상의 많은 사람들로부터 도움을 받을 수 있다는 것을 말해준다.

일의 중심에는 언제나 사람이 있으며 기회는 반드시 사람을 통해서 온다. 아는 사람이 많을수록 그리고 자신을 긍정적으로 평가하는 사람이 많을수록 어떤 일에서 성공하기는 더욱 쉬워진다. 그래서 삶과 일의 각 단계에서 필요한 사람들과 원만한 관계를 형성하고 이를 유지하는 인맥관리능력을 핵심적인 성공능력의 하나로 간주하는 것이다.

국내의 영향력 있는 헤드헌터로 명성이 난 V&C 컨설팅의 최승희 대표도 직장인의 몸값은 그 사람을 둘러싼 인맥이 결정적으로 좌우한다면서 "성공을 위해 두텁게 인맥을 쌓고 그것을 적극 활용하라"고 권유한다.

우리는 흔히 혈연, 지연, 학연 등의 연고를 인맥으로 쉽게 떠올린다. 이 세 가지 인맥이 우리의 삶에 각각 난형난제의 영향력을 행사하는 것도 사실이다. 이외에도 직장에서는 직장연고, 즉 직연의 중요성이 급격히 부각되고 있다. 최근 온라인 취업포털 사람인의 조사결과에 의하면 본인의 성공에 가장 도움을 줄 수 있는 인맥으로 상사, 동료 등의 직연이 35.9%, 학연이 19%, 가족이나 친척 등 혈연이 18.6%, 같은 지역이나 고향 등의 지연이 8.6% 순으로 나타났다. 직연이 압도적인 우위에 있다는 것은 직장 내 사람들과의 인맥 네트워킹이 얼마나 중요한지를 단적으로 보여주는 것이다.

직장 내 승진이나 보직인사가 인맥에 의해서 영향을 받는다면 물론 그것은 바람직한 일은 아니다. 그러나 이것이 일정 부분 현실이라는 점을 부인할 사람은 사실상 없다. 인사권자가 그 많은 사람을 속속들이 다 알 수가 없다 보니 기준치 이상의 능력만 있다면 '아는 사람'을 먼저 생각하게 되는데, 어쩌면 이것은 인지상정일지도 모른다. 또 사내의 정치적 역학 관계도 인맥을 떠오르게 한다. 어떤 인사권자가 나중에 자신을 물을지도 모르는 '호랑이 새끼'를 흔쾌히 키우려 하겠는가?

인맥은 인사뿐만이 아니라 업무성과를 창출하는 데도 직간접적으로 관련 있다. 직장에서는 원하든 원치 않았든 상하좌우 간의 인간관계가 존재하기 마련이다. 그런데 어떤 사람은 그것을 인맥으로 발전시켜 전략적 자산으로 만들지만 어떤 사람은 그냥 상사나 동료로 알고 지내는 것만으로 만족하며 살아간다. 여기서 분명한 것은 두 계층이 보이는 태도의 차이가 성공을 향해 나아가는 속도와 질을 확연히 다르게 만든다는 사실이다.

누구나 인맥관리의 달인이 될 수 있다

직장인은 누구나 인맥에 매력을 느낀다. 그러나 아쉽게도 럭비공처럼 언제 어디로 튈지 모르는 게 사람이다 보니 인맥을 잘 관리하기가 결코 쉽지만은 않다. 그러나 인맥관리에 있어서 달인이라고까지 불리는 직장인들이 존재하는 것을 보면, 누구나 의욕을 가지고 인맥관리에 정성을 쏟으면 그렇게 어려운 것만은 아닌 게 분명하다. 사실 인맥관리의 '달인' 또는 '귀재'라고 하는 직장인들을 자세히 들여다보면 그들은 대개 다년간의 시행착오와 학습을 통해 그 능력을 후천적으로 내재화시킨 사람들이다. 이를 통해 뜻을 가지고 진력하다 보면 얼마든지 그러한 경지에 도달할 수 있음을 알 수가 있다.

그리고 지금은 인맥관리지원용 프로그램들이 많이 있어 관리가 그 어느 때 보다도 용이하다. 디지털 시대의 산물인 스마트폰의 인맥관리 앱과 소셜 네트워크 서비스에서 제공하는 다양한 기능을 사용하면 저녁에 술잔 기울이기보다 더 쉽고 더 효율적으로 인맥을 관리할 수 있다.

이처럼 적절한 시간과 비용을 투자하고 지속적으로 노력하면 필요한 인맥관리, 더 나아가서 성공을 담보해줄 수 있는 인맥관리가 가능하다. 인맥관리의 달인으로 알려진 서울의대 핵의학과의 이명철 교수가 다음에서 제시하는 '인맥관리 3의 법칙'은 인맥관리를 위한 의욕을 북돋운다. "처음 3년은 시간과 돈만 버린다", "다음 3년은 도움이 될 듯 말 듯 한다", "이후 3년은 내가 확실히 도움을 받는다."

조의금 아끼려다 몇백만 원 날아간다

직장생활에 풍요를 더해줄 수 있는 인맥을 효과적으로 관리하기 위해서는 첫째, 다양한 관리용 도구를 이용한다. 직장인들의 휴대전화 인명부에 들어 있는 사람은 경중을 떠나 보통 수백 명에서 수천 명에 이른다. 이 많은 사람을 모두 효과적으로 관리한다는 것은 여간 어려운 일이 아니다. 그래서 관리에 이용할 수 있는 도구는 모두 동원해야 한다.

요즘처럼 바쁜 세상에 아는 사람 모두를 직접 만나며 산다는 것은 근본적으로 불가능하다. 설령 내가 시간이 난다 하더라도 상대방이 시간을 낼 수 없는 경우도 다반사다. 상대방이 지금 바쁠까 싶어 전화 걸기조차도 조심스러울 때가 많다. 물론 효과로 따지면 직접 만나는 것보다 더 좋은 방법이 없지만 말이다.

그러나 만개하고 있는 스마트폰과 무선 인터넷 시대가 시간이 오래 걸리는 직접 만남을 대체하는 다양한 방법을 제공한다. 연결의 속도와 범위, 방법 모두가 가히 혁명적인데 이메일, 문자 메시지, 카카오톡, 페이스북과 트위터 같은 일반 SNS, 포스퀘어와 플리커 같은 목적성 SNS 등이 그것이다. 이러한 디지털 파워 덕분에 대기업 총수가 얼굴도 모르는 말단 신입사원과 관심사를 허심탄회하게 주고받고, 말단 회사직원이 SNS의 힘을 빌려 몇 달 만에 책을 만드는 일까지 벌어지고 있다.

둘째, 가능한 한 얼굴을 마주한다. '백문이 불여일견'이란 말도 있듯이 인맥관리에 있어서 직접 보는 것보다 더 효과적인 방법은 없다.

그래서 사람들은 디지털 관계 도구 이용과는 별도로 경중 완급을 가려서 지속적으로 직접대면을 하고 있다. 『도시의 승리』에서 "이메일이 생기고 나서 직장인들의 출장이 줄기는커녕 오히려 더 증가했고, 영상회의 시스템이 개발된 후에도 회의출장은 줄지 않고 더 늘어났다"고 한 하버드 대학교 경제학과 에드워드 글래이저Edward L. Glaeser 교수의 말이 이를 뒷받침한다.

아무리 숨 가쁘게 돌아가는 세상이라 하더라도, 아무리 디지털 관계기술의 '광풍'이 불어도 효과적인 인맥관리를 위해서는 직접 만남을 늘려야 한다. 상대가 웃는지, 찡그리는지, 눈동자에 진심이 어려 있는지, 가식이 있는지 등을 직접 보아야 한다. 이런 것들을 모조리 볼 수 있어야 인간관계가 빠르게 깊어지고, 상황에 걸맞은 맞춤형 대응이 가능하다. 훌륭한 문자 시스템과 통화 시스템도 있지만 왜 그렇게 수많은 사람이 카페에서 친구와 직장동료를 만나 시간 들이고 돈들여가며 수다를 떨고 있는지 한번 생각해볼 일이다.

셋째, 상황에 맞고 효과적인 관계방식을 이용한다. 인맥을 관리하는 목적은 결국 사람들과 질적, 양적 관계를 보다 확대해 상대로부터 유익한 정보와 지원을 가능한 한 많이 얻어내는 데 있다. 그러기 위해서는 어떤 형태의 접촉이 가장 효율적이고 효과적인지를 최우선적으로 고려해야 한다.

술자리, 각종 동호회 활동, 경조사 참여, 기념일 챙기기, 개인 블로그 관리 등은 비록 다른 방법들에 비해서 추가적인 시간, 비용, 노력이 필요하기도 하지만 효과적인 인맥관리 방법으로 빼놓을 수 없는 것들이다. 특히 밥, 술, 담배, 운동을 같이하는 것은 더욱 빠르게, 그리고 깊게 친해지는 방법으로서 '대표선수'급이다. 만일 특별한 목적이 있다면 이러한 자리를 일부러라도 만들 필요가 있다.

수시로 벌어지는 직장의 회식자리는 사생활을 방해하는 것처럼 여겨지기도 한다. 그러나 그것은 오해다. 그냥 웃고 떠드는 장소 같지만 회식은 업무의 연장이면서, 회사와 동료에 대한 온갖 정보를 주고받는 가운데 직장 내 인맥관계를 더욱 공고히 하는 아주 귀중한 자리라는 점을 잊어서는 안 된다.

인맥관리를 위해 반드시 챙겨야 할 최우선 순위로 상가喪家를 빼놓을 수 없다. 당장 눈앞의 몇만 원의 조의금이 부담스러워 슬그머니 지나쳤다가는 나중에 돌아올 몇백만 원의 이익이 날아갈 수 있다. 회식 장소나 상가에서도 직장인으로서의 운명이 결정될 수도 있다는 점을 염두에 두자.

넷째, 전략적으로 관리한다. 일반적인 친교관계라면 가려서 사람을 만나는 것이 적절한 방법은 아니다. 그러나 나의 성공과 직결되는 인맥관리 차원이라면 상황은 좀 다르다. 이러한 경우에는 목적달성과 성과창출에 도움이 될 만한 '인맥 허브'나 '동지'를 전략적으로 구축하고 관리하는 것이 필요하다.

프랑스의 인시아드 경영대학원의 허미니아 이바라Herminia Ibarra 교수와 마크 헌터Mark Hunter 교수는 인맥의 종류를 직업적인 인맥, 사적인 인맥, 전략적인 인맥 등 크게 세 가지로 분류하고 있다. 이 중에서 미래의 큰 그림을 완성하기 위해서라면 전략적인 인맥 구축이 특별히 필요하다고 역설한다.

전략적으로 관리하는 인맥은 직장 내 다른 사람과는 달리 특별대우를 해주면서 관계를 맺어야 한다. '공평'이란 단어는 말로는 아름답지만 이것이 지나치면 인맥의 '허브'를 발견하기도 어렵거니와 이들을 나의 '동지'로 만들기가 어렵다.

자신과 다른 유형의 사람은 사귀는 것도 전략적인 인맥관리와 직결된다. 배울만한 다양한 능력들은 가치관이나 관심사가 자신과 비슷한 사람보다는 다른 생각과 원칙을 가진 사람들에게서 나오는 경우가 많기 때문이다.

돈을 잘 버는 사람과 자주 만나는 것도 중요하다. 어떤 사람의 연봉은 그 사람이 가까이하는 사람들이 받는 연봉 합계의 평균이라는 말이 그 이유를 말해준다.

다섯째, 상부상조의 관계를 견지한다. 오스트리아의 철학자 마틴 구퍼는 사람들의 태도 측면에서 인간관계 유형을 크게 두 가지로 보았다. 즉, 상대를 이용하는 '나와 그것과의 관계', 상대를 소중하고 진실한 관계로 여기는 '나와 당신과의 관계' 등이다. 인맥관리가 관계를 통해 자신의 이익을 증대시키는 것에 주된 목적을 두기 때문에 자칫 잘못하면 '나와 그것과의 관계'로 오해하기 쉽다. 그러나 성공을 위한 인맥관리의 기본정신은 절대로 그렇지 않고 그래서도 안 된다. '나와 당신과의 관계', 즉 진실한 관계의 바탕 위에 상부상조하는 관계가 유지되어야 한다.

승진을 위해서, VIP 고객의 확보를 위해서 이전투구泥田鬪狗의 경쟁이 벌어질 때는 상대를 비열하게 밀치고 나가는 사람을 종종 발견할 수 있다. 하지만 그런 사람들이 끝까지 부귀영화를 누리는 경우는 거의 없다. 그래서 "사람은 받는 대로 되돌려준다", "거울은 먼저 웃지 않는다"는 말을 늘 인식하고 동료직원에게 먼저 배려해야 한다. 그리고 주고받는 단순한 관계를 넘어서 상생의 파트너로서 상대를 인정하고 협력해야 한다. 스스로 동료직원을 위한 '인맥의 허브'가 되어 그들도 인맥이 주는 혜택을 누릴 수 있도록 해주는 것도 중요하다.

"커피 향기는 10리를 가고, 술 향기는 100리를 가고, 사람 향기는 1000리를 간다"는 말이 있다. 이처럼 사람의 힘은 대단하다. 그래서 사람 속에서 금맥 못지않게 중요한 인맥을 발굴하고 잘 유지하는 능력이 있다면 그 직장인은 누구보다도 빠른 승진의 영예와 고액연봉을 즐길 수 있게 될 것이다. 그러나 제아무리 인맥의 달인이라 하더라도 기본적인 능력도 없이 인맥의 힘으로만 앞서려 한다면 이는 당연히 한계가 있다는 점 또한 반드시 유념해야 한다.

15

상대의 마음을
따스하게 자극하라

감성소통능력

실력만 있으면 해결 못 할 게 없는 세상이라지만 그것만으로는 상대
방으로부터 존경받고, 인정받고, 사랑까지 받기에 아무래도 부족하
다. 그렇지만 실력에다가 사람을 인간적으로 감동시키는 풍부한 감
성까지 겸비하고 있다면 얘기는 달라진다.

바로 이 감성능력은 사람과의 관계를 통해서 개인이 의도하는 바
를 성취하게 하는 데 놀라운 힘을 발휘한다. 그래서 사람의 마음을
사로잡을 수 있는 대표적인 능력인 감성은 창의성과 함께 이미 21세
기를 움직이는 핵심 키워드로서 그 중요성이 점점 크게 부각되고
있다.

이러한 감성을 바탕으로 커뮤니케이션할 수 있는 힘이 바로 감성소
통능력이다. 감성소통은 정서적 공감대가 형성된 상태에서 진정성을
가지고 상대방의 입장을 최대한 존중하고 이해하며 교감하는 것이

다. 그렇게 되면 의도하는 바가 상대방에게 긍정적으로 수용됨은 물론 그동안 둘 사이에 있었던 걸림돌마저도 쉽게 제거할 수 있다.

이제는 EQ가 대세다

《포브스》와 《타임》에 발표된 '세계의 사상가 50인' 중의 한 명이자 감성능력분야의 최고전문가로 인정받는 다니엘 골만Daniel Goleman은 연구를 통해 IQ보다 EQ적 요인이 사람이 성공하는 데 있어서 두 배나 더 큰 영향력이 있다는 것을 발견했다. 그 외에도 업무적 장면이나 업무 외적 장면을 막론하고 리더 역할에서는 EQ가 85%, IQ가 15%의 중요성을 가진다는 것도 아울러 밝혀냈다. 다니엘 골만의 이러한 연구결과는 감성이 빠진 능력만으로는 성공을 논하지 말라는 얘기와 다를 바 없다.

160만 명이 넘는 거대한 트위터 팔로워를 거느린 막강한 파워 트위터리언 작가 이외수, 그는 이렇게 강력한 영향력이 생긴 이유를 감성에서 찾는다. 그는 모 지역 공무원들에 대한 강연에서 "모든 문제를 지식으로 접근하려 한다면 세상이 각박해질 수밖에 없다. 따라서 앞으로는 누가 다양한 지식을 갖고 있느냐보다 누가 감성적으로 뛰어난지를 중요하게 여기는 시대가 올 것이다"라며 감성의 중요성을 역설했다.

브라질의 룰라 전 대통령은 재임 시 감성소통을 철저하게 실행에 옮긴 산 증인으로 널리 알려졌다. 그가 재임할 당시 브라질은 연 7%

의 고도성장을 거듭했고 사회통합이 이루어져 사회적 갈등이 최소화되었다. "아침에 출근하면서 아내에게 얘기하듯, 집에서 동생들과 얘기하듯 국민에게 설명했다." 감성소통의 진수를 깨닫게 하는 룰라전 대통령의 말이다. 이처럼 국내외 명사들은 한결같이 우리에게 감성의 중요성을 일깨워준다.

감성소통은 성공의 속도를 높인다

기업 경영에서도 감성은 중요한 문제해결의 핵심 'KEY'로 간주되고 있다. 그러다 보니 그간 딱딱했던 업무현장에서는 감성을 이야기하는 횟수가 급격히 늘고 있다. 리더십, 노사 관계, 생산성 향상 등을 논하는 자리에는 정서, 공감, 관심, 배려 등 감성을 대변하는 단어들이 빼놓지 않고 등장한다.

어디 그뿐인가? 회사든 직원이든, 또는 그 회사의 제품이든 이제는 고객과 감성으로 소통해야 성공할 수 있다. 현대자동차가 고객이 차량을 구입한 후 1년 이내에 실직하면 구매 차량을 되사주는 마케팅을 미국에서 펼친 적이 있다. 판매도 늘리고 실직한 사람들을 위로하고자 기획한 판촉 전략이었는데, 이 판촉 전략은 미국사람들의 심금을 자극하면서 대성공을 거두었다. 이 성공사례는 감성의 위력을 여실히 보여주었다. 만일 어떤 두 회사가 회사의 수준이나 직원들의 실력은 비슷한데 고객이 느끼는 만족도가 천양지차라면 그것은 틀림없이 이러한 감성적 요인들이 영향을 미친 것으로 봐야 한다.

감성소통이 이렇게 중요하다 보니 감성소통 향상을 위한 노력들이 여기저기서 활발하게 이루어지고 있다. 얼마 전 서울대는 '소통대학교'가 되고자 하는 포부를 밝혔다. 국가 경쟁력은 사회구성원 간의 소통에 있다고 보고 커뮤니케이션 연구를 위한 전용시설을 따로 짓기로 한 것이다.

이와 같은 감성소통의 필요성, 중요성, 성공사례, 증대노력 등을 고려해볼 때 감성소통능력은 아무리 강조해도 지나침이 없다. 특히 관계를 통해서 성공하고자 하는 사람에게 풍부한 감성이야말로 꼭 갖추어야 할 필수불가결한 요소다. 사회 전반에 걸쳐 감성은 부족하고 그 필요성은 크게 부각되는 현재 상황에서 경쟁자보다 감성소통능력이 앞선다면 경쟁에서 승리할 가능성은 현저히 높아진다.

사회와 직장, 여전히 소통에 목마르다

그 누구 할 것 없이 최상의 성과를 이루려면 먼저 사람과의 관계부터가 원만해야 한다. 싫든 좋든 사람을 떠나서는 아무것도 이룰 수 없는 세상이기 때문이다. 그러다 보니 직장인도 화려한 스펙, 타오르는 열정과 도전정신, 출중한 업무능력만으로는 성공을 보장받지 못한다.

그러나 우리 사회의 감성소통은 원만치 못한 것으로 나타나고 있다. 여론조사기관 엠브레인이 성인 남녀 1000명을 대상으로 조사한 결과 "우리 사회는 소통이 원활한가?"라는 질문에 부정적인 대답이

57.7%나 되는 것으로 나타났다. 반면 "소통이 원활하다"는 대답은 9.3%밖에 되질 않았다. 이 결과를 통해 우리 사회가 얼마나 소통에 메말라 있는지를 알 수 있다.

사실 직장에서도 다른 것은 모두 뛰어난데 감성의 결핍으로 능력을 꽃피우지 못하고 아깝게도 음지에 있는 직장인들이 의외로 많다. 특히 감성이 무딘 조직의 리더들이 부하직원들에게 구시대의 유물인 "Follow me!"를 아직도 외치며 따르기를 바라는 안타까운 모습을 업무현장에서 심심찮게 본다.

그렇다고 리더들만 문제가 있다는 얘기는 아니다. 학창시절 오로지 '스펙' 쌓기에만 몰두했던 관계로 감성 대신 이성, 타인 대신 자기 자신에 초점이 맞추어진 그런 직원들에게도 역시 문제는 있다.

이러한 감성 부족 또는 결여 현상은 개인이나 조직의 발전에 모두 걸림돌로 작용한다. 그래서 지금은 감성을 잘 표출하고 상대의 감성적 재능을 잘 이해할 줄 아는 능력이 무엇보다 필요한 상황이다. 상대를 설득하기 위해, 문제를 원만히 해결하기 위해, 일을 제대로 성사시키기 위해 아직도 지적능력을 키우는 데에만 골몰하는 직장인이 있다면 이제는 자신의 능력개발을 위한 지향점을 과감히 바꾸어야 한다. 감성이 중심이 된 지성으로 말이다.

우뇌의 능력을 개발하라

감성소통능력이 이렇게 중요하고 절실한 능력임은 틀림없지만 반면에 발휘하기 어려운 것 또한 사실이다. 머리에서 만들어지는 지적 능력은 단기간에 보완할 수 있지만 마음과 가슴에서 비롯되는 감성소통능력은 시간이 오래 걸리고, 그러다 보니 간단없는 노력이 필요하기 때문이다. 얼굴도 안 보고 소통하는 SNS 시대 역시 감성소통을 어렵게 하는 데 한몫한다.

그러나 감성소통능력의 개발 가능성은 여러 곳에서 확인된다. 차세대를 이끌 대표적 미래학자로 꼽히는 다니엘 핑크Daniel Pink는 국내 모 일간지와의 인터뷰에서 우뇌의 중요성을 강조하며 감성능력의 개발 가능성에 대해서 다음과 같이 이야기했다. "우리 모두 우뇌의 능력을 갖추고 있다. 문제는 학교나 직장에서 이 우뇌 능력을 중시하지 않았다는 점이다. 우뇌의 능력, 즉 공감하고 디자인하고 스토리텔링하는 것은 인간의 원초적인 능력이다. 그래서 자신감 있게 노력하면 누구나 개발할 수 있다."

특히 최근 우리나라에서 부족한 덕목으로 자주 거론되는 것이 바로 소통이다. 소통이 부족하다는 것은 반대로 얘기하면 소통을 이룰 수 있는 여지가 그만큼 크다고도 볼 수도 있다. 이러한 여러 가지를 종합하면 노력 여하에 따라서 감성소통능력은 얼마든지 키울 수 있다는 결론이 나온다.

감성으로 자신을 어필하고 상대를 설득하지 못하는 직장인은 더이상 경쟁력이 없다. 그럭저럭 직장생활은 할 수 있을지 모르지만 그럭저럭 살아가는 것에 만족이나 하려고 고난의 학창시절을 보내고 치열한 경쟁을 뚫고 직장에 입문하지는 않았을 것이다. 그 누구 할 것 없이 남들의 부러움을 한몸에 받는 셀러프라이저가 되길 원한다면

성공을 위해 필수불가결한 능력인 바로 이 감성소통능력을 키워야만
한다.

옳은 말보다는 느끼는 말을 하라

감성소통능력을 키우기 위해서는 첫째, 정서가 공유된 공감대를
굳건하게 형성한다. 감성소통의 핵심은 정서공유를 통한 공감능력이
다. 공감하기 위해서는 상대방의 입장을 헤아릴 줄 알아야 하는데,
이를 위해서는 대화할 때마다 상대방의 입장과 나의 입장을 일치시
키는 연습을 끊임없이 해야 한다. 서울대학교 심리학과 곽금주 교수
는 "타인을 바라보는 관점이 아니라, 같이 서 보는 훈련을 하면 공감
능력도 늘어나고 소통도 원활해진다"고 말한다.

동료와 공감대를 잘 형성하려면 공적이든 사적이든 공동의 관심
사를 많이 갖는 것이 필수다. 특히 인간적인 정서가 바탕에 깔린 사
적인 공통 관심사는 감성소통을 촉진해 꽉 막힌 동료 간의 언로를 확
뚫어줄 수 있다.

그리고 정서적인 공감을 유도해내기 위해 상대에 따라서 맞춤형으
로 처신한다. "나는 한국에서 온 프롤레타리아입니다. 열심히 일해
서 가난을 벗어났지만 여전히 노동자입니다." 1989년, 당시 정주영 현
대그룹 회장은 소련 진출을 위해 최고 실력자인 프리마코프에게 자
신을 이렇게 소개했다. 당시 한국의 재벌이 프롤레타리아(노동자)였을
까? 사회주의 국가 실력자와의 정서적 공감대 형성을 통한 사업 성사

를 위해 그렇게 말한 것이다.

둘째, 감성을 자극하는 멘트를 자주 날린다. "아프지 마", "이런 감정 처음이야", "넌 다른 여자와 달라." 이런 말을 듣는다면 기분이 어떠할까? 마음을 상대에게 확 열어주고 싶지 않을까? 감성을 자극하는 말이 소통에 버무려지면 아무래도 상대의 마음을 움직이기가 무척 쉬울 것이다.

이렇게 상대방의 마음을 끌어내어 원하는 바를 달성하려면 감성을 자극하는 말을 자주 사용해야 한다. 이런 말을 즉흥적으로 구사하기 어렵다면 평소에 이런 표현들을 보고 듣는 대로 메모해두었다가 필요할 때 꺼내 쓰는 것도 하나의 방법이다.

셋째, 이성보다 감성으로 들어주고 말한다. 보통 곤란에 빠진 후배나 동료들이 하소연하면 잘해주어야겠다는 생각이 앞서서 옳은 말, 즉 이성적인 말을 해주려고 한다. 의도는 좋으나 이러면 곧 대화가 경직되어 감성적 소통에 도움이 되지 않는다. 문제를 해결할 수 있는 이성적인 답은 대부분 본인이 잘 안다. 정작 후배나 동료가 나에게 듣고자 하는 말은 자신을 위로해주거나 이해해주는 감성적인 말이다.

감성소통에서 이성, 객관, 논리 등은 어디까지나 감성소통을 도와주는 부차적인 요소이기 때문에 등장순서는 맨 끝이어야 한다. 그래서 옳은 말을 먼저 해주어야 한다는 강박관념에서 신속히 벗어나자.

넷째, 역지사지의 마음으로 상대를 배려한다. 상대방의 입장에서 이해한 뒤에 나의 견해를 피력하는 것은 감성소통의 기본이다. 그런데 여기서 상대방을 먼저 이해하는 것을 단순하게 '먼저'라는 것에 주목하면 쉬울지도 모른다. 하지만 '제대로' 이해하려면 사실 쉽지가 않다. 그래서 평소에 상대방의 성향, 입장 등을 진지하게 고려하는 가운데 이해의 폭을 넓히려는 습관화된 생활이 필요하다.

그리고 어떤 현안이 발생했을 때 상대방보다 먼저 의견을 피력하고자 하는 욕구를 최대한 자제한다. 특히 곤경에 처한 상대방과 말할 때는 더더욱 그렇게 해야 한다. 주지하다시피 나의 말이 아무리 합리적인 의미가 있다 해도 그 말은 상대방의 한쪽 귀로 들어갔다가 이내한쪽 귀로 빠져나갈 뿐이다. 데일 카네기의 다음의 말이 이를 그대로 뒷받침한다. "누군가의 치통은 백만 명의 목숨을 앗아간 빈곤국의 굶주림보다 당사자에게 더 큰 의미를 지닌다."

다섯째, 스토리텔링을 한다. 스토리텔링 방식은 두 가지로 나뉜다. 자신의 진솔한 경험과 인간적 고민을 함께 나누는 것과 자신의 견해를 입증하기 위해 근거가 되는 말을 덧붙이는 것 등 두 가지다. 감성소통을 하기 위해서는 당연히 전자의 스토리텔링이 필요하다.

스티브 잡스가 2005년 스탠퍼드 대학교 졸업식에서 했던 축사는 많은 사람을 감동시킨 명연설로 회자되는데, 그 비결은 바로 스토리텔링에 있다. 그가 전한 메시지는 누구나 다 아는 교훈적인 이야기였다. 그렇지만 갓난아기 때 입양되었던 사연, 대학에서 자퇴한 이야기, 자신이 세운 회사 애플에서 해고당했던 아픈 기억, 암 선고를 받았던 충격 등 그의 인생 이야기는 마치 한 편의 영화를 보는 듯 잘 버무려졌기에 듣는 이로 하여금 감동과 감성을 자아내기에 충분했다.

여섯째, 공감하며 경청한다. 감성소통의 궁극적 목적은 나의 말을 잘 듣도록 상대방으로 하여금 스스로 마음의 문을 활짝 열게 하는 데 있다. 그러기 위해서는 먼저 상대방의 말을 잘 들어주어야 한다.

듣기를 소홀히 하면 상대방의 마음이 담긴 말을 듣기 어렵고, 아예 내게 말하기를 중단할지도 모른다.

만일 여럿이 있는 자리에서 내가 말의 주도권을 남에게 빼앗겼는데 그래도 내 말에 귀를 기울여 주는 한 사람이 있다면 그에 대한 나의 마음은 어떠할까? 나아가서 "그 다음엔 어떻게 되었는데?"라고 호응까지 해준다면 모르긴 몰라도 일급기밀 빼놓고는 다 털어놓을 것이다. 이것이 바로 공감적 경청의 위력이다.

특히 감탄과 맞장구를 치면서 경청하면 감성소통의 기반은 더욱더 굳건해진다. 아기는 엄마의 감탄을 먹으며 자라고, 선수들은 관중의 환호 덕분에 실력이 쑥쑥 향상된다는데, 감탄하는 경청이 함께 있으면 종국에 가서는 나를 위한 상대방의 관심과 기운이 더욱 커지지 않겠는가?

과거 산업화 시대에는 직장에서 위상이 높거나 능력만 뛰어나면 동료들이 자발적으로 따르고 도와주었다. 그러나 지금은 아무리 그렇다 하더라도 거기에 인간적인 냄새와 따뜻함, 그리고 공감이 빠져 있으면 따르기는커녕 등까지 돌리는 시대다. 상대방은 아랑곳하지 않은 나 혼자만 활활 타오르는 열정과 도전정신, 그리고 지적능력으로만 더 이상 승부를 걸려 하지마라. 진정으로 성공하기를 원한다면 여기에 상사나 동료들과 정서를 공유하고 이해, 기쁨, 감동, 짠한 스토리를 나눌 수 있는 감성소통능력을 추가하라.

16

다름은 인정하고
같음은 구하라

갈등관리능력

사람들은 아침에 눈을 떠 잠자리에 들 때까지 항상 누군가와 관계를 맺는다. 그리고 인간의 자연 상태를 '만인에 대한 만인의 투쟁 상태'로 규정한 철학자 토마스 홉스의 말을 입증이라도 하듯 그 관계 속에서 항상 크고 작은 갈등을 겪고 살아간다. 그런데 그 갈등의 정도는 위계질서의 약화, 의사표현의 자유화, 개성의 다양화, 더 나아지려는 욕구에서 비롯되는 경쟁의 격화 등으로 지속적으로 심화되는 모습을 보인다.

사회에서 일반적으로 나타나는 갈등의 종류는 계층 간 갈등, 지역 간 갈등, 노사 간 갈등, 세대 간 갈등 등 실로 다양하다. 그중 직장생활에서의 갈등은 주로 상사와 부하 사이, 동료와 동료 사이의 관계에서 발생하는데, 그 갈등이 만드는 스트레스는 즐거워야 할 퇴근 후 술자리, 나아가서 모든 것을 잊고 편안히 잠들어야 할 침대에까지 따라다니며 괴로움을 주기도 한다.

이러한 상황은 가뜩이나 일 때문에 지친 직장인들에게 갈등 없는 직장생활을 갈망하게 한다. 그래서 그들은 갈등을 미연에 방지하거나 극복하기 위해서 나름대로 노력하며 살아간다.

꼴도 보고 싶지 않은 사람들이 왜 이리도 많은가

갈등을 겪고 싶지 않은 것은 오늘을 살아가는 모든 이의 희망 사항이다. 그러나 우리나라 사람들은 이 희망 사항을 해결할 수 있는 여건이 매우 취약한 것으로 확인된다. 최근 삼성경제연구소 주관으로 열린 '한국형 시장경제체제의 모색'이라는 주제의 세미나에서 한국사회의 갈등관리 역량이 경제협력개발기구OECD 국가 중 최하위인 것으로 나타났다. 이것은 우리나라 사람들이 갈등에 대한 관리를 제대로 못하고 있다는 얘기다. 그 어느 나라보다도 갈등의 골은 깊은데 해결할 수 있는 능력마저 부족하다니 큰 문제가 아닐 수 없다.

직장인들도 같이 근무하는 직원들과 갈등 없이 지내고 싶지만 현실은 이러한 바램을 상당 부분 외면하고 있다. 심지어 직장에 꼴도 보고 싶지 않은 직원들까지 존재하는 상황이다 보니 더욱 그렇다. 직장인 293명을 대상으로 한 취업포털 인크루트의 조사결과가 이를 말해준다. 조사대상의 절대다수인 69.3%가 직장 내에 같이 일하기 싫은 사람이 있다고 응답했다. 특히 그 대상으로 상사가 압도적 다수(71.9%)로 나타났는데, 상사의 위치에 있는 사람들은 이러한 현실에 특히 유념해야 할 것 같다.

직장인들은 하루 중 절대다수의 시간을 직장에서 보낸다. 그러다 보니 가족들과 보내는 시간보다 직장 내 상사나 동료들과 보내는 시간이 더 많은 것이 사실이다. 상황이 이러한데 같이 일하고 싶지 않은 이들과 대부분의 시간을 부딪치며 보낸다면 이것은 심각한 문제가 아닐 수 없다. 그래서 관계에서 비롯되는 갈등은 반드시 관리되어야만 한다.

그런데 만일 "현실인데 어쩌겠는가?" 하고 소극적인 마인드로 상황을 방치하고 그냥 지낸다면 자신의 발전은 어떻게 될까? 아마도 남들이 하는 정도는 할지 모르겠지만 전보다 더 발전하고 치열한 경쟁에서 승리를 기대하기는 어려울 것이다. 갈등을 등에 업고 일하는 것은 마치 100m를 달리는데, 남들은 운동화만 신고 뛸 때, 자신은 군화를 신고 무거운 모래주머니를 양다리에 하나씩 달고 뛰는 것과 전혀 다를 바가 없다.

잔잔한 갈등은 오히려 좋다

이렇게 갈등관리가 필요하고 중요하다 보니 갈등관리를 위한 적극적인 행보가 여기저기서 눈에 띈다. 모 지방자체단체는 '갈등 예방과 해결에 관한 조례안'을 제정했는데 주요 정책 추진 시 이해관계인, 도민, 전문가 등의 참여를 보장하고 특정 정책이 갈등을 유발하는 경우 갈등 영향분석을 통해 해결책을 모색한다.

다수의 기업에서는 갈등에 빠졌을 때 이를 효과적으로 탈피할 수 있는 갈등관리 프로그램을 개발해 직원정규 교육과정에 반영하고 있다. "팀장과 갈등이 많았는데 교육을 통해 나에게도 문제가 있었다는 것을 발견했습니다. 지금은 대화도 원활해지고 업무도 한결 편해졌습니다." 갈등관리 프로그램을 이수한 직원의 말이다. 갈등관리 교육은 직원 간의 갈등 해소 방법을 알려주는 것은 물론 양자 간 의견충돌이 비일비재한 대외 비즈니스 상황에서의 갈등관리능력까지도 함양시킨다. 모 대학교의 특수대학원에서는 갈등관리과목을 선택과목으로 개설하는 곳도 있다. 갈등관리능력이 그만큼 중요하다는 것을 증명한 것이다.

폐해만을 따진다면 갈등은 백해무익한 것으로 볼 수도 있지만 그렇게 나쁘게만 볼 것도 아니다. 오히려 적당한 갈등은 오히려 발전의 동력이 되기도 한다. 에드워드 마이어Edward Meyer 같은 역사학자는 "갈등이 과학과 기술의 혁신을 가져오고 새로운 문화를 형성할 뿐만 아니라 새로운 도덕을 만들어낸다"며 갈등의 긍정적인 면을 강조하기도 했다.

직장에서도 마찬가지다. 직원들 간의 관계에서 비롯되는 도를 넘지 않는 잔잔한 갈등은 건전한 긴장감을 조성한다. 건전한 긴장감은 내게 문제는 없는지 되돌아보게 하고, 상대방을 다시 한번 평가하게 하고, 해결 방법이 무언지를 생각하게 하기도 한다. 『서른다섯, 지금 하지 않으면 반드시 후회하는 87가지』의 저자 오모이 도오루는 이런 말을 했다. "어렵고 불편한 사람은 다른 사람을 갈고 닦게 하는 숫돌 같은 존재다. 화나게 하는 사람을 반면교사로 삼아라."

왕따는 학교에만 있는 게 아니다

직장에서 일어나는 갈등의 형태는 세대 간, 개인 간, 부서 간 갈등 등으로 다양하다. 심지어는 학교에서나 볼 수 있는 1대 다수 간의 갈등, 다시 말해 '직따(직장 왕따)'라고 불리는 갈등도 있다. 직장에서는 조직 특유의 위계질서가 존재하기에 사회보다 갈등의 정도가 덜할 것 같지만 실상은 그렇지도 않다. 다 똑같이 사람 사는 곳인데 직장이라 해서 특별히 다를 바가 있겠는가?

어디나 그렇듯이 직장에서도 수평적인 관계에서의 갈등, 즉 옆 동료 간의 갈등이 발생 횟수로는 가장 빈번하다. 그러나 갈등에서 비롯하는 스트레스의 강도로 본다면 얘기는 달라진다. 당사자를 그로기 groggy 상태로까지 몰고 갈 수 있는 갈등은 다름 아닌 권력관계가 존재하는 상사와 부하 간의 갈등이다. 이것은 갈등의 결과가 직장에서의 생존 또는 성공에 결정적으로 영향을 미치는 상사의 인사고과에 바로 연결될 수 있기 때문이다.

그런데 당돌한 젊은 세대가 늘어나고 인사평가에서 부하도 상사를 평가하는 다면평가가 이루어지는 요즈음에는 갈등의 양상이 변하고 있다. 갈등으로 힘들어하는 주체가 오로지 부하였던 과거와는 달리 이제는 그 주체가 상사, 부하 따로 없다. 오히려 공세적인 부하의 핀잔 때문에 상사가 괴로워하는 일이 다반사로 일어난다.

상황이 이러한데 일의 효율을 좀먹고 건강을 훼손하는 직장 내 대인갈등을 해소하려고 노력하지 않고 업무처리에만 급급해한다면 이것은 스스로 셀러프라이저가 되기를 포기하는 것과 다를 바 없다.

갈등을 효과적으로 관리하라

갈등은 어디에나 있다. 성격, 성장배경, 업무 스타일, 남녀, 사회적 위상 등이 서로 다른데 어떻게 갈등이 없을 수 있겠는가? 중요한 것은 갈등이 있고 없고가 아니라 갈등을 효과적으로 관리할 수 있느냐 없느냐다. 여기에서 성공과 실패가 갈린다.

먼저 상사, 부하, 동료가 공존하는 직장에서 갈등을 효과적으로 예방하고 해결하기 위해서는 첫째, 상대의 감정을 관리하는 것이 중요하다. 감정이 다쳤을 때 격한 반응을 보이는 것은 남녀노소 따로 없다. 그래서 대인관계에서는 상대에 대한 감정관리가 기본이고 이 감정관리는 갈등방지와 해결에 결정적인 역할을 한다.

그러나 대부분의 직장인은 경영과 업무의 '비상사태'가 수시로 선포되는 작금의 상황과 당장 업무성과를 내고자 하는 조급함 때문에 상대방의 감정 상태까지 세심하게 보듬을 겨를도 없이 살아가고 있다. 이러한 상황에서는 갈등이 빈발할 수밖에 없는데, 그렇다고 대책 없이 수수방관하다가는 관계당사자 모두 'Win-Win'이 아닌 'Loss-Loss' 상황이 올 뿐이다.

그래서 계속 같이해야 할 사람이라면 밉든 곱든 상대의 자존심만큼은 살려주어야 한다. 자존심이 심하게 손상되면 화해는 고사하고 돌아올 수 없는 강을 건너 견원지간犬猿之間으로 돌변할 수도 있다. 2008년 서울 논현동 고시원에서 J모 씨가 불을 지르고 무차별적으로 흉기를 휘둘러 여섯 명이 숨진 사건이 있었다. 그는 범행을 저지른 뒤 경찰 조사에서 "세상이 나를 무시한다"고 말할 뿐이었다.

둘째, 내가 가진 갈등유발인자를 확인하고 제거한다. 나 자신 역시 성인군자가 아니므로 갈등 메이커에서 자유롭지 못하다. 좀 손해 보는 듯싶으면 이유 불문하고 화부터 내기 일쑤다. 남의 진심 어린 충고 이면에 무슨 꿍꿍이속이 있는지를 먼저 살피고, 감사하다는 인사에는 인색하기만 하다. 이처럼 내 안에도 타인과의 갈등유발인자가 항상 잠자고 있다.

차량 접촉사고가 났다면 어떤 말이 가장 먼저 튀어나올까? "죄송합니다. 괜찮으세요?"일까? 천만의 말씀이다. 설령 자기가 잘못했어도 일단은 목소리를 높이며, 상대가 잘못했다면 이변이 없는 한 막말이 그냥 나간다. "안에서 새는 바가지 나가서도 샌다"는 속담이 맞는다면 여기서 오버 액션을 취한 사람은 직장에서도 그럴 게 뻔하다.

어려운 일이지만 감정을 적절히 통제할 줄 알아야 한다. 그러기 위해서는 불신과 욕심은 잠시 접고 벌어진 현상을 냉철하게 바라보는 침착함이 필요하다. 감정이 있어서 우리 삶이 아름답기도 하지만 감정을 제대로 통제하지 못하면 오히려 자신의 안정이 깨지고 타인과의 관계도 끝난다.

그리고 귀를 활짝 여는 것이다. 42년간 리비아를 철권통치해온 무아마르 카다피가 왜 그렇게 비참하게 생을 마감했을까? 자신의 귀를 철저히 닫았기 때문이다. 상사는 상사이기에 내게 이런저런 말을 할 자격이 있고, 부하는 나보다 더 많이 알 수 있는 지식정보화 시대에 살고 있다는 사실을 흔쾌히 수용한다면 귀는 자연스럽게 열리고 갈등은 크게 줄 것이다.

셋째, 나와 남의 다름을 인정한다. "난 저 인간과는 도저히 일을 같이 못 하겠어. 안 통하는 것도 유분수지." 직장에서 심심찮게 들려오는 푸념 소리다. 같은 일을 하다 보면, 그리고 한 부서에서 일하다 보면 동료의 생각과 행동이 나와 대동소이할 것으로 생각하는 오류를 범하기 쉽다. 혈액형만 달라도 사람을 달리 보는 판국인데도 말이다.

갈등은 이처럼 다름을 인정하지 않는 데서 시작한다. 상사가 부하들의 개인특성을 인정하지 않은 채 모두 같은 잣대로 재단하려 한다면 의식 있고 능력 있는 인재들은 그 조직을 빠져나가려 할 것이다. 동료가 혼자 일하고 싶다는데 자꾸 같이 하자고 조르는 것도 갈등만 유발할 뿐이다.

같이 일하는 동료들과 마찰을 줄이려면 우선 "모든 일의 기준은 나"라는 자기중심적인 사고를 완전히 버려야 한다. 그 기준은 상황에 따라서 늘 바뀌기 때문이다. 그리고 동료들을 일률적으로 대하려 하지 말고 개인특성을 고려해 거기에 맞게 대해야 한다. 즉, 개인맞춤형으로 관계를 맺는 것이다.

'존이구동尊異求同'이란 말이 있다. 이 말은 각자가 가진 다른 점을 존중하되 그 안에서 서로가 공감할 수 있는 공통점을 찾으라는 말이다. 이렇게 공감으로 꺼내어진 공통점은 갈등해소 차원을 넘어서 개인과 조직의 성과창출에도 지대한 공헌을 할 수 있는 파워를 가진다.

넷째, 상대는 높이고 나는 낮추는 전략적 지혜를 발휘한다. 심리학자의 말에 의하면 인간의 마음은 욕구로 가득 차 있어 어떻게든 자신은 내세우려 하지만, 남들에 대해서는 배려는 고사하고 그들이 당연히 받아야 할 공마저 인정하지 않는 경향이 있다고 한다. 즉, 자신은 과대평가하고 남은 과소평가한다는 것이다. 그런데 이러한 욕구를 제어하지 못하고 잘난 체하면 그 순간은 기분 좋을지 몰라도 "모난 돌이 정 맞는다"는 속담대로 결국에는 상대로부터 역공을 당하면서 갈등에 휩싸인다.

그러나 이 상황을 바꾸어서 내 자랑은 좀 자제하고 상대의 자랑거리를 인정하고 부추겨준다면 갈등관계를 해소할 수 있다. 그래서 갈등상황을 줄이기 위해서는 마음속의 평가보다 상대를 더 후하게 인정해주는 전략적인 평가가 필요하다.

빈틈도 보이면서 일부러 나를 낮추어 상대를 돋보이게 하는 것 역시 갈등해소와 함께 이미지 향상까지 도모할 수 있는 중요한 전략이다. 대중이 모이는 장소에서 스티브 잡스는 항상 명품이 아닌 빛바랜 청바지를 입고 흔해 빠진 운동화만을 신었다. 이때 MS CEO 스티브 발머Steve Ballmer는 단정한 정장에 빛나는 가죽구두를 신어서 대조를 이루었다. 잡스의 옷차림이 전략이었는지는 물론 잡스만이 안다. 그러나 그것은 중요치 않다. 중요한 것은 사람들의 뇌리에 주로 잡스만 기억되었다는 것이다. 잡스가 고객을 상대적으로 높이기 위해 고도의 계산 속에서 자신을 전략적으로 낮춘 것 아닐까?

다섯째, 제3자에게 해결의 SOS를 친다. 혼자 살아갈 수 없는 것처럼 세상일을 혼자 다할 수는 없다. 그래서 누군가의 도움이 필요할 때가 있게 마련인데, 갈등상황 해결에도 예외가 아니다. 당사자들이 해결하지 못해 전전긍긍할 때 어디선가에서 날아온 아이디어에 의해 문제가 한방에 풀릴 때가 있는 것을 보면 "장기판도 옆에서 보면 잘 보인다"는 말이 그냥 만들어진 말이 아닌 것은 틀림없다.

이미 둘 간의 깨진 관계를 강력 테이프로 봉합하려고 노력하는데도 답이 보이지 않을 때는 주저 말고 상사나 친한 동료에게 해법을 부탁하거나 중재를 요청한다. 대부분 그들은 다양한 경험에서 비롯한 고도의 훈수용 갈등해결 노하우를 가지고 있다. 중이 제 머리 못 깎듯이 정작 자신의 문제는 해결하지 못해도 남의 싸움을 말리는 일에는 귀신같은 사람이 있다.

남과의 과도한 갈등은 가지고 있는 에너지를 철저하게 소진시킨다. 나아가서 자신을 파국으로 몰아넣기도 한다. 지금은 '전설'의 인물로 불리지만 스티브 잡스의 과거가 이를 증명한다. 잡스는 본인이 직접 영입했던 전직 펩시콜라 CEO 존 스컬리John Scully와의 갈등으로 한때 자신이 설립한 애플에서 추방까지 당하는 수모를 겪어야 했다. 물론 잡스처럼 갈등을 딛고 화려하게 부활할 수 있다면야 이것은 오히려 전화위복이다. 그러나 이러한 경우는 흔치 않다. 그래서 갈등은 우선 예방하는 게 중요하고 나타나면 어떻게 해서든 해결해야 한다.

17

조직이 싫으면
샐러리맨을 접어라

—

조직적응 및 활용능력

직장인은 조직이라는 굴레 속에서 살아간다. 조직을 떼어놓고서는
직장인의 '출세'란 있을 수 없다. 그래서 조직은 직장인에게 불가분의
관계로 존재한다. 그런데 어떤 사람은 직장에 잘 적응하고 그 조직을
잘 활용해서 탄탄대로를 가는 반면에 어떤 사람은 조직에 제대로 적
응하지 못해 '사무실 고문관' 소리를 들으면서 오늘도 일과 사람에 시
달리고 있다. 뛰쳐나올 수만 있다면 얼마나 좋겠느냐마는 목구멍이
포도청이라 그럴 수도 없다. 그야말로 진퇴양난이다.

직장을 호구지책으로만 생각해서 다니는 사람은 없다. 누구든지
정신적으로, 경제적으로 풍족한 직장생활을 도모하기 위해서 오늘
도 새벽안개를 가르고 출근하며 분주히 움직이고 있다. 그래서 조직
에 잘 적응하고 더 나아가서 조직의 힘을 이용하는 것은 직장인에게
더 없이 중요하다.

조직과 궁합을 맞춰라

성공적인 사회생활을 하는 데는 열정, 도전정신, 긍정적 사고, 대인관계능력, 설득능력, 문제해결능력 등 다양한 능력들이 필요하다. 그런데 여러 가지 능력 중에서 직장인에게 각별하게 필요한 몇몇 능력이 있다. 그중 대표적인 하나가 바로 조직적응 및 활용능력이다. 직장은 곧 조직이기 때문이다.

조직적응 및 활용능력은 직장에 잘 적응하고 더 나아가서 조직의 힘을 이용해 자신의 몸값을 높이는, 그야말로 직장인으로 성공하는 데 관건인 중요한 능력이다. 특히 직장 가치의 상승과 고용탄력성 저하로 자발적 퇴직인원이 감소해 직장 내 경쟁이 그 어느 때보다도 치열한 지금 같은 상황에서 이 능력은 성공을 떠나 생존을 위한 능력이기도 하다.

조직적응 및 활용능력은 직장인이 보유해야 할 매우 중요한 능력이라는 것이 여러 설문조사에서 나타나고 있다. 특히 대기업들은 조직적응 및 활용능력을 신입사원 채용 시 채용평가의 중요한 잣대로도 활용하고 있는 상황이다.

취업포털 잡코리아의 '회사에 기여도가 높은 인재의 특징'에 대한 설문에서 기업의 인사담당자들은 조직기여도가 높은 능력으로 '뛰어난 조직적응력'을 '문제해결능력' 다음으로 지목했다. 그리고 한국경영자총협회가 발표한 '신입사원 채용동향 및 특징 조사' 자료를 보면 대기업들은 신입사원 면접 시 세부평가 항목으로 조직적응력을 가장 중시하는 것으로 나타났다. 조직적응력을 알아보기 위해 기업들은

1박 2일 혹은 2박 3일 이상 합숙까지 했다.

　이처럼 조직적응능력은 직장인이 보유해야 할 핵심 덕목으로 자리 잡고 있다. 일단 조직에 적응해야 실력이든 뭐든 발휘할 수 있다는 점을 생각하면 이러한 결과는 당연한 귀결이다.

　조직에 잘 적응하는 능력도 물론 중요하지만 조직과 조직에서 같이 일하는 사람들을 적극 끌어들여 자신의 발전에 활용하는 능력 역시 중요하다. 앞서 가는 직장인들은 특히 이 활용능력에 능수능란함을 보인다. 이들의 지향점은 직장에서의 생존이 아니라 성공, 그것도 탁월한 성공에 있기 때문이다.

　세계적 경영 사상가이자 베스트셀러 『티핑포인트Tipping Point』와 『블링크Blink』의 저자인 말콤 글래드웰Malcolm Gladwell이 국내의 모 일간지와의 인터뷰에서 주위 사람의 도움이 얼마나 중요한지를 강조하며 꼬집는 다음의 말이 재미있기도 하면서 매섭다. "형과 아버지가 미국 대통령이었고, 할아버지가 상원의원이었던 제프 부시Jeff Bush 플로리다 주지사조차 자수성가했다고 말한다. 자수성가했다고 말하는 사람들을 자세히 들여다보면 다른 사람들의 도움이 결정적이었는데도 말이다."

　말콤 글래드웰의 지적대로 자수성가하는 사람까지도 다른 사람의 도움이 그들의 성공에 결정적인 영향을 준다면, 여러 사람과 같이 가며 성공을 지향하는 일반 직장인들에게 동고동락하는 상하좌우 동료직원의 도움과 그 도움의 적극적인 활용은 얼마나 중요하겠는가?

　이렇게 조직에 적응해 함께 일할 수 있는 개인의 능력은 개인 자신과 조직 모두에 중요하다. 그러다 보니 이 능력을 키우기 위한 노력이 여기저기서 발견된다. 직장에서는 입사할 때 조직적응능력을 고려해 채용하고, 입사 이후에도 지속적으로 교육을 시행한다. 특히 어렵게 채용하고 키워놓은 A급 인재들이 적응하지 못 해 이탈할까 봐 노심초사하기도 한다.

내 맘대로 안 되는 게 직장이다

조직적응과 활용능력이 중요함에도 안타깝게 조직적응을 제대로 못 해 중도에 스스로 이탈하거나 타의에 의해 이탈되는 직장인이 적지 않다. 최근 한국경영자총협회가 기업의 인사 및 노무담당자를 대상으로 조사한 결과에 의하면 입사 1년 내 중도 퇴사한 대졸 신입사원의 퇴사 이유 중 '조직 및 직무적응 실패'가 가장 높게 나타났으며, '급여 및 복리후생 불만' 등이 그 뒤를 이었다.

대개 퇴사하는 초급직원들은 대우가 더 좋은 직장을 찾아 나간다고들 한다. 하지만 실제로는 조직에 적응을 제대로 못 해서 본의 아니게 나가는 경우가 더 많다는 것을 이 조사결과는 말해준다.

이렇게 조직적응을 제대로 못 하는 이유를 직무현장에서 살펴보면 보통 조직의 문제라기보다 적응을 잘 못 하는 당사자의 문제가 더 크다. 개인주의적 성향에서 비롯되는 나약한 대인관계, 지나친 자기중심적인 사고와 행동에서 비롯되는 동료의 외면, 공과 사를 명확히 구별하지 못하는 데서 비롯되는 상사의 좋지 않은 평가 등이 주요 원인으로 작용한다.

직장에서 적극적으로 타인과의 관계 맺기를 회피하고 그저 혼자 놀기 좋아하는 '나홀로 족'은 혼자서는 행복할지 모르겠지만 조직과 상사의 눈에는 비정상으로 보인다. 혼자 똑똑함에 사로잡힌 사람들이 조직 내 대인관계에 실패해 본의 아니게 중도하차 하는 경우가 심심치 않게 발견되는 것도 이와 무관치 않다. 스스로 따돌림 시키는 '스따' 직장인은 결코 직장에서 '스타'가 될 수 없다는 사실을 명심해야 한다.

조직적응은 마음먹기에 달려 있다

필자는 회사에서 본연의 직책을 수행하면서 회사에 들어오는 신입사원의 OJT를 담당하는 역할도 한다. 짧게는 일주일에서 길게는 한 달 이상 이들과 생활을 같이하는 과정에서 예상외의 현상을 발견하곤 한다.

이들을 보기 전에는 신세대들이 보이는 일반적인 특성인 자유분방함과 개인주의적인 성향 때문에 OJT 하는 동안 조직적응에 어려움이 있지 않을까 우려하곤 한다. 그러나 이런 예상은 자주 빗나간다. 이들은 젊은 세대로서의 자기중심적 사고와 당돌한 의사표현뿐만 아니라 상사와 선배에 대한 예의 바른 태도, 인적 네트워킹 능력, 동료와의 협동심까지도 보여준다. 비록 신세대지만 이들에게서 기성조직에 적응하고 조직을 활용할 줄 아는 능력을 발견하는 것이다. "처세를 잘해서 동료와 잘 지내고, 덕분에 동료와 조직이 나를 인정해주면 결국은 그것이 나의 이익으로 돌아오지 않겠습니까?" 하고 오히려 반문을 당하기도 한다. 이 말은 자신의 발전을 위해 조직에 적응하려고 인위적으로도 얼마든지 노력할 수 있다는 얘기다.

그렇다. 마음만 먹으면 조직에 적응하고 그것을 활용할 능력을 얼마든지 키울 수 있다. 조직에 잘 적응하고 조직을 효과적으로 활용하는 것은 조직 친화적인 사람만 가능한 것이 절대로 아니다. 승자가 되고자 하는 욕심을 가지고 그 적응 및 활용을 위한 방법을 알고자 노력하면 누구나 가능하다.

로마에 왔으면 로마 사람이 돼라

조직에 잘 적응하고 활용하기 위해서는 첫째, 조직의 규정을 준수하고 문화를 따른다. 개인 사업을 하는 사람들은 자기 사업이기 때문에 달면 삼키고 쓰면 뱉는 감탄고토甘吞苦吐가 가능하다. 그러나 조직이라는 틀 안에서 일하는 직장인은 내 맘대로 하는 게 원천적으로 불가능하다. 이것은 싫든 좋든 일단 직장이라는 조직에서 만든 규정에 따라서 움직여야 하기 때문이다. 개인의 소신을 펴고 적성을 따지는 것은 부차적인 일이다. 이러기 위해서는 어떤 일, 어느 곳, 어느 사람이라 하더라도 개의치 않고 적응할 수 있는 오픈 마인드와 유연한 사고부터 가져야 한다.

"난 일류대 출신인데 내가 왜 이 일을……", "난 기획을 좋아하는데 내가 왜 영업을……", "내가 왜 이런 곳에서……" 등의 경직된 사고에서 탈피하지 않으면 그때부터 갈등은 시작된다. 급기야는 어렵게 들어온 좋은 직장을 본의 아니게 떠나는 불상사가 일어날 수 있다. "로마에 왔으면 로마사람이 되라"는 로마 위정자들의 말을 잘 따른 복속국 사람들은 로마시민 대우를 받으며 잘살았다는 사실을 기억하자.

둘째, 상사나 동료와 잘 어울린다. 조직에 제대로 적응하기 위한 가장 큰 전제조건은 바로 상사, 부하, 동료 등의 인적 환경에 원만하게 적응하는 것이다. 업무에 대한 적성, 출퇴근 거리, 복지제도 등도 무시할 수 없는 환경요소임이 틀림없다. 그러나 자신에게 미치는 영향력 차원에서 보면 인적 환경과 비교가 안 된다. 그래서 상사, 동료들과 잘 어울리는 것은 그 무엇보다 중요하다. 상사, 동료들과의 유대관계가 좋지 않은 직원치고 직장에서 스트레스 안 받고 성과를 잘 내면서 잘나가는 직원은 거의 없다.

조직 내 사람들 속에서 뿌리를 공고히 내리기 위해서는 무엇보다도 처세를 잘해야 한다. 온라인 취업포털 사람인이 직장인 2308명을 대상으로 "직장생활에서 처세술은 필수인가?"를 질문한 결과, 무려 95.5%가 '필수적'이라고 답했다. 그만큼 중요하게 생각하고 있다는 방증이다. 처세술을 구성하는 눈치, 상황 판단력, 성실성, 사교성, 커뮤니케이션 기술 등은 상사나 동료들과 좋은 관계를 유지하는 데 필수적인 덕목들이다.

셋째, 주변의 업무 관련 지인들을 적극 벤치마킹한다. 직장에는 같은 부서 동료, 업무상 관련 있는 타부서 직원, 협력회사 사람 등 직간접으로 관계하는 수많은 사람이 있다. 이들 중에는 잘 찾아보면 반드시 기라성 같이 훌륭한 사람들, 즉 나의 발전에 디딤돌과 밑알이 될 사람들이 많다. 그 누가 "길 가는 세 명 중에는 반드시 스승이 될 사람이 있다"고 하질 않는가? 가까이 있는 이들은 나의 발전을 견인할 더없이 소중한 인적 자산이다. 이들을 벤치마킹하고 선의로 활용하는 것은 조직 활용의 핵심이다.

그러기 위해서는 '내가 최고!'라는 생각은 잠시 접은 뒤 그들의 말을 경청하고, "시간 없다"는 핑계만 대지 말고 그들과 자주 머리를 맞대고 밥 한 끼, 술 한 잔 같이하는 것에 인색하지 않아야 한다. 배우기 위해서 말이다. 경영층이나 잘나가는 고위 간부를 만나는 것은 그 만남 자체만으로도 회사의 실세로 보일 기회를 제공해준다.

넷째, 주변의 물적 자원을 빠짐없이 활용한다. 직장인이 누릴 수 있는 좋은 여건 중에 빼놓을 수 없는 것이 주위에 널린 물적 자원들이다. 물적 자원은 직장에서 제공하는 사무실, 업무용 자동차, 책상, PC, 휴대폰, 각종 사무용품 등 헤아릴 수 없을 정도로 많다. 직장은 이 모든 것들을 대부분 공짜로 제공한다. 이것들은 자영업을 하는 경우라면 아까운 내 돈을 주고 사야만 하는 것들이다. 이러한 자원들을 과연 빠짐없이 그리고 효율적으로 사용하는지를 한번 짚어볼 일이다.

일반적인 성과가 아니라 높은 성과를 내기 위해서는 무심코 사용하는 사무용품 하나조차도 보다 의미 있게 사용할 방도를 모색하고, 오랫동안 방치된 물건들도 다시 한번 꺼내 들어 이용가치를 재점검해야 한다.

"성공은 집합적인 산물이다. 또 환경의 함수다. 세대와 시간, 장소와 운, 기타 한 사람을 둘러싼 여러 조력이 합쳐진 것"이라는 말콤 글래드웰의 말이 떠오른다.

한번 인연을 맺은 부서는 수년 동안 아니 직장이 끝날 때까지 나의 보금자리가 될지도 모른다. 이러한 곳에서 사람 그리고 제도, 문화 등에 적응하지 못해 수많은 날을 갈등과 번민으로 보낸다면 이것처럼 또 괴롭고 낭비적인 일도 없을 것이다. 그리고 인적, 물적 자원이 풍부한 조직에서 그것을 제대로 활용하지 못한다면 이 또한 엄청난 기회손실이다. 그러므로 일단 들어온 조직에 잘 적응하고, 그 조직을 잘 활용하는 것은 직장생활의 성패와 직결된다고 할 수 있다.

18

혼자 돋보이려거든
조직을 떠나라

—

팀워크 능력

사람은 혼자서는 도저히 살 수 없다. 그래서 누구나 직장, 협회, 친목회, 동호회, 종교 및 봉사단체 등과 같은 다양한 조직에 참여해 더불어 살아간다. 그리고 자신이 몸담은 그 조직이 원만하게 작동되기를 고대한다. 그런데 그 원만한 작동에는 구성원 각자가 조직에 기여해야 한다는 전제조건이 있는데, 이 전제조건은 바로 팀워크라는 시스템을 통해 이루어진다.

이렇게 팀워크가 여러 사람이 같이 일하는 특성이 있다 보니 사람들은 그것의 지향점이 조직성과에만 맞추어져 있는 것으로 오해하기도 한다. 그래서 혼자 일 할 때는 열을 올리던 사람이 모이면 갑자기 자세가 슬로우 모션으로 변하는 경우가 있다. 이런 사람은 팀워크가 개인의 이익에 미치는 막대한 효과를 제대로 이해하지 못하는 사람이다.

팀워크는 개인에게 더 남는 장사다

오늘날은 누구나 바로 연결되는 네트워킹 시대다. 마음만 먹으면 언제든 수많은 사람과 커뮤니케이션 할 수 있다. 그래서 이러한 네트워킹 시대에서는 다중의 힘을 모아 성과를 만드는 데 취약한 사람은 뒤진다는 것이 어찌 보면 당연한 일일 수밖에 없다. 그래서 팀워크의 중요성이 증대되는 것이다.

팀워크의 기본 목표는 개성과 능력이 각기 다른 조직 구성원들이 혼연일체가 되어서 조직의 발전과 성과창출을 도모하는 것이다. 그러다 보니 개인의 개성과 자율이 일정 부분 통제당하는 경우도 생긴다. 그래서 혼자 일할 때보다 소극적일 가능성이 높다. 그렇지만 팀워크의 결실은 궁극적으로 개인의 이익 극대화에 크게 기여한다는 사실에 주목할 필요가 있다.

2011년 동일본에 대지진이 발생하면서 그 지역은 쑥대밭이 되었다. 이러한 아비규환의 난장판 속에서도 지역 주민들이 진득하게 줄을 서서 물을 배급받는 모습이 TV를 통해서 방송되었다. 어차피 난장판이 된 상황인데 이들이 바보라서 아무 생각 없이 참고 기다렸을까? 아닐 것이다. 이렇게 행동한 것은 모르긴 몰라도 자신의 욕구가 다소 통제당한다 하더라도 조직이 원만하게 작동하면 자신에게 더 큰 이익이 돌아올 것이라는 확신이 있었기 때문일 것이다.

행동과학자 패트릭 래플린Patrick Laughlin은 연구를 통해 팀워크의 중요성을 밝혀냈다. 팀워크를 통한 팀의 성과는 혼자 일한 팀원들 성과의 합보다 더 큰 것은 물론이고, 그 팀의 평균성과는 팀에서 문제해결능력이 가장 뛰어난 사람이 혼자 이룬 성과보다도 훨씬 더 크다는 것이다.

진화론 역시 팀워크의 중요성을 일깨워준다. 진화의 집단선택론에서는 서로 협력을 잘하는 집단이 그렇지 않은 집단과의 싸움에서 더 유리하며, 혹독한 환경에서도 더 오래 생존할 수 있다고 한다.

이와 같은 패트릭 래플린의 연구와 진화론을 인정한다면 조직성과를 극대화시켜 보다 많은 과실을 분배받기 위해 팀워크 능력을 키워 팀에 기여해야 하는 것은 당연지사다.

팀워크는 이 같은 조직성과의 분배를 통하지 않고 개인의 성과창출에 바로 기여함으로써 개인이익 도모에 톡톡히 한몫을 한다. 여럿이 일을 하면 시너지 효과가 발생해 혼자 했을 때보다 더 큰 성과를 얻을 수 있기 때문이다.

팀 동료는 같이 있어 든든하기도 하지만 건전한 긴장감을 조성시켜 시너지를 만들어주는 귀중한 자산이다. 쥐는 평균 600일 정도 사는데 여러 마리가 함께 있을 때는 700일까지도 살 수 있다고 한다. 이는 같이 있는 것이 얼마나 중요한지를 깨닫게 한다. 사자와 함께 살아가는 아프리카 최고의 전사부족 마사이족이 "함께 가면 더 멀리 갈 수 있다"는 말을 만든 데는 다 근거가 있었던 것이다.

팀워크의 효과는 수학공식을 부정한다

팀워크는 강력한 힘을 발휘한다. 리더십 분야의 세계적 권위자인 스티븐 코비Stephen Covey 박사는 팀워크의 영향력을 이렇게 설명한다. "농경사회에서 산업사회로 이동하면서 생산성은 50배 이상 향상되었다. 산업사회에서 정보사회로 발전하면서 또다시 생산성이 50배 이상 향상되었다. 이처럼 커다란 발전이 가능했던 비결이 과연 뭘까? 그것은 바로 팀워크 때문이다."

직장에서는 수많은 사람이 그들이 일하는 각각의 분야에서 팀워크를 발휘해 걸출한 성과를 거두고 있다. 필자 역시 이로 인해 꽤 많은 상을 받았다. 그중에서 필자가 이끌었던 대부분의 지점이 전국차원의 최우수지점 상을 여러 차례 받은 기록적인 업적에 대한 기억은 잊을 수가 없다. 돌이켜보면 그 상은 다름 아닌 팀워크의 산물이었다.

최우수지점에 도전하는 과정에서 지점장인 필자를 비롯한 직원들은 각자 주어진 임무를 차질 없이 수행하기 위해 총력을 기울였다. 그리하여 도전목표를 달성했고, 달성과 함께 쏟아진 수많은 혜택을 다 같이 만끽했다. 직원들은 단합에 의한 팀워크의 파괴력을 절감했고, "하면 된다"는 자신감을 얻었으며 직원 간 유대관계도 더욱 공고해졌다. 또한, 지점에 대한 소속감과 직원 간의 협업능력 및 독자적인 업무능력이 향상했고, 고액의 포상금이 주어졌으며 지점의 가치 상승에 따라 개인의 몸값이 덩달아 뛰었으며 몸값이 상승하면서 상급부서에 대한 건의사항이 한방에 이루어지기도 하는 등 승리의 쾌감을 직원들과 함께 톡톡히 누렸다.

이처럼 팀워크가 성과에 미치는 영향력이 크다 보니 직장에서는 조직구성원의 팀워크 능력을 키우기 위해 다양한 노력을 기울인다. 해병대 캠프는 팀워크와 도전정신을 기르기 위해 기업 등의 직장에서 이용하는 단골메뉴다. 사내 직무교육 프로그램에도 팀워크를 끌어 올릴 수 있는 과목이 필수적으로 반영된다. 개인의 이익증대에 기여하는 바가 지대하므로 직장인 스스로 알아서 팀워크 능력을 키워야 할 판인데, 이렇게 직장에서까지 나서서 도와주니 얼마나 좋은가? 이제는 신입사원을 채용할 때 팀워크 경험이 없는 사람은 아예 서류전형에서 제쳐놓는 회사까지도 생겨났다.

팀장은 독주하는 마라도나를 원하지 않는다

이처럼 타인과 협력하고 연대해야 더 큰 힘을 발휘할 수 있는데도 불구하고 시대변화에 따라 심화하는 개인중심주의 사고에 직장인들, 특히 신입 및 초급사원들의 팀워크 능력이 제한당하고 있다. 조직의 리더들은 이 점을 심각하게 우려하고 있다. 최근 기업의 인사담당자 450명과 그 기업들의 팀장 3000여 명을 대상으로 한 한국직업능력개발원의 조사결과가 이를 말해준다. 조사 대상자들은 신입사원의 직무수행능력 중에서 팀워크와 애사심이 가장 부족한 능력이라 답했다.

리더들에게 팀워크 능력이 부족한 직원은 비선호 대상 1순위다. 그들은 마라도나 같이 그라운드를 혼자 장악하는 한 명의 스타 플레이어보다는 각자의 장점을 살리고 유기적으로 소통하며 팀워크를 극대화할 수 있는 직원을 선호한다. 그래서 독주하려는 직장인은 직장에서, 상사에게, 나아가서 동료에게 '따'를 당할 가능성을 항상 안고 사는 사람이라 해도 과언이 아니다.

이런 일화가 있다. 어느 회사에서 팀 단합회식이 있었는데, 유독 입사 2년 차인 K모 직원만 연락도 없이 불참했다. 다음날 알아보니 개인적인 일이 급해서 그랬다는 것이었다. L모 팀장은 "그렇게 팀을 우습게 생각할 것 같으면 회사를 떠나라"고 했다. K모 직원은 이에 맞서 "나도 당신 같이 융통성 없는 상사 밑에서라면 회사 다니기 싫다"며 자리를 박찼다. 1주일 뒤 이 회사의 사장은 K모 직원의 부친에게서 "직속상사가 스트레스를 주어 아들이 회사를 못 다니겠다고 하니 회사 차원에서 조처해 달라"는 편지를 받았다. 그러나 회사는 L모 팀장에 대해 어떠한 조치도 하지 않았다. 오히려 조직 내에서 평판만 나빠진 K모 직원만 얼마 뒤 본의와는 달리 회사를 떠났다.

팀워크에 걸림돌이 되는 요인들이 존재하는 것은 사실이지만 사람의 마음속에는 오히려 집단에서 일하고자 하는 본능이 자리 잡고 있다고 학자들은 말한다. 정치학자 로버트 액설로드와 로스 해먼드는 연구를 통해서 사람들이 본능적으로 집단지향 성향을 보인다는 것을 확인했다. 같이 하는 것이 가장 좋은 전략이라 여겨 그렇게 한다는 것이다. 이 연구는 팀워크 마인드가 사람들 마음속에 잠재적으로 깔렸기 때문에 조금만 노력하면 팀워크 능력이 키울 수 있으리라는 것을 짐작게 한다.

팀워크를 통해 나를 성장시키는 방법

조직은 물론 개인의 이익까지 도모해주는 팀워크 능력을 키우고 팀워크를 통해 많은 혜택을 누리기 위해서는 첫째, 개인 이기주의를 버린다.

이기주의가 '인간의 참을 수 없는 본성'이라고는 하지만 조직에서는 금물이다. 군 훈련소에서는 체력단련을 위해 단체 목봉체조를 하기도 한다. 만일 무거운 목봉을 여섯 명이 간신히 올렸다 내렸다 하는데 이 중 한 사병이 그냥 손만 대고 있다면 어떻게 될까? 결과는 뻔하다. 나머지 사병들은 더 힘이 들고, 제대로 못 했다고 훈련교관한테 전체가 혼날 것이다. 이것으로 끝나지 않는다. 무임승차한 사병은 동료 사병들에게 끝내 적발되어 배신자의 신세로까지 전락한다.

조직의 장과 구성원들은 '손도 안 대고 코 풀려는 식'으로 성과를 거저 가져가려 하는 사람을 모를 리가 없고, 또한 그를 그냥 놔두질 않는다. 이기주의로 득을 보는 것은 그야말로 순간일 뿐이다.

둘째, 팀원과의 협력으로 시너지 효과를 얻는다. 중국 고사에 영원히 죽지 않는 뱀 솔연에 관한 이야기가 있다. 솔연은 누군가가 머리를 때리면 꼬리가 와서 도와주고, 반대로 꼬리를 때리면 머리가 와서 도와준다. 그래서 영원히 죽지 않는다. 스티브 잡스도 처음에는 유아독존의 솔로주의자였는데, 쫓겨난 뒤 애플로 복귀해서는 완벽한 협력주의자로 바뀌었다. 그러면서 애플의 성공신화가 만들어지기 시작했다.

그런데도 자신이 바르셀로나팀 소속 선수라고 생각하기 이전에 스타 플레이어인 리오넬 메시로 착각해 독주하려는 직장인들도 있다. 이것은 유럽 프로축구에서는 모르지만 우리나라 직장에서는 용납이 안 되며 그 독주는 오래가지 못 한다.

그러나 팀원 간에 협력이 이루어지면 1+1=2가 아닌 1+1=4 또는 5가 되는 엄청난 시너지가 발생해 협력한 당사자들은 성취의 기쁨을 만끽할 수 있다. "나는 하루에 100번씩 스스로 되된다. 나의 정신적, 물질적 생활은 타인의 노동 위에서 이루어졌다." 이 말은 아인슈타인이 타인과의 협업을 강조하면서 한 말이다.

셋째, 조정 및 중재자가 된다. 논쟁하는 사람의 틈에 끼어들어 얄밉게도 이길만한 한쪽을 편드는 사람이 있다. 그러다가 패자에게 '배신자'로 찍혀 고초를 겪기도 한다. 이들은 편들어 이기는 저수익의 승리방법만 알뿐 중재로 이기는 고수익의 승리방법은 모르는 사람이다.

모 기업의 신입사원 채용과정에서 일어났던 일이다. 토론 면접에서 A, B, C 세 사람이 특정주제를 가지고 토론했다. A, B 두 사람은 반박할 여지가 없어 보이는 똑 부러지는 주장을 서로 펼쳤다. 자신을 드러내고 싶은 욕심에 극단적 주장까지 마다치 않았다. 그러나 C는 자신의 의견을 거의 피력하지 않고 다만 열띤 토론을 벌이는 A, B 두 사람의 말을 듣고 그들이 서로 이해하는 데 도움이 될 만한 말만 몇 마디 했다. 면접시험 결과 세 사람의 예상과는 전혀 다르게 토론시간 대부분을 두 사람의 토론을 거들기만 했던 C만 합격했다. 채용담당자는 A, B 두 사람의 격한 토론을 부드럽게 마무리할 수 있게 한 C의 조정 및 중재능력을 높게 평가해 최고점수를 준 것이다.

넷째, 팀 동료를 활용하라. 창출된 조직성과를 조직원들과 함께 향유하는 것은 팀워크가 주는 가장 큰 혜택임이 틀림없다. 그러나 팀워크를 발휘하는 동안 능력 있는 팀 동료로부터 직접 얻을 수 있는 혜택도 이 못지않다. 그래서 팀워크 중 팀 동료를 선의로 활용하는 것은 자신의 이익을 위해 매우 중요하다.

"내가 잘못한 것이 있으면 바로바로 지적해 달라." 이 말은 미국 메이저리그 통산 124승의 아시아 최다승 투수로 빛나는 박찬호 선수가 2011년 한화에 입단하면서 한 말이다. 예의상 멘트이기 전에 팀 동료의 지적을 통해 또 다른 무언가를 배우고자 하는 정상頂上의 진정한 프로의식을 이 말에서 읽을 수 있다.

이처럼 나의 문제점을 팀 동료를 통해 확인하고 개선한다. 아무리 출중해도 사람이기에 문제점은 있게 마련이다. 팀 동료의 장점을 벤치마킹해 나의 강점을 키우는 데 활용하는 것은 중요한 일이다.

이 대목에서 다시 한 번 상기해야 할 것은 직장에서 앞서 가는 사람들은 가까이서 동고동락하는 동료의 힘을 자신의 이익으로 끌어들이는 데 발군의 실력을 발휘한다는 사실이다.

다섯째, 같이해 버릇한다. 직장인들은 조직에서 여러 사람과 같이 일하는 것이 일상화되었다 보니 자기도 모르게 팀워크 의지가 약화될 수 있다. 평소에는 가만히 있다가 팀 회의라도 하면 그제야 부랴부랴 팀 파이팅을 외치며 부산을 떠는 경우가 비일비재하다. 그래서 평소 팀워크 마인드를 스스로 일깨우는 일은 중요하다.

이를 위해서는 같이해 버릇해야 한다. 팀에서 단합을 위한 이벤트나 회식을 한다면 빠질 궁리만 하지 말고 적극 참석한다. 그리고 운동을 하더라도 편을 갈라 시합하는 운동을 즐긴다. 반면에 축구, 농구, 복식 테니스 등 편이 있는 경기는 사회성 향상과 더불어 팀워크 마인드 및 스킬 증진에 많은 도움이 된다.

"호랑이가 왜 늑대를 두려워하는지 아는가? 늑대는 한 마리로 안 되면 서너 마리로, 그래도 안 되면 떼로 덤벼 상대가 지칠 때까지 물고 늘어진다. 존경받고 싶으면 늑대를 본받아라." 이 말은 '양복 입은 전사戰士'로 불리는 소프트뱅크 손정의 회장이 벅찬 조직목표 앞에서 직원들이 힘겨워할 때마다 펼치는 '늑대론'이다.

팀워크 능력이 개인에게 주는 혜택은 한둘이 아니다. 남들은 혼자의 능력으로만 승부를 걸려 할 때 개인 고유의 능력에다가 팀워크 능력까지 가미된 하이브리드 능력으로 승부를 건다면 업어치기 한판의 짜릿한 기쁨을 강하게 느낄 수 있으리라.

19

준비된 '말발'로
명확하게 전달하라

——

의사표현능력

말 잘하는 사람을 보면 "말만 뻔지르르하게 잘하면 뭐하나. 실속이 있어야지" 하고 속으로 애써 평가절하해보기도 하지만 그래도 부럽기만 한다. 그야말로 말은 천 냥 빚도 한마디로 갚을 수 있는 막강한 힘을 가지고 있다 보니 수많은 사람이 말 잘하기 위한 능력을 키우기 위해 공을 들인다.

물론 의사를 표현하는 수단이 말만 있는 것은 아니다. 눈짓, 손짓, 표정 등의 바디랭귀지도 효과적인 의사전달에 한몫하고 있다. 이런 모든 요소가 복합적으로 잘 어우러졌을 때 비로소 상대의 마음을 움직이는 힘이 나온다. 그렇다 해도 의사표현의 주축이 되는 말이 미치는 영향력은 절대적이어서 임팩트 있는 말 한마디가 의사표현을 좌우한다 해도 과언이 아니다.

천 냥 빚도 말 한마디로 갚을 수 있다

상대방의 마음을 움직이고 행동하게 하는 아무리 좋은 아이디어가 있다 해도 그것을 상대에게 효과적으로 표현하지 못하면 아무런 소용이 없다. 조직의 특별 태스크포스 팀Task Force Team에서 기가 막히는 방안을 입안했다 하더라도 그것이 경영층이나 실행부서 직원들에게 제대로 표현되고 전달되지 못하면 그 방안은 한 장의 휴지 조각으로 전락한다. 그래서 의사표현능력의 중요성은 아무리 강조해도 지나침이 없다.

한 연구에 의하면 같은 정보에 대해 30%의 사람만이 완전하게 이해하고 나머지 70%의 사람들은 일부만을 이해한다고 한다. 이는 대다수 사람이 의사를 제대로 전달받지 못하고 있음을 방증하는 것이기도 하다. 이런 현상은 그 귀책사유가 말하는 사람에게 있든, 듣는 사람에게 있든 그것을 떠나서 효과적인 의사표현에 의한 커뮤니케이션이 얼마나 필요한지를 짐작게 한다.

전문가들은 이렇게 커뮤니케이션이 제대로 이루어지지 않는 것은 주로 말하는 사람의 불명확한 의사표현에서 비롯된다고 지적한다. 만일 어떤 복집의 복요리에 아무런 문제가 없는데도 그 요리에서 복어의 독이 검출되었다는 헛소문이 퍼진다면 그 복요리는 팔리지 않을 것이다. 특히 먹는 음식에 독이 있다는 소문은 아마 하룻밤에도 천 리 밖까지 갈 것이 틀림없다. 이때 주인이 정확한 사실을 고객들에게 제대로 알려서 소문을 잠재우지 못한다면 이 복집은 문을 닫아야 할 지경에 처할지도 모른다.

그러나 진실을 기술적으로 잘 표현하고 전달해 고객의 의구심을 말끔히 해소시킨다면 기사회생은 물론 나아가 전화위복의 기회까지 맞이할 수도 있다. 이때 고객의 의구심을 잠재울 수 있는 것은 오로지 복집 주인과 종업원들의 의사표현 또는 의사전달능력이다. 이렇게 보면 의사표현능력이 경우에 따라서는 개인과 조직의 흥망성쇠까지 좌우할 수 있는 매우 중차대한 능력이라 할 수 있다.

말은 '스타'를 만들기도, '낙동강 오리알'을 만들기도 한다

의사표현은 주로 일대일 대화를 통해서 이루어지지만 직장에서는 발표, 토론, 회의, 연설 등의 방식을 통해서 여러 사람에게 의사가 표현되고 전달된다. 이 중 특히 회의와 토론은 말로서 의견을 피력하거나 상대방과 공방을 벌여야 하는 자리이기 때문에 의사표현능력이 더욱 필요하다.

명확한 소신과 주관으로 자신의 견해를 밝히고 상대방의 견해를 신속하고도 논리적으로 공략해야 하는 토론은 가장 강력한 의사표현능력을 요구한다. 노벨 과학상 수상자의 약 30%가 유대인인데, 유대인이 이렇게 많은 노벨상을 휩쓴 주된 이유는 바로 상대를 압도하는 토론능력에서 비롯된다고 한다.

회의 역시 동시 다발적으로 말이 오가기 때문에 의사표현능력 발휘가 필요한 자리다. 회의장은 의사표현도 표현이지만 상사가 능력 있는 직원을 간택하기 위해 활용하는 장소이기도 하다. 회의장에는 회의 내내 꿀 먹은 벙어리가 되는 사람이 있는 반면에 활발하게 의견을 개진하면서 자신의 역량을 멋지게 표출하는 사람이 있기 때문이다. 그래서 회의 때 침묵하면 무능하다는 딱지가 남고 의사표현을 잘하면 일약 스타가 될 수 있다.

이처럼 자신을 스타로 만들거나 아니면 하루아침에 낙동강 오리알 신세로 전락시킬 수 있는 발표, 토론, 회의 등은 직장에서 비일비재하게 이루어진다. 이것은 의사표현능력을 적극 키워야 할 중요한 이유다.

말하는 연습도 필요하다

이처럼 의사표현능력은 매우 중요하고 필요한 능력이다. 그러나 안타깝게도 나라 밖에서는 한국인의 의사표현능력에 대한 평가가 인색하다. 패트릭 반 호이트Patrick van Haute OECD 인사담당 이사는 "한국인들은 워커홀릭이라 불릴 만큼 열심히 일하지만 기계처럼 정형화된 말만 반복한다"고 지적한다. 일은 한다고 하지만 말주변, 즉 의사표현능력은 없다는 얘기다.

직장에서도 의사표현능력은 빼놓을 수 없는 성공 역량임에도 불구하고 상당수의 직장인이 결정적인 상황에서는 의사표현을 제대로 하지 못한다. 평소 사석에서는 말이 청산유수인 사람도 막상 멍석을 깔아놓으면 갑자기 조용해진다. 이들 대부분은 "왜 그때 얘기를 못했나" 하고 기차가 지나간 뒤 후회한다.

직급과 직책으로 부하를 압박하면서 부하가 말을 제대로 못 한다고 한탄하는 안타까운 상사도 있다. 상투적인 이야기가 담겼거나 남이 써준 원고를 그대로 읽는 연설, 주제에서 벗어난 이야기로 일관된 연설 등 함량 미달의 연설들을 듣기도 한다.

이렇게 의사표현을 잘 못 하는 이유는 무엇일까? 자존심과 체면을 중시해 말을 아끼는 우리나라의 문화, 지나치게 상대방 기분과 반응을 의식하며 대화하는 습관, 말실수에 대한 불안감, 의사표현을 위한 기술 습득에 대한 무관심 등이 원만한 의사표현을 방해한다. 특히 직장에서는 상명하복이라는 덕목이 아직도 직원들의 의식 속에 강하게 자리 잡고 있어 상사에게 부하들이 자유롭게 의견을 개진하는 것은 미흡한 게 사실이다.

그러나 의사표현을 방해하는 심리적 요소들을 통제하며 꾸준히 노력한다면 의사표현능력은 얼마든지 향상시킬 수 있다고 전문가들은 말한다. 아나운서 25년 베테랑 경력의 윤영미 교수는 "가장 높은 자리에 있는 CEO라 하더라도 스피치를 잘하기 위해서는 누군가의 지도가 필요하다. 특히 본인 스스로 필요성을 느끼고 노력하는 것이 무엇보다 중요하다"고 하면서 "인내심을 가지고 장기적으로 연습하면 후천적으로 얼마든지 가능하다"고 의사표현능력의 높은 개발 가능성을 강조한다.

준비 안 된 말은 나도 알고 남도 안다

의사표현에 성공해야 비로소 상대를 설득하는 길이 열린다. 이렇게 설득의 전제조건이 바로 의사표현능력인데, 이것을 잘하기 위해서는 첫째, 철저하게 준비해야 한다. 애플의 전 회장 스티브 잡스의 의사표현과 설득능력에 대해서는 모르는 사람이 거의 없다. 그러나 그가 표현의 달인이 될 수 있었던 배경에 대해서 아는 사람은 그리 많지 않다. 일례로 그는 중요한 연설을 하기 전에 연설할 자리에서 꼬박 3일을 준비했다고 한다. 이렇게 천재적인 사람도 철저하게 준비한 뒤에야 비로소 사람들 앞에 나서는 판국이니 보통 사람의 준비에 대한 필요성은 말할 필요도 없다.

말은 아는 만큼 나온다. 준비가 안 되면 말은 십중팔구 초점 없이 추상적으로 흐르므로 준비 안 된 말은 자신도 알고 남도 안다. 그러나 대화 재료가 잘 준비되면 구체적이면서도 상대방의 귀에 쏙쏙 들어갈 수 있는 말을 할 수 있다.

말을 형성하는 3대 핵심요소는 경험, 독서, 다양한 관점이다. 그러므로 번거롭다 생각하지 말고 이것저것 다양한 경험을 하고 평소에 책, 신문, 방송, 각종 조사 및 연구자료 등을 섭렵하려는 노력이 필요하다. 주위 사람들이 필자에게 박사가 되더니 말발이 좀 세졌다고들 하는데 아마 여러 가지 형태의 책과 자료를 많이 읽은 덕택이 아닌가 싶다.

둘째, 종합적인 상황을 고려해 맞춤형으로 말한다. 2018년 평창 동계올림픽 유치위원회 프레젠터로 큰 공을 세웠던 나승연 씨는 유치 성공 후 언론과의 인터뷰에서 이런 말을 했다. "다른 준비도 유치에 큰 역할을 했지만 발표 당일 'TPO(Time: 때, Place: 장소, Occasion: 상황)를 고려한 말하기'로 설명한 것이 크게 주효했다." 마지막 날에 발표 시간대, 발표 장소, 발표를 듣는 사람 등의 종합적인 상황을 고려해 맞춤형으로 발표한 것이 유치 성공에 결정적으로 기여했다는 것이다. 이것은 맞춤형으로 의사를 표현하는 것이 얼마나 중요한지를 단적으로 알려주는 사례다.

직장에서 커뮤니케이션에 영향을 주는 요소는 실로 다양하다. 같은 동료 직원이라 하더라도 성격이 천차만별이고 지위도 다르다. 하루 업무시간 중에서도 말을 해서 잘 먹히는 시간대가 있고 그렇지 않은 시간대가 있다. 같은 말이라 하더라도 장소에 따라서 할 말이 있고 못할 말이 있다.

물론 이 모든 것을 고려해서 말한다는 것은 결코 쉽지가 않다. 그러나 관심을 가지고 실행한다면 그렇지 않은 사람과는 비교도 안 되는 멋진 의사표현능력을 발휘하게 될 것이다.

셋째, 임팩트 있게 말한다. 전문가들에 의하면 대부분의 사람은 대화할 때 남의 말에 집중하지 않는다고 한다. 일반적으로 사람이 집중하는 시간은 불과 45초라고 하니 "설교가 20분을 넘어가면 죄인도 구원받기를 포기해 버린다"는 마크 트웨인의 말이 이해가 간다. 사람의 집중력에는 한계가 있다는 얘기다.

직장에서도 동료들과 얘기하는 도중에 키워드를 못 꺼내고 중언부언하다가는 성질 급한 동료에게 말허리를 그대로 잘린다. 그래서 의사를 상대방에게 효과적으로 전하려면 쉽고 간결한, 즉 임팩트 있는 '한 방'이 필요하다. 사회과학자 페티아 페트로바Petia Petrova는 실험을 통해서 상상이 쉬울 때 그것에 대한 호기심이 커진다는 결과를 얻어냈는데, 이것은 임팩트 있는 '한 방'의 필요성을 입증해준다.

간결함, 명확성, 직설, 쉬운 말, 함축적인 비유가 임팩트 있는 말의 전제조건이다. 표현하는 말 속의 메시지는 비록 짧다 하더라도 키워드가 명확하고 쉬운 표현일수록 그 말은 더 힘 있고 상대에게 강하게 다가간다. 거기다가 "가을 전어 한 마리는 참깨가 서 말이다", "토마토가 빨갛게 익어 가면 의사의 얼굴은 파랗게 질린다"는 등의 함축적인 비유가 곁들여진다면 더 이상 바랄 나위 없는 파워풀하고 임팩트 있는 말이 된다.

넷째, 듣는 사람의 언어로 말한다. "소리를 내고, 말을 하고, 글을 쓴다고 해서 이것이 모두 커뮤니케이션이 되는 것은 아니다. 커뮤니케이션의 가장 중요한 첫 번째 원칙은 '이해되어야 한다'는 것이다." 이 말은 세계 최고 수준의 커뮤니케이션 회사인 플레시먼힐러드Fleishman-Hillard의 데이브 시네이Dave Senay 회장의 말이다. 전달하고자 하는 말은 일단 상대방이 알아들을 수 있어야 한다는 뜻이다.

그러나 아쉽게도 상대방이 말은 이해하는지, 또는 어떤 방식으로 의사를 전달받고 싶어 하는지 등은 고려하지도 않고 그저 말하는 데에만 열을 올리는 사람들이 많다. 말보다는 문자나 SNS를 이용해야 더 빨리 소통하는 디지털 세대들이 직장에 빠르게 늘고 있는데, 아직도 모든 커뮤니케이션을 말로만 해결하려는 상사나 선배들이 존재한다는 것 역시 문제가 아닐 수 없다.

상대방의 이해를 높이기 위해서는 상대방의 취향을 고려한 의사표현 형태와 방법, 즉 직접대화, 전화, 이메일, 문자, SNS 등 여러 가지 방법 중에서 상대방이 좋아하는 방법 중심으로 사용해야 한다. 상대가 이해하지 못하는 것 같으면 무엇이 문제인지를 확인해보고 간혹 잊을 수도 있으므로 반복해서 전하는 것 역시 중요하다.

다섯째, 논리와 일리를 중시한다. 뭐든지 전개의 순서가 잘못되면 동쪽이 서쪽이 되고, 북쪽이 남쪽이 된다. 의사표현도 마찬가지다. 그런데 지나치게 의욕적으로, 준비가 부족한 상태에서, 그리고 급하게 말하다 보면 말의 논리적 전개가 뒤틀리는 수가 있다. 한두 번 정도는 이해되지만 반복되면 말주변이 없는 사람으로 전락한다. 그리고 자신의 견해에 근거제시가 부족하면 혼자만의 말로 끝날 수가 있다. 그래서 상대방에게 자신의 생각과 의지를 명확하게 전달하기 위해서는 논리적인 말, 일리 있는 말을 해야 한다.

논리와 직결되는 5W 1H, 서론, 본론, 결론을 언제나 염두에 두어야 한다. 그리고 업무보고를 할 때에는 특별한 경우를 제외하고는 결론을 먼저 말하고 본론을 얘기하는 연역법 보고형태를 취해야 속전속결로 해치울 수가 있다. 급박하게 돌아가는 업무현장에서 보고받는 사람들은 구구절절한 사연을 들을 시간도, 마음의 여유도 없다. 또한 일리 있는 말을 위해서는 자신의 말을 객관적으로 뒷받침할 수 있는 실제 사례, 조사 및 연구결과, 전문가의 말 등을 부연한다.

여섯째, 내용 이외의 것들을 적절히 동원한다. 말로 의사를 표현하는 데 내용만이 전부는 절대 아니다. 미국의 심리학자인 UCLA의 앨버트 메라비언Albert Mehrabian 교수의 연구결과에 따르면 메시지 전달에서 내용은 7%, 태도는 20%, 표정이 35%, 목소리는 무려 38%를 차지한다고 한다. 이 연구는 내용 이외의 요소들이 훨씬 더 큰 영향을 미치고 있음을 보여준다.

그러나 대부분의 직장인은 연설, 보고, 프리젠테이션 등에 앞서 내용준비에 혼신의 힘을 다하지만 유감스럽게도 내용 이외의 요소들에 대한 사전준비는 거의 하지 않는다. 물론 문서 전달로 끝날 일이라면 당연히 내용에만 충실하면 된다. 하지만 내용 이외에 제스처, 목소리, 음색, 톤, 표정 등에 대해서도 사전에 준비를 철저히 한 뒤 이를 잘 배합해 활용하는 것은 효과적인 의사전달을 위해 매우 중요하다. 여기에 의상까지도 적합하게 갖추면 금상첨화다.

직장 내에서는 상사와 동료, 직장 외에서는 고객 등 의사표현을 통해서 마음을 사로잡아야 할 사람들이 많다. 그러나 아무리 좋은 생각과 좋은 계획이 있어도 이를 표현하고 전달할 수 있는 능력이 없다면 이 모든 것들은 무용지물일 뿐이다. 그래서 효과적인 의사표현과 전달능력이 절실한 것이다. 여기에 단 한마디 말로 죽게도 살게도 하는 촌철살인의 능력까지 있다면 분명 직장에서 선망의 대상이 될 것이다.

20

나를 알리는 것도
능력이다

—

자기홍보능력

자기홍보는 사람들에게 내가 누구이며 어떤 가치를 가졌는지를 알려서 인식시키는 행위다. 이를 통해 타인이 나를 이해하고 나에 대한 호불호好不好 등을 결정하는 기회도 제공한다. 아이가 태어나자마자 울음을 터트려 자신의 존재를 세상에 알리는 것을 보면 나를 남에게 알리고자 하는 것은 인간의 원초적인 본능이 아닌가 싶다.

보통 개인이 남에게 알려지는 형태는 크게 두 가지다. 자신의 의지와 상관없이 자신의 존재가치 전반이 저절로 알려지는 이른바 '낭중지추囊中之錐'의 피동형, 그리고 자신의 존재가치 전반을 스스로 남들에게 적극 알리는 능동형이다.

실력이 워낙 출중해서 저절로 알려진다면야 그 이상 바랄 게 없겠지만 그런 사람들은 그리 많지 않다. 흔히 선생님이나 어른들에게 "보석은 어디 있어도 남이 알게 되어 있다", "경망스럽게 자랑하고 다니지 마라"는 훈계를 많이 들었을 것이다. 그러나 그것은 어디까지나 훈화이고 옛날 얘기일 뿐이다. 이제 직장에서는 겸양이 더 이상 미덕으로만 여겨지지 않는다. 오히려 자신을 나서서 선전하는 일이 중요해졌다. 그래서 프로의식을 가진 대다수의 직장인은 자신을 알리는 데 절대 주저하지 않는다.

'낭중지추'를 믿지 마라

"스스로 추천한다"는 고사성어 모수자천毛遂自薦의 유래가 재미있다. 춘추시대 때 조나라의 모수라는 사람이 그의 주군 평원군에게 자신을 중책에 천거해줄 것을 청원했다. 이에 평원군은 "유능한 선비의 처세는 마치 송곳이 부대 속에 있는 것 같아 그 끝이 쉽게 드러나거늘(낭중지추), 너는 재능이 없어서 그러는 것이 아니냐?"고 핀잔을 주었다. 이에 모수는 "제가 진작 부대에 있었으면 송곳 끝이 튀어나왔을 것이고, 모르긴 해도 송곳 자루까지 나왔을 것"이라고 되받았다. 평원군은 껄껄 웃으면서 모수를 기용했고, 이후 모수는 큰 공을 세웠다. 아마 그가 자신을 스스로 추천하지 않았더라면 죽을 때까지도 남의 집 식객 노릇이나 하면서 살았을지도 모른다.

지금 우리는 모수보다 훨씬 더 적극적으로 자신을 추천하고 내세우지 않으면 안 될 상황에서 살고 있다. 학벌 좋고 능력 있는 사람들이 도처에 널려 있어서 선택권자가 고를 수 있는 메뉴가 워낙 다양하기 때문이다. '낭중지추'란 말만 믿고 있다가는 간택되기도 전에 해는 이미 서산을 넘어간다.

취업포털 커리어가 구직자 850명을 대상으로 가장 많이 받은 면접 질문이 무엇이었는가를 조사했는데, 그 결과는 복수응답으로 입사 지원 동기(27.8%), 자기소개·PR(24.5%), 지원기업에 대한 열정·관심도(23.4%), 지원 분야와 관련한 경험·경력(23.2%), 앞으로의 포부·각오(14.6%) 등의 순으로 나타났다. 면접관이 입사지원자의 자기홍보능력에 대해 얼마나 크게 관심을 가지는지 알 수 있다. 이는 자기홍보를 제대로 하지 못하면 직장에서 일할 기회조차 얻지 못할 수 있다는 얘기다. 자기홍보능력은 입사 시뿐만이 아니라 입사 이후 직장생활에서도 그림자처럼 따라다니는 성공능력 중 하나다.

우리나라가 올림픽과 월드컵을 개최했고 우수한 제품들을 많이 만들었지만 사실 몇 년 전만 하더라도 해외에서 바라보는 한국의 위상은 그리 높지 않았다. 그러나 지금은 상황이 바뀌었다. 많은 나라가 우리나라의 고속발전을 부러워하고, 벤치마킹에도 열을 올리고 있다. 위상이 엄청나게 높아진 것이다.

상황이 이렇게 된 결정적 계기는 이제는 우리나라가 세계적 브랜드를 가진 나라라는 인식이 형성되었기 때문이다. 그간 세계인을 대상으로 벌인 국민, 기업, 국가 차원의 피땀 어린 홍보노력은 이러한 인식형성에 크게 기여했다. 삼성그룹의 한 임원 말에 의하면 이건희 회장은 1990년대 초반부터 "홍보는 우리 그룹의 생살여탈권을 갖고 있다"고 까지 말할 정도로 그룹과 제품홍보를 중시하고 홍보에 상당한 공을 들여왔다고 한다.

이처럼 있는 그대로 알리든, 미화시켜서 알리든 홍보는 중요하다.

홍보를 잘하면 그저 그런 것도 걸작으로 빛날 수 있고, 걸작으로 인정받으면 그것만의 고유 브랜드 가치가 만들어져 홍보를 한동안 하지 않아도 이미 형성된 좋은 이미지는 오랫동안 지속된다. 사람도 마찬가지다.

자기 홍보는 성과로 돌아온다

이렇게 홍보가 중요하고 효과가 위력적이다 보니 누구 할 것 없이 홍보에 열을 올린다. 2013년 1월, 일본의 한 생선초밥집이 500만 엔(약 5500만 원) 정도밖에 안 되는 222kg짜리 참치 한 마리를 새해 첫날 경매로 무려 1억 5540만 엔(약 17억 원)에 구입해 화제가 된 적이 있다. 필자도 신문에 난 기사 앞부분을 보고 "이 사람 정신 나간 사람 아닌가?" 하고 생각했다가 기사를 다 읽어보고 생각을 이내 고쳤다. 이 생선초밥집 주인은 전년도에도 새해 첫날 경매를 통해 사상 최고가로 참치를 구입해 보통 가격으로 판매했는데, 1주일 내내 신문과 TV에 소개된 덕분에 본전을 뽑고도 남는 엄청난 홍보 효과를 거두었다고 한다.

과거와는 달리 지금은 자기홍보를 하는 데 외모의 힘이 막강해졌다. 능력과 인성만을 가지고 사람을 평가하는 시대는 가고 외모도 경쟁력이 되는 시대로 돌변한 것이다. 취업포털 잡코리아가 직장인 1769명을 대상으로 조사한 결과 절대다수인 87.9%가 직장생활을 하는 데 "외모가 경쟁력을 갖게 해준다"고 생각하는 것으로 나타났다.

그중 절반에 해당하는 사람은 경쟁력 차원을 떠나서 외모가 뛰어난 사람이 승진도 빠르다고 인식하고 있었다.

직장에서도 외모로 울고 웃는 일이 생겨나고 있다. 그러다 보니 대학생들 못지않게 직장인들도 외모 업그레이드에 비용과 시간을 투자하기를 크게 아까워하지 않는다.

고성과를 올리고 몸값이 높은 직장인은 자기홍보가 발휘하는 위력을 아주 잘 안다. 그래서 그들은 누가 뭐라 하지 않아도 자발적으로 자기홍보활동을 활발히 전개한다. 상사는 물론이고 주변 동료들에게도 자신의 강점을 능수능란하게 알린다. 보고하는 자리를 아주 좋은 자기홍보의 장으로 이용한다. 그러니 평판이 좋을 수밖에 없다. 결국 능동적인 자기홍보는 좋은 평판을, 좋은 평판은 고성과를, 고성과는 다시 자기홍보의 자신감을 만드는 선순환이 계속 이루어지는 것이다.

노출심리는 자기홍보능력을 견인한다

이처럼 홍보를 위해 열을 올리는 직장인이 증가하고 있지만 전반적으로는 홍보활동이 아직 미흡한 것으로 확인된다. 취업포털 파인드잡이 직장인 1389명을 대상으로 조사한 결과를 보면 절대다수인 87.0%가 자기 PR의 필요성에 공감하지만 실제로 자기 PR을 실행에 옮기는 직장인은 그 절반인 42.7%밖에 안 되는 것으로 나타났다. 상당수의 직장인이 자기홍보가 중요한 줄 알면서도 안 하고 사는 것이다.

이렇게 인식과 실행의 차이가 큰 이유는 "열심히만 하면 알아주겠지"라는 포인트를 잡지 못한 오판과 "이런다고 뭐가 달라지겠어?"라는 태평스런 생각에서 비롯된다. 또 노력만큼의 효과에 대한 의구심도 실행을 약하게 하는 주요 요인이다. 그러나 다행스럽게도 전문가들은 사람들의 자기홍보능력 발휘의 가능성을 알려준다. 심리학자들에 의하면 사람은 누군가를 보고자 하는 욕망만큼이나 누군가에게 나를 알리고 싶은 강렬한 노출 욕구가 있다고 한다. 바꾸어 말하면 직장인들의 마음 한구석에는 자기노출, 자기홍보 DNA가 강하게 자리 잡고 있다. 누구나 볼 수 있는 인터넷상의 블로그, 카페, 미니홈피 등이 성행하는 것은 이와 무관치 않다.

결국 자기홍보능력의 기반은 누구에게나 잘 닦여져 있으며 잠재적 능력까지 갖추고 있음을 알 수 있다. 그러므로 의욕을 가지고 적합한 방법으로 실행만 하면 숨어 있는 잠재능력이 가시화되면서 몸값을 높이는 자기홍보능력이 얼마든지 발휘될 것이다.

전략적으로 자랑하라

자기홍보를 잘하기 위해서는 첫째, 내가 지금 무엇을 하는지, 어떤 사람인지를 알린다. 직장 내의 좁은 공간에서 얼굴 맞대고 살아가기 때문에 내가 하는 일을 상사나 다른 직원들이 잘 알고 있을 것이라고 생각할지 모르겠지만 꼭 그렇지는 않다. 모르는 사람도 많다.

이것은 입장을 바꾸어놓고 생각하면 금방 알 수 있다. 다들 자기일하기도 바쁘고, 또는 상사에게 '쫑코' 먹은 일 때문에 고민하느라 정신도 없을 텐데 어떻게 남의 일까지 관찰하고 있겠는가? 직속상사인 부서장도 적게는 몇 명에서 많게는 몇십 명의 부서 직원들을 관리하고 지도해야 하므로 직원 개개인의 신상과 당장 하는 일에 대해 잘 모를 수도 있다.

그래서 '나'라는 존재를, 그리고 내가 지금 하고 있는 일을 적극 나서서 알려야 한다. 상사에게는 부여받은 일의 중간 진행상황을 적절한 시점에 보고하면서 피드백을 요청한다. 그러면 잊고 있었던 상사는 당신에게 신중하면서도 실행 지향적이라는 평가를 하면서 신뢰를 보낼 것이다. 상사는 단순히 '좋은 사람'보다는 '일 잘하는 사람'에게 후한 점수를 준다.

그리고 동료직원들에게는 내세울 만한 자신의 강점을 직간접으로 흘려서 내가 '만만치 않은 상대'임을 어필한다. 또한 직장에는 전체, 팀별, 또는 그룹별 회식자리가 많다. 이런 밥 먹고 술 마시는 자리는 자신의 사적인 홍보거리를 알리는 데 절호의 장소다. 지나친 자랑도 문제겠지만 겸손이 더는 미덕이 아님을 명심하자.

둘째, 나를 항상 활력 있는 존재로 느끼게 한다. 사람이다 보니 아무리 기분이 좋고 건강해도 일과 사람에 지쳐서 몸과 마음이 뜻대로 움직여주지 않는 경우가 비일비재하다. 그리고 타고난 성품이 조용하고 내성적이어서 대외적으로 자신을 제대로 어필하지 못 하는 경우도 있다. 이런 경우에는 평가점수가 좋게 나올 리 만무하다. 상사나 주변 동료들이 개인적인 이면의 사정까지 일일이 감안해서 봐주지 않기 때문이다. 그들은 보이는 대로 볼 뿐이다. 상황이 이러한데 약점이 될 수 있는 샌님 같은 모습을 그대로 보여서야 되겠는가? 자신의 존재가치에 손상을 주지 않고 지속적으로 어필하기 위해서는 일부러라도 활기 있고 확신에 찬 듯한 모습을 보여야 한다.

그리고 의도적으로 남의 눈에 띄도록 행동한다. 남들이 꿀 먹은 벙어리가 되었을 때 열의를 가지고 열심히 자신의 의견을 개진하는 것이다. 침묵한다고 신중한 사람으로 보아줄 윗사람은 거의 없다. 또한 남에게 피해 안주는 선에서 다소간의 거짓도 때로는 필요하다. 입사 면접에서 "연봉보다 일에서 보람을 찾고 싶다"고 말하면 누가 그 말을 믿겠는가? 그래도 상대방은 알면서도 그런 말을 듣고 싶어 하고 그런 말을 하는 사람을 적극적이고 열정 있는 사람으로 평가한다.

이 외에도 자신을 멋들어지게 포장하는 것과 가능한 한 자주 상사와 동료의 눈에 잘 띄는 장소에 머무르는 것도 중요한 자기홍보 전략의 하나다.

셋째, 말 외에 다양한 홍보 도구를 이용한다. 국제사회로부터 갖은 비난을 다 받아가면서 북한이 그토록 장거리 탄도미사일 개발에 열 올리는 이유는 핵무기를 멀리까지 날라줄 운반 도구가 필요하기 때문이다. 미사일이 없다면 핵무기는 고철 덩어리 신세를 면치 못할 것이다.

마찬가지로 내세울 자랑거리를 아무리 많이 가지고 있어도 이것을 날라줄 운반 도구, 즉 홍보 도구가 빈약하면 강점으로서의 가치를 잃는다. 그래서 효과적인 홍보 도구를 개발하고 이를 활용해야 한다.

스마트폰과 무선 IT 시대를 맞이해 탄생한 사이버 공간에 존재하는 페이스북과 트위터 같은 소셜 미디어와 블로그, 카페, 미니홈피 같은 인터넷 미디어 등은 아주 훌륭한 홍보 도구다. SNS는 신문이나 TV 등과는 달리 양방향 즉시 소통이 가능하므로 빠르고 정확하게 자신을 여러 사람에게 알리는 데 아주 강력한 효과가 있다.

그리고 파워포인트 프리젠테이션은 자신의 업무능력과 스피치 능력을 알릴 수 있는 아주 효과적인 홍보 도구다. 프리젠테이션 한번 잘해서 출세한 직장인들이 적지 않다.

넷째, 표현력을 키운다. 나를 홍보하는 데 의사표현력보다 더 중요한 것은 없다고 해도 과언이 아니다. 프레젠테이션을 잘 하려면 '말발'이 있어야 하고 파워 블로거나 파워 트위터리언이 되기 위해서는 '글발'이 있어야 나의 자랑거리가 상대방에게 인정받고 수용된다. 그래서 직장인은 평소에 표현력을 높이는 데 관심을 가져야 한다.

사전준비를 철저히 하는 것이 표현력을 높이는 지름길이다. 그리고 시간, 장소, 상황, 대상 등을 종합적으로 고려해 말했을 때 비로소 내가 알리고자 하는 내용이 효과적으로 상대에게 전달된다. 또한 말이든 글이든 간결하면서도 임팩트 있게 구성해야 한다. 나름대로는 소상히 전달한다고 길게 말하다가 중언부언이 되어 상대에게 말허리를 잘려 황당했던 경험이 종종 있지 않은가?

다섯째, 비주얼도 경쟁력임을 항상 직시한다. 비주얼이 실력과 인성 못지않은 능력으로 뜨고 있다. 기업 인사 담당자의 84.2%가 직원을 채용하는 데 외모를 고려한다는 취업포털 사람인의 최근 조사결과가 이를 입증한다. 사실 표정이 굳어 있고, 용모가 단정치 못하고, 복장이 어수선하면 그 누가 좋은 평가를 하겠는가? 그런 사람의 입에서 아무리 좋은 말이 나와도 흔쾌히 인정하기는 어려울 것이다.

"얼굴과 낙하산은 펴져야 산다"는 말이 있다. 웃는 표정과 밝은 표정은 얼굴의 선천적인 애로사항을 상당 부분 극복해줄 수 있다. 피부관리, 모발관리 등은 더 이상 문제 있는 사람만의 전유물이 아니다. 업그레이드를 위해서도 어느 정도는 투자해야 한다. 복장이나 치장품이 명품이어야만 단정치 못한 외모가 커버되거나 상대방이 놀라서 다시 쳐다보는 것은 아니다. 자신만의 차별화된 정체성이 있고 상큼하고 신뢰감을 줄 수 있는 정도면 된다.

다른 직장인들은 자신을 좋게 홍보하기 위해 열을 올리는데 나만 "그까짓 것" 하며 여유 부리고 있으면 이들에게 뒤떨어질 것이고, 어쩌면 만회조차 못 할지도 모른다.

모든 직업 활동은 근본적으로 '대인 세일즈 활동'이라 해도 과언이 아니다. 사람을 상대로 해서 성과를 이루기 위해서는 직종이나 직위 고하를 막론하고 누구나 자신을 열심히 팔아야 한다는 사실, 즉 열심히 자기홍보를 해야 한다는 것을 잊어서는 안 된다. 특히 세계적인 감속시대 속에서 생존을 넘어 안정적으로 오래 일하고, 나아가서 남이 부러워하는 직장인으로 거듭나기 위해서는 더더욱 그러하다.

21

실력이 전부라고
착각하지 마라

—

처세능력

처세능력은 단어가 풍기는 뉘앙스 때문에 능력이라기보다는 원만한 생활을 위한 하나의 방편 정도로 평가되는 것이 사실이다. 그러나 그것은 처세능력을 과소평가하는 것이다. 인사권자가 바로 위에서 부하의 동정을 한눈에 훑는 직장에서의 처세능력은 직장인의 행불행을 좌우하는 중요한 능력으로 자리 잡은 지 오래다.

어느 직장에서나 술 마시러 갈 때 꼭 끼워주고, 골프 치러갈 때 잘 끼워주고, 어려운 일을 부탁해도 기꺼이 들어주고, 동기는 대리 달 때 과장을 달고……. 그러다 보니 직급이 낮아도 함부로 대하기 어려운 실세처럼 여겨지는 직원이 있다. 이 사람은 분명 처세능력이 있는 사람이다.

처세능력은 '선택과목'이 아니라 '필수과목'이다

직장에서는 두 가지 이유로 처세능력이 필요하다. 첫째는 살아남기 위해서다. 직장은 적자생존의 원리가 작동하는 정글과 다름없다. 늘 부담스런 상사와 말 안 듣는 후배, 아군인지 적군인지 헷갈리는 동료 틈에 끼어 살아간다. 이런 상황에서 밉보이면 '직따'를 당할 수 있다. 특히 인사고과권자인 상사가 맘먹고 칼자루를 휘두르면 부하로서는 속수무책이다.

둘째는 직장에서 잘나가기 위해서다. "찍히지만 않으면 되지"라는 생각으로 생활하는 동안은 남들처럼 그저 그렇게 살아갈 수 있다. 그러나 떵떵거리면서 지내려면 적극적인 처세, 즉 상사로 하여금 "저 친구 키워야겠네"라는 생각이 들도록 해야 한다. 심리학의 대가 로버트 치알디니 교수는 상호성의 법칙을 설명하면서 직장상사에게 처세를 잘하면 그 사람을 분명 자기 사람으로 본다고 말했다.

이처럼 직장에서는 자신의 생존과 성공을 위해서 처세능력은 필요한데, 대부분의 직장인도 이에 공감한다. 최근 온라인 취업포털 사람인이 직장인 2308명을 대상으로 조사한 결과 응답자의 무려 95.5%가 처세술은 필수적이라고 답을 함으로써 이를 입증하고 있다. 또한 응답자의 73.4%는 어떤 형태로든 직장에서 처세술을 활용하는 것으로 밝혀졌다. 이는 처세를 소홀히 하는 직장인에게 경종을 울리는 조사결과다. 처세를 경시하는 태도로 조직생활을 해나간다면 언젠가 자신의 입지가 현저하게 좁아졌음을 느끼게 될 것이다.

처세 잘해서 덕 보지 못한 사람은 없다

세상의 희로애락은 대부분 사람과의 관계 속에서 비롯된다. 처세 능력은 바로 이 관계 속에서 발휘되며 희로애락을 조절하는 강력한 힘을 가진다. 처세능력의 정도에 따라서 기쁨과 슬픔이 요동칠 수 있다는 얘기다.

취업포털 사람인의 조사결과는 처세술의 영향력도 알려준다. 응답자의 88.1%나 되는 직장인이 처세술의 효과를 본 것으로 확인되었는데, 그 효과의 내용은 '사내 인간관계가 폭넓고 돈독해졌다(58.4%, 복수응답)', '업무 도움을 받을 수 있었다(49.3%)', '인사고과에서 좋은 평가를 받았다(16.6%)', '회사생활이 편해졌다(14.9%)' 등이었다.

처세능력의 영향력이 크다고 해서 그 효과를 얻기 위해 고난도의 노하우가 필요한 것은 아니다. 조그마한 처세 마인드와 행동에서도 운명이 뒤바뀔 수 있다.

걸프전의 영웅이자 흑인 최초로 미국 국무장관을 역임한 콜린 파월Colin Powell, 그의 첫 직업은 코카콜라 공장에서 흘러내린 콜라를 걸레질하는 일이었다. 그의 능력에 비해서는 하찮은 일이었지만 주어진 일에 몰두해 백인과 흑인으로부터 신망을 얻었다. 군대에서도 위계질서를 존중하면서 매사 성실한 자세로 복무했다. 결국 그는 존경받는 합참의장으로 제대했고 마침내 미국의 국무장관직에까지 올랐다.

아첨꾼으로까지 전락해가면서 진시황에 이어 고대 중국 천하를 두 번째로 통일한 한나라 유방, 조조의 의심을 사지 않으려고 천둥소리에 겁을 내면서 일부러 몸을 움츠렸던 삼국지의 영웅 유비 등은 위기를 모면하기 위해 비록 비굴하고 나약한 모습을 보였지만 처세의 지혜로 결국에는 품었던 대업을 이뤘다.

이외에도 처세능력으로 소소한 인생살이의 즐거움과 나아가서 출세의 영광까지도 만끽한 사람들의 사례는 수없이 많다. 직장도 예외가 아니다. 직장이라는 곳은 비교적 협소한 공간에서 위계질서를 근간으로 생활하는 곳이라서 처세능력 보유 여부에 따라 울고 웃는 사람이 오히려 더 많다 해도 과언이 아니다.

주변 사람들과의 관계를 항상 살펴라

직장에는 처세를 잘할 수밖에 없도록 하는 사람들이 있다. 인사권자인 상사와 '평판 메이커'인 바로 옆 동료들이다.

항상 '가까이하기엔 너무 먼 당신'으로 여겨지는 상사는 무시할 수 없는 대표적인 존재다. 상사를 연봉, 배우자와 더불어서 '세상에서 만족하기 어려운 세 가지' 중의 하나라고도 한다. 그래서 그런지 상사에게 받는 스트레스는 만만치 않다. 나에게 영향력을 미치는 동료 역시 싫으나 좋으나 늘 관심을 두고 살아야 할 대상이다.

그러나 처세능력이 있는 직장인들은 오히려 상사나 영향력 있는 동료들의 아군으로, 술 동무로, 몰래 키워주고 싶은 부하로 대우받으면서 탄탄대로를 달려간다. 이들은 잘해주어야 할 대상이 지금 무엇을 원하고 어떤 상황에 있는지, 자신의 평판은 어떠한지 등을 실시간으로 파악하기 위해 안테나를 항상 높이고 살아간다. 그리고 이러한 '첩보'가 접수되면 좀 더 정확한 '정보'로 가공해 자신의 몸값을 높이는 데 주저 없이 활용한다.

반면에 직장의 상황이 어떻게 돌아가는지, 상사가 지금 왜 나를 가자미눈으로 쳐다보고 있는지, 동료들은 왜 내가 술자리에 오는 것을 꺼리는지 등에는 관심 없이 업무능력 키우기에만 급급한 사람도 있다. 이런 직장인들은 처세에 문제가 있을 가능성이 아주 높다. 업무능력만 있으면 회사는 붙잡을 것이고, 또한 상사는 밀어주리라 생각하는 것은 오산이다.

나에게 영향력이 큰 사람들과의 돈독한 관계구축에 항상 각별하게 노력해야 한다. 직장에서의 생존과 성공에 크게 기여하는 처세능력은 이들과의 좋은 관계에서부터 비롯되기 때문이다.

업무를 잡는 것이 아니라 언제 어떻게 변할지 모르는 사람의 마음을 사로잡는 일이다 보니 처세능력을 잘 발휘한다는 것이 절대 쉽지만은 않은 일이다. 그러나 우리 민족이 보여준 역사적인 슬기와 혜안에서 처세능력의 발휘 가능성을 강하게 느낄 수 있다. 한국인은 이제껏 남의 나라를 침략하지 않고 살아왔다. 그렇다고 주변 국가들과 비교해서 무력이 월등하지도 못했다. 그럼에도 불구하고 특유의 처세로 중국, 러시아, 일본 등의 강대국 틈바구니에서도 나라를 지켜온 저력을 가진 대단한 민족이다. 지금은 오히려 이들 국가를 이용해 국력을 지속해서 증강하고 있다.

이처럼 처세능력이 뛰어난 사람이 바로 우리나라 사람이다. 오늘을 사는 직장인은 이들 가운데서 주류를 형성한다. 그렇게 본다면 직장인들은 처세능력을 만개할 풍부한 잠재적 기반이 있다 해도 과언이 아닐 것이다.

상사의 선은 함부로 넘지 마라

직장인은 누구에게 좋은 인식을 주기 위해 처세를 잘해야 할까? 우선적인 대상은 직속상사이고 그다음은 바로 옆에 있는 동료들이다. 그래서 상사를 향한 처세방법과 상사와 동료에 공통으로 적용되는 처세방법을 각각 나누어서 살펴보고자 한다.

우선 상사의 마음에 포근히 안기기 위해서는 첫째, 충성심을 보여야 한다. 과거와는 달리 직장에 뼈를 묻을 것으로 보였던 사람이 마파람에 게 눈 감추듯 떠나버리고, 하늘처럼 모시던 상사를 갑자기 배신하는 등의 일들이 빈발하고 있다. 개인이익에 대한 관심도가 급증하면서 충성도의 기반이 약해지고 있는 것이다.

그러다 보니 상사는 믿을 수 있는 사람만을 주목한다. 충성심이 없는 직원은 아예 발탁의 대상에서 제외하는 것은 물론 경계의 눈초리까지 던지는 상황이다. 그래서 상사의 눈 밖에 나지 않고, 더 나아가서 총애를 받고 싶다면 충성도를 높여야 한다.

충성이 일종의 아부일 수도 있다. 그러나 그것은 눈살을 찌푸리게 하는 통속적 아부가 아니라 성공을 만드는 전략적 아부이다. 아부의 기술을 전략적으로 다룬 책이 베스트셀러의 반열에 오른 데에는 다 이유가 있다. 결국 충성이든 아부든 주변에 피해를 주지 않고, 오히려 그로 인해 모두의 발전에 기여 한다면 중요한 성공능력으로 간주할 수밖에 없을 것이다.

둘째, 상사의 선은 함부로 넘지 않는다. 조직의 위계문화가 수직에서 수평적인 관계로 전환되면서 지금은 상사와의 대화가 비교적 자유로워졌다. 그러다 보니 상사와 부하 간의 허심탄회한 토론이 갑자기 위아래 논쟁으로 비화되기도 한다. 그러나 분명한 것은 조직에서 상사는 상사고 부하는 부하라는 것이다. 위계질서의 기본원리는 동서고금 막론하고 변함이 없다. 시대상황이 좀 변했고 동료들이 그런다고 인사권자인 상사에게 뚜렷한 근거도 없이 "내 말이 맞다"고 대들며 우기다가는 '팽' 당하기에 십상이다. 그래서 승산이 있든 없든 격한 논쟁은 피해야 마땅하다. 다시 말해 상사의 선은 함부로 넘지 말아야 한다.

상사의 위상에 위협을 가하는 말투는 절대 금물이다. 동료들도 자존심이 상하면 욱하는 판국인데 상사의 자존심을 건드리면 가만히 있겠는가? 그리고 이견을 말하고자 할 때는 아무리 급해도 "팀장님, 참고삼아 제가 다른 관점에서 몇 가지 얘기해도 될까요?" 하며 정중한 어투로 말을 시작한다. 또한 상사가 "어떤 말이라도 좋으니 절대로 부담 갖지 말고 편하게 말하게나" 하는 말을 곧이곧대로 다 믿어서는 안 된다. 듣기 싫은 말은 어떤 경우에도 싫은 것이다.

셋째, 상사의 속마음을 제대로 헤아린다. 직장민주주의가 확산되면서 업무사항이든 아니든 상사가 부하에게 노골적이고 단도직입적으로 말하는 것이 점점 어려워지고 있다. 물론 상사 자신의 체통을 지키기 위해서 그럴 때도 있다. 그래서 부하에게 애써 우회적으로 말하는 경우가 생긴다. 이러한 상사의 속마음을 신속히 알아차려 상사의 가려운 데를 긁어주는 것은 그로부터 인정받기 위한 빠른 지름길이다.

상사가 퇴근 무렵 다가와서 "요새 주꾸미가 제철이라는데, 어느 식당이 맛있게 잘하지?" 하고 물어보는데 식당 이름만 열심히 늘어놓는 부하가 있다면 그는 처세감각이 떨어지는 직장인이다. 이것은 한잔하러 같이 가자는 얘기다. 그 자리서 상사로서의 고충을 얘기하고 도움을 요청할지도 모른다.

곤경에 처한 상사는 그 심정을 이해해주는 직원이 있다는 사실만으로도 큰 힘을 얻는다. 그래서 동병상련에 기꺼이 참여하는 부하 직원은 틀림없이 상사에 대해 투자한 것 이상으로 소득을 확보할 수 있다.

눈치의 단수를 올려라

그리고 상사, 동료 모두의 마음에 안기기 위해서는 첫째, 돌아가는 상황을 정확히 파악해야 한다. 처세를 잘하기 위해서 우선 해야 할 일은 돌아가는 상황을 꿰차는 일이다. 그래야 평가자에게 인정받을 수 있는 현명한 대처 방법을 신속히 만들 수 있기 때문이다.

최근 온라인 취업포털 사람인의 조사결과가 이를 확인시켜준다. 이 조사에 의하면 여러 가지 방법 중에서 직장인들이 가장 많이 활용하는 처세술은 '눈치, 상황판단력(60.7%)'이었다.

많이 활용하는 데는 다 그만한 이유가 있다. 그래서 업무상황과 함께 상사나 나에게 영향력을 행사할 수 있는 동료들의 일반적인 움직임까지도 실시간으로 파악하고 판단하는 것을 생활화해야 한다. 그래야 상황에 걸맞은 처세를 할 수 있기 때문이다. 특히 동료의 평판도 내 인사고과에 반영된다는 점을 고려하면 그들에 대한 상황파악을 간과해서는 안 된다.

상황판단용 정보를 획득하는 방법은 다양하다. 눈치로 때려잡든, 여기저기에 첩보원을 배치하든, 마당발이 되어 일이 벌어지는 현장을 섭렵하든 마음만 먹으면 얼마든지 가능하다.

둘째, 상대방을 긍정적으로 평가한다. 긍정의 힘은 이미 살펴본 것처럼 대단하다. 그래서 긍정적인 마인드는 문제를 원만히 해결하고 사람과의 관계를 좋게 해 궁극적으로는 성공을 이루는 데 결정적인 역할을 한다.

상대에 대해서 긍정적으로 생각하는 마인드는 처세능력과도 불가분의 관계를 맺고 있다. 부정적인 감정을 내색하지 않는 것, 상대방의 재미없는 이야기도 인내하고 들어주는 것, 상대방의 업무능력을 칭찬해주는 것, 장점만을 추려서 얘기해주는 것 등은 좋은 인식을 얻어내는 데 큰 도움을 준다.

셋째, 자신을 완전히 드러내지 않는다. 직장 내에서는 모두가 경쟁자이다. 그러므로 겉으로는 호형호제하고 지내지만 속으로는 서로 경계하며 살아가는 것이 현실이다. 그러다 보니 믿을 만하다는 생각에 무심코 말한 내용이 치명타가 되어 발목을 잡기도 한다.

잘나가는 사람들에게서 발견되는 대표적인 공통점 하나가 있다.

그것은 결정적인 상황에서는 한 방을 날릴지라도 보통의 상황에서는 여간해서 그들의 속내를 잘 드러내지 않고 입장을 유보한다는 것이다.

자신을 적나라하게 내보이지 말아야 한다. 나의 언행 중에는 부메랑으로 되돌아와 나를 칠 수 있는 약점도 있을 수 있다. 그리고 지나치게 자신을 자랑하거나 강한 모습을 보이는 것 역시 자제해야 한다. 상사라면 이런 '호랑이 새끼'를 키우려 하지 않을 것이고, 동료라면 약점을 들추어내는 일에 주력할지도 모른다. 또한 남을 험담하는 것 역시 금물이다. 험담을 들은 사람이 어디 가서 나의 험담을 더 확대해서 늘어놓을지 알 수 없기 때문이다. 험담은 자신을 망치는 확실한 방법의 하나다.

물은 세상을 쓸어버릴 수 있는 괴력을 가지고 있지만 평소에는 매우 얌전하다. 항상 높은 곳에서 낮은 곳으로 흐르고, 장애물이 나타나면 대들지 않고 슬며시 비켜간다. 그러다가 결국에는 큰 강이 되고 바다를 만드는 보람을 만끽한다. 처세를 잘하려면 무엇보다 물이 가진 정중동靜中動의 지혜와 강인한 인내심이 필요하다. 이로 인해 가지고 있는 힘이 훨씬 더 강해지면서 머지않아 강과 바다 못지않은 크나큰 결실을 얻을 것이다.

22

리더십 기술을
항상 연구하라

—

리더십 능력

예나 지금이나 리더십은 상대를 내가 원하는 방향으로 이끌어 뜻하는 바를 이루게 해주는 아주 효과적인 도구로 인정받고 있다. 그러다 보니 리더십을 이야기하는 자료, 서적 등이 실로 넘쳐나게 많은 것이 사실이다. 그럼에도 불구하고 개인, 조직할 것 없이 효과적인 리더십 발휘에 대한 갈증은 끝이 없는 듯하다.

　카리스마적 리더십, 거래적 리더십, 변혁적 리더십, 코칭 리더십, 감성 리더십, 서번트 리더십, 여성 리더십, 형님 리더십, 셀프 리더십 등 전문가마다 부르짖는 리더십의 종류들은 역시 서적 수만큼이나 많다. 그러나 분명한 사실은 그 어느 것도 만병통치약은 아니라는 것이다. 원하는 리더십은 제시되는 각각의 리더십에서 해당 상황에 적합한 강점들이 추출되고 그것이 적절히 융합되었을 때에야 비로소 발휘될 수 있다.

직책과 연륜만으로 보호 받을 순 없다

조직에서 제도와 직책만으로도 조직구성원들을 이끌 수 있었던 시절이 있었다. 그때는 리더로서 참으로 편한 봄날이었다. 상사가 퇴근하면서 한 3일은 족히 걸려야 처리될 분량의 일을 "내일 아침까지 부탁함세" 하고 일거리를 던지고 나가면 부하직원은 밤을 새워서라도 결과를 만들어 그다음날 아침까지 보고서를 대령했다.

그러나 지금은 상황이 바뀌어도 많이 바뀌었다. 보고가 부실해도 속 시원하게 야단도 못 치고, 부하직원 다 내보내고서야 상사가 퇴근하고, 부하가 술 한 잔 사달라고 하면 친구와의 약속도 취소하고 '부하대접' 하는 경우가 비일비재하다. 그러니 "리더 못 해먹겠다"라는 말이 나올 법도 하다. 그래서 리더십 있는 상사는 승승장구하지만 그렇지 않은 상사는 일에 치이고 부하직원에 치이고 말이 아니다.

이렇게 상황이 변한 배경에는 편안함을 지향하는 사회적인 추세, 나름의 개성을 펼칠 수 있는 직장풍토, 하급자를 우선 보호하는 법률과 규정, 능력 있는 부하나 후배들의 급증, 상사 중심적인 인사권의 약화 등이 자리 잡고 있다.

심지어 한 정부부처에서는 2004년부터 부하직원들이 상사를 평가한 내용을 직원 게시판에 부착하는 것을 상례화하고 있다. 어쩌다 '닮기 싫은 상사'로 지목되기라도 하면 스트레스를 견디지 못해 사표 던지고 나가는 상사도 있다고 한다. 자칫 인기투표나 살생부 투표로 흐를 수 있다는 반론도 있지만 아무튼 이것이 현재 직장에서 벌어지는 현실이다.

안타까운 일이지만 직장에 베짱이처럼 놀고먹는 직원이 상당히 많다는 연구결과가 있다. 미국 십슨컨설팅Sibson Consulting사가 2009년 시행한 연구에 따르면, 총 조사대상 2000여 명의 직장인 중 약 44%가 이런 부류에 속한다고 한다. 44%면 참으로 엄청난 숫자다.

이렇게 된 이유가 모두 부하직원들만의 탓일까? 이 대목에서 리더에게 리더십의 문제는 없는지 생각해보지 않을 수 없다. 아마도 리더십에서 상당 부분 그 답을 찾아야 한다는 점을 부인하는 사람은 그리 많지 않을 것이다.

중간관리자로서의 리더는 어찌 보면 조직에서 심장과도 같은 존재다. 심장은 피를 힘차게 빨아들인 뒤 또다시 힘차게 내뿜어 사람을 활력 있게 만든다. 다시 말해 리더는 자기주도적으로 부하의 육성에 앞장선다. 그리고 경영층의 의중을 아래에 전달하거나 아래에서 발생하는 분위기나 건의사항을 수렴해 위에 전달하는 역할을 한다. 이를 통해서 조직을 늘 살아 숨 쉬게 한다. 리더는 이러한 중차대한 일을 바로 리더십 발휘를 통해서 하는 것이다.

부하에게 훌륭한 롤모델이 되는 것도 리더십의 중요한 요체다. 리더의 일거수일투족은 부하가 늘 바라보는 표적이 된다. 이때 부하들은 무의식적으로 리더의 행동을 그대로 따라 해서 리더로부터 총애를 받고자 한다. 이러한 행동을 행동심리학자인 토니 험프리스Tony Humphreys는 '무의식적 동일시 현상'으로 설명한다.

리더십이 탁월하면 부하직원들은 리더를 존경하고, 대충 지내려는 직원들도 리더의 지시에 순응한다. 그러다 보면 자신이 맡은 조직의 성과는 올라가고, 이것은 곧바로 인사고과에 반영되어 빠른 승진과 높은 소득을 올리는 셀러프라이저가 되는 데 크게 기여한다. 그러나 리더십에 문제가 있으면 본인의 몸값을 높이는 일은 고사하고 부하와 조직의 운명까지 망치는 주범이 될 수도 있다.

부하는 상사 하기 나름이다

"나는 옛날에 안 그랬는데 요즘 직원들은 도대체 위아래도 없어" 하고 옛날생각 해봐야 소용없다. 현실은 현실이다. 그런데 이런 현실을 부하나 후배 탓으로만 돌려서는 안 된다. 리더의 말이 통하지 않는 이유는 리더 자신에게서도 얼마든지 찾을 수 있다.

지식정보화 시대를 맞이해 수많은 정보를 마음만 먹으면 언제 어디서든지 구할 수 있다. 그러다 보니 과거와는 달리 부하직원들이 가지고 있는 지식과 노하우는 그 어느 때보다도 풍부하다. 이런 상황에서 상사가 어설프게 알고 업무지시를 하면 부하직원은 속으로 콧방귀만 낀다.

상황이 이러함에도 이미 철 지난 지식과 노하우는 많이 알고 있으나 리얼타임으로 쏟아지는 참신한 정보나 최신 지식 및 노하우에는 빈약한 상사가 많다. 그러면서도 지시를 안 따르면 "요새 직원들은 다 그렇지 뭐", "그 직원은 원래 그래", "내가 이 부서에 있어봐야 얼마나 있겠어"라는 비생산적 자기 합리화를 통해서 해보지도 않고 리더십 발휘를 스스로 포기하는 경우가 빈발한다. 당돌한 부하직원들을 보면서 효과적인 리더십 발휘에 대해 막연한 불안감과 의구심을 표출하는 리더도 있다.

그러나 전문가들은 리더십 발휘를 염려하고 고민하는 리더의 마음을 가볍게 해준다. 심리학의 세계적 권위자인 로버트 치알디니 교수는 그의 저서 『설득의 심리학 2』에서 '권위의 법칙'을 제시하면서 부하들은 권위 순응에 대한 대가를 알기에 대다수가 조직 내 상급자에 대한 권위를 인정한다고 했다. 이 말은 일반적으로 부하직원은 상사의 말을 따라야 한다고 생각하므로, 즉 부하 측면에서의 리더십 발휘 여건은 어느 정도 구비되어 있으므로 상사가 마음먹고 노력하면 리더십은 자연스럽게 발휘될 수 있다는 말과 다름없다.

리더십과 변화관리 분야의 대가인 하버드 대학교의 존 코터John Kotter 교수도 "모든 사람은 성공하길 원한다. 다른 사람으로부터 좋은 평가를 받고, 영웅이 되고자 하는 마음이 있다"고 함으로써 리더십 발휘 가능성에 힘을 실어준다.

그러므로 부하나 후배에 대한 고정관념이나 선입견에 사로잡혀 있지 말고 여기서 신속히 벗어나자. 그리고 직무현장에서 실력을 키우면서 부하직원들과 코드를 맞추고 정서를 공유해보자. 그러면 리더 자신, 부하직원, 조직의 성과와 성공을 담보하는 가장 멋들어진 리더십을 발휘할 수 있을 것이다.

일단 부하보다 많이 연구하라

"하면 된다", "나를 따르라"고 외치는 것이 더 이상 리더십의 정답이 아닌 시대에서 리더로 직장에서 성공하려면 과연 어떤 리더십 스킬로 무장해야 하는 걸까?

이를 위해서는 첫째, 부하직원이 모르는 지식과 지혜 중심으로 무장해야 한다. 지식정보화 시대를 맞이해 지금은 지식과 노하우가 부족한 사람에게는 매력을 못 느끼는 시대다. 직장에서 상사도 예외가 아니어서 지난날의 사고에 머물러 있거나 새로운 지식과 노하우가 부족하면 부하직원을 이끌기 어려울뿐더러 때로는 부하직원에게 무시당하는 사태가 벌어지기도 한다. 그래서 참신한 지식과 노하우를 부하보다 더 많이 아는 것은 효과적인 리더십 발휘의 중요한 요건이다.

인터넷에 떠도는 일반적인 내용은 IT에 귀재인 부하직원이 더 잘 알 수 있어 많이 알아봐야 별 의미가 없다. 부하가 귀를 쫑긋하고 들을 수 있는 새로운 정보를 많이 알고 얘기해줄 수 있어야 한다.

그리고 직장에서 무엇보다 중요한 것은 '일리가 있음'을 느끼게 하는 논리적 스토리텔링의 재료를 많이 아는 것이다. 자신의 견해에다가 그것을 뒷받침하는 각종 근거자료, 즉 최신 연구 및 조사결과, 성공 및 실패사례, 명사 및 전문가의 객관적인 의견, 인문학에서 제공하는 풍부한 역사적 사실 및 철학적 통찰 등은 부하직원의 관심을 자극할 수 있는 아주 좋은 논리적 스토리텔링의 재료들이다.

아무리 중요한 얘기도 듣는 사람이 갸우뚱하면 그를 설득할 수 없다. 1년에 책 한 권도 안 보고 오로지 경험과 4, 5년 전 레파토리로 직원을 움직이겠다는 생각은 아예 말아야 한다.

둘째, 합리적인 명분과 근거에 입각한 지시를 습관화한다. 조직에서는 기본적으로 상사의 지시와 이에 대한 부하의 수행에 의해서 일이 이루어진다. 물론 부하직원의 자율에 의해서 추진되기도 하지만 역시 상사의 지시와 업무지침이 주가 된다. 그래서 리더의 지시는 업무 시작의 원점으로서 중요한 의미가 있다. 이때 부하에게 내리는 지시에 합리적인 명분이 실리지 않으면 부하의 업무수행 동기는 유발되지 않는다. 얼마 전까지만 해도 "나를 따르라"고 하면 그래도 따라왔던 부하들이 이제는 따라가야 하는 근거를 대라고 한다.

"국민 여러분, 여러분의 나라가 여러분을 위해 무엇을 해줄 수 있는지 묻지 말고, 여러분이 나라를 위해 할 수 있는 일이 무엇인지 물어보십시오." 이 말은 존 F. 케네디 대통령 취임사의 요지인데, 케네디 대통령이 국민에게 요구하는 내용만 들어 있다. 국민을 위해 무엇을 해주겠노라는 내용이 주가 되다시피 하는 일반적인 대통령의 취임사하고는 내용이 반대다. 요즘 같았으면 "감히 국민에게 지시해?" 하고 욕먹었을 것이다.

그럼에도 불구하고 케네디는 미국 역대 대통령 중 미국 국민이 두 번째로 존경하는 성공한 대통령으로 꼽힌다. 왜일까? 그는 국민에게 요구하면서도 비전을 심어주고, 해야 할 명분, 당위성, 그리고 근거를 제시해 공감을 불러일으켰기 때문이다.

상사는 부하가 따를 수 있도록 지시해야 한다. 더 나아가서 지시를 지시로 여기지 않고 내가 할 일이라는 생각이 들게 해야 한다. 그렇지 않으면 리더로서 자격상실이다. 그러기 위해서는 합리적인 명분과 근거가 동반된 업무지시를 습관화해야 한다.

셋째, 결정적인 상황에서 도와줄 아군을 만들어둔다. 부하들이 리더의 말을 따르게 하고 잡음 없이 조직을 잘 이끌기 위해서는 필요할 때 리더 옆에서 남다르게 도와줄 아군이 필요하다. 네 편 내 편 가르지 않고 살 수 있다면야 좋겠지만 이건 어디까지나 희망 사항일 뿐이다. 그렇지 않아도 외로운 게 리더인데 리더 편에서 도와줄 부하직원이 없으면 개인적으로도 힘들겠지만 리더십 발휘 자체가 어렵다.

어느 조직에서나 회사나 상사 지향적인 직원, 혈연, 학연, 지연 또는 군대의 인연과 연결되는 직원, 외톨이 같은 직원이 있게 마련이다. 이들이 바로 리더 편으로 만들 가능성이 높은 직원들이다. 이러한 직원들에게 남다르게 배려해주고 끊임없는 관심을 보여주는 것이다. 가정사와 같은 사생활까지도 챙겨 주면 금상첨화다.

이렇게 하면 그들은 리더가 다른 직원들과의 관계로 곤경에 처했을 때 나서서 방패 역할을 해주기도 하고, 리더가 어려운 일을 부탁해도 흔쾌히 들어준다. 이것은 인지상정이다. 든든한 내 편이 있다는 것은 리더십의 유효성을 높이는 데 현실적으로 크게 기여한다.

넷째, 부하의 개인적인 관심사에 초점을 맞춘다. 숭고한 뜻을 가지고 헌신하는 일부 특별한 계층을 제외한 나머지 사람들은 너나 할 것 없이 개인의 이익을 도모하며 살아간다. 이것은 직장인에게도 다를 바가 전혀 없다. 그러다 보니 소득과 명예를 높이는 일, 사적인 관계에서 행복을 찾는 일, 취미를 즐기는 일 등은 중요한 관심사다.

이러한 직장인들에게 "회사 일은 우리 일이니 회사 일에 최선을 다하자", "지금 우리 부서가 어려우니 개인적인 일은 접어두고 힘을 모으자"고 하면 이 말이 직원의 마음을 얼마나 움직일 수 있을까? 유감스럽게도 이런 말은 별 도움이 되지 않는다.

부하직원을 움직여서 리더 본인의 의도를 관철하고 목적을 달성하려면 직원의 개인적인 관심사에 더 초점을 두고 이끌어야 한다. 리더십 분야의 세계적 권위자인 스티븐 코비 박사는 "이 일을 하면 나에게 무슨 이익이 돌아오나?", "내가 난관에 빠졌을 때 누구의 도움을 받아야 하나?"라는 부하의 질문에 리더가 명확하게 답하지 못하면 부하를 이끄는 데 실패한다고 했다.

리더는 업무성과를 직원에 대한 보상으로 가능한 한 연결해야 한다. 이 일을 하면 무엇을 얻고, 무엇을 배우고, 어떤 기회가 주어지는지도 세세하게 알려줄 필요가 있다. 부하의 건강 문제와 가정사에 관심을 가지고 자기계발 기회를 최대한 보장해주는 것 또한 아주 중요하다. 그래야 부하는 리더의 말에 더욱 관심을 갖고 더욱 높은 성과를 내고자 노력한다.

다섯째, 금전적, 비금전적인 보상을 적절히 혼용한다. 부하직원의 욕구를 유발하는 데 보상이 효과적인 방법의 하나임은 부인할 수 없다. 그래서 많은 리더가 부하의 성과를 높이기 위해서 보상을 이용한다. 일부에서는 보상인 당근과 제재인 채찍을 동시에 들기도 한다.

보상은 인센티브, 격려금, 포상금 및 포상휴가 등 금전적인 보상과 자기계발 기회 제공, 인정, 칭찬, 격려 등의 비금전적인 보상으로 나누어진다. 이 중 금전적인 보상은 급한 대로 당장의 효과를 내는 데 비금전적 보상보다 효과적이다. 그래서 단기적인 성과를 올려야 하는 판매현장 등에서 종종 활용한다.

그러나 장기적이고 더 큰 성과 창출을 위해서는 금전적인 보상 대신에 비금전적 보상을 제공하는 것이 훨씬 더 효과적이다. 금전 지향적인 보상은 더 큰 성과를 가져오기 위한 열정을 줄일 수 있고 지속되지 않으면 오히려 일의 의욕을 저하시킬 수 있다는 것이 전문가들의 한결같은 지적이다. 그래서 장단기 측면 모두에서 리더십 효과를 극대화시키기 위해서는 금전적, 비금전적인 보상을 상황에 맞게 적절히 혼용하는 것이 중요하다.

그러나 '정의의 전도사' 하버드 대학교의 마이클 샌덜Michael Sandel 교수는 "성과를 높이기 위해 지나치게 보상에 치중하면 보상이 없어도 일해야 한다는 도의적 책임의식을 훼손한다"고 지적하면서 보상 자체에 대해서도 경고하고 있으니 한번 생각해볼 일이다.

여섯째, 권한을 부하 직원에게 적절히 위양한다. 지금의 직원들은 그 어느 때보다도 자질이 우수하고 사고력도 놀랄 정도로 뛰어나다. 그러다 보니 리더가 일일이 알려주거나 간섭하지 않아도 멍석만 깔아주면 성과를 일구어낼 수 있다.

이런 상황인데도 불구하고 상당수의 직장 리더들은 직원이 못 미더워서, 또는 노파심으로 부하에게 넘겨줘도 될 권한을 보물단지처럼 간직한 채 놓을 줄을 모른다. 심지어 부하의 일까지 꿰차고 '솔로 댄스'를 추는 상사도 있다. 이렇게 되면 부하의 유능한 능력이 사장되거나 자생력이 자라나지 못한다.

부하직원을 신뢰하고 위임하면 능력이 없는 직원까지도 신 나게 일한다. 그렇게 되면 부하직원의 자기주도능력이 향상됨과 동시에 리더의 책임인 조직의 성과가 극대화되고, 리더 본인은 자기 본연의 일에 더욱 충실할 수 있어서 일거삼득이 될 것이다.

일곱째, 부하직원의 긴장감을 적절히 유지시킨다. 직장민주화가 확산되고 위계질서의식이 급속도로 약화하면서 리더가 직원을 '모시는' 민망하기까지 한 풍경을 이곳저곳에서 볼 수 있다. 그러다 보니 민주화의 장점도 있지만 직원들에게 적당히 있어야 할 긴장감이 저하되어 오히려 상사의 리더십 발휘와 직원의 성과창출에 걸림돌이 되는 것도 사실이다.

이와 관련해 GE의 제프리 이멜트Jeffrey Immelt 회장은 직원들에게 항상 민주적이어서는 안 된다고 강조한다. 그리고 요크스와 다드슨 교수가 제시한 '요크스-다드슨 법칙'은 오히려 긴장의 필요성을 다음과 같이 제기한다. "긴장감의 수준이 낮을 때는 주의가 산만해 쓸데없는 정보에도 신경을 쓰므로 업무추진력이 낮다. 그러나 긴장 수준이 적절히 높아지면 중요한 정보에만 주의가 집중되므로 업무추진력이 좋아진다."

이와 같이 긴장감이 결여되었을 때 발생할 수 있는 문제점을 고려한다면 부하직원을 적당히 긴장하게 하는 리더의 지혜는 필수적이라 하겠다. 그러나 긴장감을 조성한다고 위기를 남발하다가는 오히려 위기 불감증에 걸릴 수 있으니 이것은 조심할 일이다.

여덟째, 부하의 숨겨진 심리적 요구를 파악한다. 니즈Needs와 원츠Wants는 분명 다르다. 업무 생산성을 높이려면 부하에게 필요한 것도 중요하지만 부하가 원하는 것을 하게 해서 일을 즐기도록 해야 한다. 그리고 직원관리는 1대 1 맞춤형 관리가 가장 이상적이다. 1대 1로 마주했을 때는 지극히 정상적이던 직원이 다수의 직원 틈에 있을 때는 군중심리나 동조화 심리로 엉뚱하게 다른 목소리를 낼 수 있기 때문이다. 또한 부하에게 지나치게 겸손하지 말고 당당할 필요가 있다. 다소 건방지지만 자신감 있는 교수 밑에서 공부한 학생들이 겸손한 교수 밑에서 공부한 학생들보다 교수에 대한 존경심이 높고 학업성적이 우수하다는 결과를 얻은 연세대학교 심리학과 김주환 교수의 연구는 이에 시사하는 바가 크다.

"으이그 저걸 깨, 말어!" 약아 빠져서 리더가 깨지 못할 정도까지만 일하는 직원, 열심히 하는데 성과는 그대로인 직원, 어떻게 해서 이들이 성과를 올리도록 할 것인가? 조직의 제도와 규정, 리더의 공식적인 직책과 위상만으로는 이를 해결하지 못한다. 그러다 보니 "상사 해먹기 어렵다"는 볼멘소리가 여기저기서 터져 나온다. 그래서 지금의 직장상황에서 가장 부합하는 리더십이 무엇인지 확인하고 그 리더십 스킬을 다양한 채널을 통해서 늘 확보해놓고 있어야만 한다.

CHAPTER 3

승리는 결국
직무에서 완성된다

업무역량

23

이기고 싶거든
매사에 승부를 걸어라

—

경쟁능력

경쟁은 분명 피곤한 일인데도 경쟁에 대한 사람들의 관심은 그 어느 때보다도 높기만 하다. 이러한 현상은 운동경기, 자동차 경주, TV의 가수 서바이벌 프로그램, 학교나 직장에서의 평가 등 사회 곳곳에서 확인할 수 있다. 이런 현상이 나타나는 이유는 경쟁이 주는 과실이 작지 않기 때문일 것이다. 그러다 보니 경쟁의 스릴을 하나의 묘미로 느끼며 살아가는 사람도 적지 않다.

TV의 가수 서바이벌 등 경쟁 관련 프로그램의 높은 시청률 때문에 각 방송사의 재미가 쏠쏠하다고 한다. 프로그램의 핵심은 좋은 노래와 실력 있는 가수를 발굴하는 데 있는데, 가수나 시청자의 관심은 "붙느냐 떨어지느냐" 또는 "누가 1등이고 누가 꼴찌인가"에 온통 관심이 쏠려 있는 듯하다.

경쟁에 대한 높은 관심도만큼이나 경쟁이 개인과 조직의 발전에 미치는 파워 또한 지대하다. 그래서 경쟁에서 이길 수 있는 능력은 여러 능력 중에서도 핵심적인 능력이며, 특히 구조적으로 경쟁이 치열할 수밖에 없는 직장에서는 더더욱 그러하다.

경쟁이 없으면 성공도 없다

본격적인 경쟁의 기원은 지금으로부터 2500년 전 고대 중국의 춘추전국시대로 거슬러 올라간다. 생존이 보장되지 않았던, 그래서 끝없이 싸우고 또 싸워야만 했던 시기가 바로 춘추전국시대다. 그래서 이 시기는 중국 5000년 역사 중 최고의 보고寶庫로까지 일컬어진다. 왜냐하면 살기 위해 많은 고민을 하다 보니 그만큼 값진 대안도 많이 나왔기 때문이다. 170여 개의 나라가 각축을 벌이다가 진나라가 통일하기 직전에 일곱 개의 나라만 남았으니 그 과정에서 얼마나 많이 변화하고 발전했겠는가?

경쟁의 대상을 기준으로 유형을 나눠보면 타인과의 경쟁과 나와의 경쟁 크게 두 가지로 나뉜다. 중요한 건 둘 다 마찬가지지만 그래도 우리의 주된 관심사는 타인과 겨루어 승리하는 것에 있다는 것을 부인할 수는 없다. "제가 추구하는 피겨는 남과의 경쟁에서 이기는 것이 아니라 나와의 싸움에서 이기는 거예요. 제가 만족할 수 있는 수준에 도달하는 것이 가장 중요해요"라고 인터뷰 한 김연아 선수의 순수하고 아름다운 경쟁 마인드에 공감한다. 그런데 이렇게 전보다 나아지기 위한 나와의 경쟁에서 이기는 것은 궁극적으로는 다른 사람과의 경쟁에서 이기는 것과 직결되는 것이 아닐까?

입시경쟁, 취업경쟁, 승진경쟁, 운동경기의 경쟁 등 우리는 지금 모든 것이 경쟁인 사회에 살고 있다. 경쟁 때문에 힘든 것은 사실이지만 이러한 경쟁은 자기발견의 절차이고 자기발전의 동력이다. 그래서 성장과 성공은 경쟁 없이는 근본적으로 불가능하다.

서울대학교 행정대학원 최병선 교수는 "누구나 본능적으로 경쟁을 싫어하겠지만 경쟁이 없으면 경쟁력도 없다"면서 "경쟁이 없었다면 김연아, 최경주 같은 선수가 나올 수도 없었을 것"이라고 경쟁의 중요성을 강조했다.

세계 1위의 창고형 할인점 코스트코를 이끌고 있는 CEO 크레이그 젤리넥Craig Jelinek 역시 국내 모 일간지와의 인터뷰에서 경쟁을 다음과 같이 찬미한 바 있다. "경쟁이 없었더라면 우리가 지금처럼 성장하지 못했을 것입니다. 경쟁은 고객을 위한 최고의 가치를 만들어내는 지름길입니다. 예컨대 한국의 신세계와 롯데는 우리에게 쉽지 않은 경쟁자죠. 그러나 그들이 있어 우리가 존재하기도 합니다."

잘한 사람을 득 보게 하자는 것이 경쟁의 속성이자 매력이다. 만일 직장에서 일 잘하는 직원이나 일 못하는 직원에게 똑같이 인사고과를 A로 준다면 누가 열심히 하겠는가? 열심히 하는지 안 하는지는 자기 자신밖에 모른다. 다시 말해 실제로 열심히 하지 않아도 제3자는 알 수 없다. 그래서 경쟁으로 이를 가려보고 궁극적으로 모두의 성장을 도모해보는 것이다.

이렇게 경쟁은 불가피하고 이기는 경쟁능력이 중요하다 보니 직장에서는 직원교육 시 경쟁능력의 정신적 원천인 승부근성을 길러주는 프로그램을 강화하고 있다. 또한 승부근성이 있는 직원을 중용하고 있다. 매출을 올려 회사를 먹여 살리는 영업현장은 더더욱 그러하다.

승리하기 위해 경쟁을 이용하라

경쟁의 위력은 경쟁으로 창출된 빛나는 성과들이 여실히 증명한다. 박지성 선수가 뛰어서 우리에게 더욱더 잘 알려진 영국의 프리미어 리그는 유럽의 대표적인 명문 축구 리그다. 이렇게 프리미어 리그가 유럽의 최고 축구 리그가 된 배경에는 바로 경쟁이 있다. 다양한 경쟁 메커니즘이 승부를 유도하고 있어 선수들로 하여금 매 게임 전력질주를 하게 한다. 정규 리그 종료 후 하위 세 개 팀은 마이너 리그인 챔피언십 리그로 내려간다. 그리고 챔피언십 리그의 상위 세 개 팀이 프리미어 리그로 올라간다. 여기서 하위리그로 떨어지면 TV 중계권료, 관중 수 감소로 막대한 타격을 입는다. 그래서 어떻게든 프리미어 리그에 잔류하기 위해서 죽기 살기로 노력하며, 상위팀은 우승을 노리는 것은 물론 유럽축구의 로망인 챔피언스 리그 출전권 획득을 위해 진력한다.

영국 프리미어 리그의 경쟁방식이 일견 몰인정하게 보이기도 한다. 그렇지만 경쟁으로 개인과 조직의 발전에 훨씬 더 큰 성과를 얻을 수 있다면, 어느 것을 선택해야 할 것인가? 성과를 올려서 생존하고 존재가치를 더 크게 인정받아야 하는 경우라면 답은 뻔하다.

그러나 경쟁에도 품격이 있어야 한다. 승자독식은 경쟁을 무의미하게 만들고 1등만이 과실을 독점하는 경쟁은 나머지 모든 경쟁자를 패배자로 만들기 때문이다. 함께 경쟁해준 경쟁자에게 승리의 과실을 조금이라도 나눌 때 경쟁의 품격과 아름다움이 돋보일 것이다.

인간에게는 경쟁본능이 있다

'삼성전자, 애플 특허전쟁 주요일지', 이것은 2012년 모 일간지 기사의 표지 제목으로 나온 문구다. 내용에는 삼성과 애플의 일자별 특허전쟁 승패 여부도 기재되었다. 이 기사에는 '전쟁'이라는 살벌한 단어가 자주 등장한다. 왜일까? 이익사회에서의 경쟁은 전쟁이나 다름없을 정도로 생사가 갈리는 중차대한 일이라는 얘기다.

그러니 경쟁은 힘들 수밖에 없고 또한 자기 자신이 경쟁의 본류에 놓이게 되는 것을 반기는 사람 역시 거의 없을 수밖에 없다. 그러나 어느 직장이든지 간에 소속되는 순간 싫든 좋든 경쟁체제에 합류되는 것은 피할 수 없는 현실이다. 경쟁 없이 원하는 만큼만 일하면서 원하는 것을 다 가질 수 있는 직장은 존재하지 않는다. 그래서 힘들어도 경쟁능력을 키워야 한다.

다행히도 전문가들은 이러한 인간의 잠재된 경쟁능력의 가능성을 제시하고 있다. 신경 마케팅의 대가 한스 게오르크 호이젤Hans Georg Häusel 박사는 우리 두뇌에는 힘을 행사하는 세 가지 시스템이 있는데, 그중 하나로 경쟁자를 축출해 자신이 우월한 존재로 부각되고 싶은 감정인 '지배 시스템'이 있다고 한다. 이것은 다른 사람과의 경쟁에서 이기고자 하는 욕구를 말한다.

이렇게 사람은 선천적으로 승리욕구를 가지고 이 땅에 태어난다. 방송사의 '나는 가수다', 'K팝 스타', '위대한 탄생' 등의 프로그램에서 출연자 모두 내가 최고란 것을 보여주기 위해 몸부림치고 경쟁자에게 지지 않으려고 부들부들 떠는 것은 바로 사람이 가지고 있는 승리욕구에서 비롯되는 것일 게다. 이 승리욕구로 인하여 사람은 누구나 다 경쟁능력을 얼마든지 발휘할 수 있는 것이다.

이기는 것을 갈망하라

치열한 경쟁상황에서 이기는 능력을 키우기 위해서는 첫째, 승부근성을 키워야 한다. 힐러리 전 미국 국무장관의 어머니인 도로시 로댐 여사가 힐러리 장관의 승부근성을 키운 일화는 유명하다. 네 살인 힐러리 로댐이 앞집 여자아이에게 맞고는 울며 들어오자 힐러리의 어머니는 "힐러리, 네가 두려워하지 않는다는 사실을 보여줘야 한다. 누군가가 너를 괴롭힌다면 맞받아쳐!" 하면서 우는 딸을 밖으로 다시 내보냈다. 힐러리는 통쾌하게 카운터 펀치를 날린 후 의기양양하게 집으로 돌아왔다. 승부근성을 키운 이러한 교육이 오늘날 힐러리를 미국의 퍼스트레이디와 국무장관으로 만드는 데 크게 기여했다. 이제는 대통령으로까지 나갈 태세다.

승부근성을 키우기 위해서는 일할 때 승부를 걸고 추진하는 습관을 들여야 한다. 일 자체와도 "목표를 언제까지 달성할 것인가", "어느 정도 잘 할 것인가" 등을 두고 승부를 걸 수 있다. 경쟁 상대와도 "확실히 이길 것인가", "적당히 이길 것인가"를 두고 승부를 걸 수 있다. 도박성으로 해서는 안 되지만 골프를 치더라도 작게라도 내기를 걸고 해보라. 그래야 실력도 올라가고 승부근성도 생긴다.

그리고 이기는 것을 염원할 때 승부근성이 만들어진다. "이기는 것이 전부는 아니지만, 이기기를 원하는 것은 중요하다." 이 문구는 2007년 포스코가 설정한 기업 비전이다. 이기는 것을 염원하는 포스코의 비전이 오늘날 포스코를 굴지의 글로벌 기업으로 만든 동력이 되지 않았을까?

둘째, 라이벌을 만든다. 실력이 엇비슷해 이기기도 쉽지 않고, 그렇다고 지기도 싫은 라이벌은 어쩌면 '나를 피곤하게 만드는 사람'으로 생각할 수 있다. 그러나 실력이 대동소이한 라이벌은 상대방의 행동에 긍정적인 반응을 일으켜 약이 되는 존재이기도 하다. 라이벌의 공격으로 치명상을 입는 경우가 없는 것은 아니지만 라이벌은 상대의 경쟁능력을 키우는 데 결정적으로 기여한다. 이것을 전문가들은 '라이벌 효과'라고 부른다.

코카콜라와 펩시는 영원한 라이벌이다. 세계 최고의 브랜드 코카콜라와 끝없는 추격전을 펼쳐온 펩시의 싸움은 언제나 흥미진진하다. 그러나 두 라이벌의 오랜 싸움은 코카콜라로 하여금 탄산음료 시장을 장악하게 만들었다. 그리고 펩시는 1등인 코카콜라를 지렛대 삼아 비탄산음료 시장을 공략해 괄목할만한 성장을 거두고 있다.

직장에서 누구에게나 라이벌 같은 존재는 있다. 중요한 것은 그것을 이용하느냐 마느냐인데, 최고를 향해 달려가는 사람치고 라이벌

설정을 해놓지 않은 사람은 사실 별로 없다. 라이벌을 통해 자신을 간단없이 자극하고, 때로는 목표를 향해 연합군이 되어 합동공세를 펼치기도 한다.

셋째, 누구나 하는 방법은 가능한 한 사용하지 않는다. 생전에 스티브 잡스는 "다르게 생각하라!"고 외쳤다. 왜 그랬을까? 지금은 남들과 다른 방법으로 경쟁하지 않으면 만족스러운 승리를 거둘 수 없기에 그랬던 것이다.

2010년 밴쿠버 동계올림픽에서 우리나라 스피드 스케이팅의 역사가 새로 쓰인 데는 다 그만한 이유가 있었다. 당시 김관규 감독은 체력이 뛰어난 서양선수들과 싸우기 위해서는 코너링에서 속도를 높이는 것이 답이라고 판단했다. 그리고 그 답을 쇼트트랙 훈련에서 찾았다. 다른 나라 스피드 스케이팅 선수들은 한 번도 시도하지 않은 우리 선수들만의 훈련이었다. 그 결과 사상 최초로 우리나라 선수가 금메달을 목에 걸 수 있었다.

넷째, 상대방의 동향을 늘 주시한다. 이기려면 상대에 대한 정보획득용 안테나를 높이 세워야 한다. 이것은 손자병법이 말하는 지피지기의 본질이다. 상대방의 최신동향을 면밀히 읽을 수만 있다면 주도권을 잡을 가능성은 당연히 높아진다.

정보전이 치열한 글로벌 무대에서 삼성전자가 얼마 전 미국 연방수사기관을 통틀어 아시아인으로는 최고위직에 올랐던 한국계 미 국세청 고위간부를 경영진으로 스카우트한 것은 경쟁사의 고급정보를 수집하려는 의지와 무관치 않다.

다섯째, 차별화된 능력을 보유한다. 배움과 정보의 혜택이 보편화

되면서 사람들의 능력이 빠르게 균일화되어가고 있다. 그러다 보니 과거에 비해서 사람들의 능력 차이가 점점 줄고 있다. 이것은 다른 사람과 차별화된 능력 발휘를 어렵게 하는 요인이 되고 있다.

그렇지만 직장 내에서 동일한 DNA를 가지고 있는 사람은 한 사람도 없다. 이는 남과 조금만이라도 다르게 생각하고 행동하면 얼마든지 새롭고 차별화된 능력을 발굴할 수 있음을 시사한다. 또 능력의 평준화 현상 때문에 차별화가 어렵다고 남들이 움츠리고 있는 상황도 나에게는 남들과 차별화할 수 있는 절호의 기회다. 이때를 놓치지 말고 남과 확연히 다른 독보적인 역량을 키워야 한다.

승부에서 이기기 위해 앞을 보고 열심히 달려가는 것, 물론 중요하다. 그러나 이보다 더 중요한 것은 같이 달려가는 동료 중에서 내가 있는 좌표를 수시로 확인하고 나의 위치를 앞세우는 일이다. 좋은 자리는 한정되어 있기 때문에 그 자리를 차지하려면 경쟁은 결코 피할 수 없다. 과거보다 감성을 강조하는 목소리가 커지다 보니 "좀 살살하자"고 말하고 싶을지도 모르겠지만 우리는 현실과 이상을 잘 구별해야 한다. 경쟁이 어려울수록, 경쟁상대가 많을수록 승리 후에 얻는 전리품도 커진다는 사실을 명심하자.

24

최소의 노력으로
최고의 성과를 거두어라

고효율능력

자동차로 10km를 갈 때 휘발유 1L면 적당한데 0.8L가 소요되었고, 10km를 가려고 했는데 12km까지 갈 수 있다면 이 자동차는 효율도 높고 효과도 좋은 것이다. 여기서 효율은 과정이고 효과는 결과다. 효율이 높으면 아주 특별한 경우를 제외하고는 효과는 높게 나온다. 그래서 고효율은 더 높은 성과를 창출하는 견인차 구실을 한다.

고효율로 고성과를 올리는 것은 '최소의 노력으로 최대의 효과'를 지향하는 경제원칙과도 맞닿아 있다. 그래서 직장에서 업무효율을 높이는 일은 아주 중요한 관심사일 수밖에 없다. 성과 때문에 직장은 늘 숨 가쁘다. 그러다 보니 상사는 외친다. "과정은 됐고 결과가 어찌 되었다는 건데?" 그러나 상사들은 과정, 즉 효율이 빠진 효과적인 결과는 없다는 것을 명심해야 한다.

21세기 승자의 조건은 효율이다

고효율은 적은 노력으로도 남을 쉽게 앞서 가는 힘을 만들어주는 원천이다. 그래서 많은 명사는 고효율의 중요성을 강조한다. 미국 위스콘신 대학교 박재광 교수는 21세기 승자의 조건을 '집중과 효율성'으로 함축한다. 또한 세계적인 컨설팅회사인 베인앤드컴퍼니Bain&Company의 폴 로저스Paul Rogers 대표에 의하면 미국, 영국, 독일, 프랑스, 중국, 일본에 본사를 두고 있는 기업 760곳을 조사한 결과 매출과 수익을 많이 내는 기업은 의사결정을 '빨리', '제대로', '효율적으로' 하는 기업들이었다고 한다.

효율성이 이렇게 일의 중심에 있을 때 비로소 제대로 성과가 보장된다는 것은 애플의 성공에서도 확인할 수 있다. 성공이 무르익고 있을 당시 애플의 2인자였던 티모시 쿡Timothy Cook 최고운영책임자가 발휘했던 높은 운영 효율성이 없었더라면 애플신화도 없었을 것이라고 전문가들은 입을 모은다. 이들은 한발 더 나아가서 스티브 잡스 성공의 절반은 티모시 쿡의 몫이라고까지 말한다. 이는 창의성이 핵심적인 성공 DNA라 하더라도 효율성이 받쳐주지 않으면 그 빛을 발하기 어렵다는 것을 말해준다.

국내외 자동차 시장에 하이브리드 자동차 바람이 불고 있다. 아직은 인지도 때문에 소비자의 수요가 휘발유나 디젤차에 대비해서는 적지만 시간이 지날수록 증가해 머지않은 장래에 하이브리드차가 시장에 넘실거릴 것으로 보인다. 이것은 바로 하이브리드차가 가진 높은 연료 효율성 때문이다. 실제 연비로 가솔린차가 1L에 약 11km 정도를 갈 때 하이브리드차는 약 17km 이상 주행할 수 있을 정도로 연료 효율성이 탁월하다. 이 연료 효율성 하나가 시장의 자동차 수요판도를 뒤바꿔놓을 수 있는 힘을 가지고 있는 것이다.

고성과자들은 이미 효율적으로 살고 있다

효율성이 이렇게 중요하지만 안타깝게도 현재 우리나라 국가 차원의 효율성은 상당히 낮은 것으로 나타난다. 우리나라는 OECD 가입국 중 유일하게 연간 노동시간 2000시간을 넘는 국가로, 2012년까지를 기준으로 15년 연속 1위 자리를 차지한 세계에서 가장 일을 많이하는 나라 중 하나다.

이에 반해 효율성 지표인 노동생산성은 회원국 평균의 40%에도 미치지 못하고, 미국이나 일본과 비교하면 25% 수준밖에 안 된다. 이것은 대한민국 직장인 개인이 추진하는 일의 효율이 아주 낮다는 것과 다름없다. 열심히 일은 하고 있지만 효율이 낮아 그만큼의 성과를 내지 못하는 것이다. 만일 미국, 일본까지는 아니라 하더라도 생산성이 OECD 회원국 평균 정도만 된다면 아마도 우리나라의 경제력, 직장인들의 소득 수준은 현저히 달라져 있을 것이다.

그래서 이제는 업무효율을 올리는 것이 직장인 모두의 관심사가 되어야 할 상황이다. 특히 전보다 나아지고 남보다 앞서가기를 바라는 직장인들은 고효율에 대해 각별한 관심을 가져야 한다. 능력이 대동소이하고 누구나 열심히 일하는 일터에서 앞서가려면 고효율로 상대를 '제압'하는 것이 가장 효과적이기 때문이다.

한동안 세계적으로 벤치마킹의 대상이 되었고 지금도 우수한 생산방식으로 알려진 도요타의 'Just in time 생산방식'을 살펴보자. 이 방식은 생산라인의 기계가 늘 돌아가는 것이 아니라 일감이 없을 때는 즉시 멈추어 선다. 일이 있을 때만 돌아간다. 그래서 그날 생산을 위한 기계 가동률은 떨어지지만 쓸데없이 발생하는 생산비용이 줄고 필요한 제품만 생산하기 때문에 생산 효율은 올라간다. 그리고 제품이 불필요하게 만들어지지 않기 때문에 재고비용이 발생하지 않는다. 그야말로 최소의 비용으로 최대의 효과를 누리는 방식이다.

직장에서 고성과를 내는 직장인들은 대부분 효율을 중시한다. 이들은 열심히 일하는 것만이 능사가 아님을 잘 안다. 이들은 집중해서 일함으로써 낭비되는 시간을 줄일뿐더러 남는 시간이 있다면 그것을 다음 일을 위해 에너지를 재충전한다든가 준비하는 시간으로 이용한다. 그래서 같은 시간을 일해도 남들보다 더 높은 성과를 올려서 진급이 빠르고 소득 또한 높다.

효율을 높일 수 있는 절호의 기회

이러한 효율적인 업무추진 방식은 고성과자들만의 전유물이 아니다. 고효율을 낼 가능성은 누구에게나 열려 있다. 앞서 기술한 바와 같이 현재 우리나라 국민의 생산성, 즉 효율성은 우리와 경쟁력 차이가 별로 없는 OECD 국가들과 비교해서 상당히 낮은 수준이다. 이렇게 낮다는 것은 반대로 보면 직장인들이 얼마든지 높일 수 있는 여지가 있다는 얘기다.

그리고 유념할 것은 지금 고성과를 내는 사람들도 애초부터 그런 여건에서 시작한 것이 아니라는 점이다. 살아 있는 경영의 신으로 불리는 일본 교세라 그룹의 이나모리 가즈오 회장은 그의 저서 『왜 일하는가』에서 "좋아하는 회사에 가서, 희망하는 부서에 배치되고 원하는 일을 하는 사람은 1만 명 중 한 명 정도다. 그렇다면 나머지 9999명은 불행하고, 좋아하지도 않는 일을 억지로 해야 하므로 능률이 떨어질까? 그렇지 않다. 오히려 좋아하지 않는 분야에서 출발했지만 그 분야에서 두각을 나타내는 사람이 아주 많다"고 했다. 즉, 일반적인 상황, 또는 만족스럽지 못한 부서에서 일한다 하더라도 의식을 바꾸고 노력만 하면 얼마든지 효율을 높여 고성과를 올릴 수 있다는 것이다.

이처럼 누구나 효율과 효과에 관심을 가지고 생활하면 얼마든지 성과를 높여 동료들로부터 부러움을 사고 상사로부터 인정받는 직장인이 될 수 있다.

해야 하는 일은 유쾌하게 하라

효율을 높이기 위해서는 첫째, 즐기면서 일해야 한다. 그냥 일하는 사람은 즐기면서 일하는 사람을 절대로 따라갈 수 없다는 것을 앞서 기술한 자메이카 육상 사례가 입증했다. 문제는 "직장에서 재미있는 일이 도대체 얼마나 있겠는가?"다. 물론 일이 마냥 즐겁다거나 일하고 싶어 일요일 저녁부터 심장이 뛰는 사람은 사실 그리 많지 않다. 누구나 아침에 출근하려고 일어나려면 몸이 천근만근이다.

그래서 즐길 수 있는 일을 찾아 그것부터 해보자는 것이다. 즐길 일이 없다면 그저 그런 일이 즐거운 일로 바뀌도록 긍정적으로 생각하고 행동하는 습관을 들여보자. 심리학자들은 행동이 바뀌면 자동으로 감정과 마음도 바뀐다고 입을 모은다. 그렇다면 일부러라도 명랑하게 행동하면 분명 일하는 것이 즐거운 감정으로 바뀔 것이고, 이것은 일의 효율을 촉진할 것이다.

둘째, 해야 할 일을 취사선택하고 거기에 집중한다. 높은 효율과 성과를 보장받기 위한 첩경은 해야 할 일을 제대로 선택하고 거기에 집중하는 것이다. 투자의 귀재 워렌 버핏Warren Buffett은 "전념해야 성공한다"라는 말로, 20세기 최고의 성악가 루치아노 파바로티Luciano Pavarotti는 "집중만이 전부다"라는 말로 집중의 중요성을 짧고 강렬하게 함축했다.

매일 아침, 주초, 월초에 업무의 경중완급을 가려 해야 할 일의 우선순위를 가리는 별도의 시간을 가진다. 이렇게 해서 업무가 선정되면 다른 일들은 접어두고 그 일에 집중하는 것이다. 개울가에서 채로 사금을 채취하듯이 일을 선별해서 거기에 집중하면 내가 가진 한정된 자원을 가장 효율적으로 활용할 수 있을 것이고, 이로 인해 성과는 높게 나타날 것이다.

셋째, 빠르게 결정하고 실행한다. 최근 인터넷이나 스마트폰 같은 정보통신 네트워크의 급속한 확산으로 거리, 시간, 위치 등의 중간요소가 소멸하면서, '속도의 경제'가 중요해지고 있다. 신속한 의사결정과 민첩한 행동은 높은 업무효율에 결정적으로 영향을 미칠 수밖에 없다. 그래서 속도의 중요성을 늘 유념하고 생활해야 한다. 현대차, 삼성, LG 등이 경영성과를 잘 내는 것은 속도경영을 하고 있기 때문이라는 하버드비즈니스 스쿨의 분석이 이를 뒷받침하고 있다.

현대자동차의 '중국 성공속도'를 한번 보자. 현대자동차는 중국진출 10여 년 만에 연간 100만대 생산능력을 구축했다. 이는 상상하기 힘든 속도의 성과다. 왜냐하면 상하이폭스바겐, 이치폭스바겐 등 중국에서 시장점유율 1, 2위를 다투는 회사가 100만대를 생산하는 데 무려 20년에서 25년 이상이 걸렸기 때문이다. 이러한 무서운 '현대차 속도'에 힘입어 현대자동차는 경쟁사와는 비교가 되지 않을 정도로 빠르게 중국시장을 장악해 지금 1위 회사를 턱밑에까지 따라붙고 있다.

의사결정은 'KTX형'으로 빠르게 하면서도 막상 실행은 '관광열차형'으로 여유만만하거나 미뤄놓는 경우를 업무현장에서 종종 본다. 이것은 의사결정을 안하니 만도 못한 행위이다. 피터 드러커는 "모든 성공한 사람들을 묶는 공통점은 결정과 실행 사이의 간격을 아주 좁게 유지하는 능력이다. 미룬 일은 포기해 버린 일이나 마찬가지"라며 이에 대해 일침을 가했다.

넷째, 모르면 지체 없이 묻고 벤치마킹한다. 직장에서의 일들은 대부분 상하좌우의 동료와 직간접적으로 연결되어 있다. 그래서 동료 간의 정보교환이나 벤치마킹이 필수다. 그럼에도 불구하고 나 혼자 해내겠다는 욕심에서, 상사에게 또 물어보자니 욕먹을 것 같아서, 후배에게 물어보기 창피해서 진도를 앞으로 빼지도 못하며 전전긍긍

혼자 끌어안고 있는 경우가 있다. 음식 잘하는 식당이나 좋은 드라이브 코스는 잘 물어보면서 말이다. 이러한 행태는 시간은 시간대로 걸리고 성과는 성과대로 미미한 비효율의 전형이다.

지금과 같은 지식정보화 시대에서는 지식과 노하우에 사실상 상하좌우가 없다. 업무에 관련된 부분도 후배보다 모를 때가 있는 것이 어쩌면 당연하다. 그러므로 잘 모르면 자존심 따위는 접고 지위고하를 막론하고 물어봐야 한다. 그것은 곧 내가 하는 일의 높은 효율과 빛나는 성과와 직결된다.

그리고 잘나가는 사람을 벤치마킹하는 일도 '최소의 노력으로 최대의 효과'를 올리는 지름길이다. 벤치마킹을 단순히 모방하는 것으로 생각하면 오산이다. 벤치마킹으로 배워 그대로 활용하는 것도 당연히 의미가 있다. 그보다는 남의 강점에 나의 강점을 잘 배합해 더 강력해진 나만의 강점을 만들어내는 것에 포커싱해야 한다.

다섯째, 불필요한 것은 과감히 버린다. 미국 텍사스 대학교의 새뮤얼 고슬링Samuel Gosling 교수의 연구결과에 의하면 지저분한 사무공간을 가진 사람은 효율적이지 못하고, 체계적이지 못하며, 창의력도 떨어지는 것으로 나타났다. 이 연구결과는 머릿속에 있는 것이나 주변이 있는 것 등 버릴 것을 안 버리고 사는 사람은 그것에 치여서 사실상 성공할 수 없다는 것을 강하게 암시한다.

그러나 우리의 현실을 돌아보면 쓸모가 아니라 오로지 미련 때문에 불필요하게 달고 다니는 생각, 사람, 물건 등이 너무나 많다. 이런 것들이 자리 잡고 있으면 새롭게 만들어지는 참신한 생각들이 들어갈 자리가 없고 나에게 더욱 도움이 되는 사람들을 모셔올 수가 없다.

지식과 정보가 난무하는 오늘날에는 복잡하게 사는 것 자체만으로도 이미 경쟁력을 잃는 것이다. 하버드 대학교의 마이클 포터Michael E. Porter 교수는 "무엇을 할 것인가 보다 오히려 무엇을 버릴 것인가가 더 중요하다"고 까지 말했다.

유효기간이 끝났다고 판단되는 것들은 효율적인 업무추진을 위해 생각나자마자 지체 없이 미련을 갖지 말고 과감히 정리해야 한다. 그동안 정리를 못하고 살아왔다면 그것은 아마도 몰라서가 아니라 바쁨을 핑계로 알면서도 안했을 가능성이 높다.

저비용, 고효율로 최대의 성과를 향유하고자 하는 것은 모든 사람의 바람이자 소망이다. 고효율이 중요한 것은 최소의 노력으로 높게 창출된 성과가 주는 쾌감도 즐길 수 있지만 이 과정에서 또 다른 성과를 만들어낼 수 있는 여력을 비축할 수 있기 때문이다. 경쟁이 상존하는 직장에서 승자가 되고자 하는 사람은 고효율능력이 필수적인 덕목이라는 점을 잊어서는 안 된다.

25

남들은 모르는
블루오션을 노려라

—

기회관리능력

세계적인 경영 컨설턴트 짐 콜린스Jim Collins는 기회가 성공에 미치는
위력을 "훌륭한 사람은 오로지 기회 위에서만 가능하다"는 한마디의
말로 함축했다. 어떤 사람들은 이러한 기회를 잡아서 소소한 성과부
터 큰 성공까지를 만끽하며 살아가지만 또 다른 사람들은 아직 오지
않은 기회를 잡기 위해 무척 애를 쓰면서 살아간다. 개중에는 특별한
노력도 없이 대박의 기회가 자신에게 와주기만을 학수고대하며 지내
는 사람도 있다.

그러나 기회가 기다린다고 찾아오면 얼마나 좋겠는가? 기회는 결
코 아무에게나 평등하게 주어지지 않으며, 특히 운명을 바꾸는 양질
의 기회는 더더욱 그렇다. 그래서 주변에서 맴돌고 있거나 슬며시 찾
아왔다가 마파람에 게 눈 감추듯 이내 사라지는 기회를 재빠르게 포
착할 줄 알아야 한다.

성공하는 사람들은 과감한 베팅을 주저하지 않는다

기회포착능력이 얼마나 중요한지를 미국 스탠퍼드 대학교 연구진의 연구결과가 말해준다. 1921년 심리학과 루이스 터먼Lewis Terman 교수가 주축이 된 연구팀은 캘리포니아 주의 초, 중학생 25만 명 중에서 IQ 135가 넘는 천재 1521명을 추려내 일생을 추적하는 최장기 종단연구를 시행했다. 연구팀은 이 아이들이 장차 각계의 최고 엘리트로 성장할 것으로 예상했다. 그러나 이 천재들은 기대와는 달리 판사와 주의원 몇이 나왔을 뿐 대부분 평범한 직업인과 다를 바 없이 자랐다. 연구팀은 여러 가지 요소를 종합적으로 고려해 "성공은 지능이 아니라 성격과 인격, 기회포착능력이 좌우한다"고 연구의 결론을 내렸다.

이 연구결과는 우리의 성공은 결국 기회를 잘 잡고 그것을 얼마나 잘 활용하느냐에 달려 있다는 사실을 분명하게 말한다. MS사 전 회장 빌 게이츠, 그는 기회를 한번 만났다 하면 절대로 놓치지 않는 대표적인 인물이다. 사자가 한번 물은 가젤의 목을 절대로 놓지 않는 것처럼 그는 기회라고 생각하면 끝까지 붙잡고 늘어지는 사람이다. 다시 말해 기회포착과 관리의 명수다.

IBM이 컴퓨터용 운영체제Operating System를 개발해줄 외주업체를 찾고 있을 때, 빌 게이츠는 이때가 MS를 키울 수 있는 절호의 찬스로 여겼다. 그는 운영체제 개발 경험도 거의 없는 상태에서 계약부터 체결했던 것이다. 무려 70조 원이라는 당시로써는 천문학적인 금액의 계약이어서 만일 계약을 깨면 어마어마한 위약금 때문에 MS사가 큰일 날 수도 있는 상황이었다. 그러나 그때 그가 머뭇거려 기회를 날려버렸다면 오늘날과 같은 빌 게이츠와 MS는 존재하지 않았을 것이다.

앞서 가는 직장의 셀러프라이저들은 경쟁에서 결정적인 승기勝氣를 잡기 위해, 또는 기울어진 상황의 급반전을 위해 정보망을 넓게 펼쳐 놓고 남모르게 '회심의 한방'을 준비하는 데 노련하다. 만일 상사가 경영층으로부터 갑작스럽게 지시를 받아 전전긍긍할 때 결정적인 방안을 제시하는 직원이 있다면 이 직원에 대한 고마움은 평소와는 차원이 다를 것이다. 그 고마움이 승진과 연봉에 영향을 미치는 평가에 어떤 형태로든 반영되리라는 것은 불을 보듯 뻔한 일이다.

이렇게 셀러프라이저들은 오리의 발이 물 밑에서 항상 바쁘게 움직이듯 언제 올지 모르는 기회를 잡기 위해 남들이 여유를 부리는 평소에도 땀 흘리며 준비하고 있다가 때가 왔을 때 결정타를 날린다.

반면에 불로소득이나 고대하며 시간 죽이기에 열중하는 직장인도 있다. 이들은 자발적으로 기회를 찾아 나서는 대신에 직장이나 상사로부터 기회를 받는 데 초점을 맞추는 사람들이다. 그렇게 하면 과연 영양가 있는 기회가 주어질까?

항상 긴박하게 돌아가다 보니 남을 도와주고 배려하는 사회적 자본이 대폭 감소한 작금의 상황에서 내 노력 없이 우연하게 좋은 기회가 주어지기를 기대한다면 그것은 감나무 밑에서 입 벌리고 홍시 떨어지기를 기대하는 것이나 다를 바 없다. 이런 사람들은 조금 힘을 들이는 것이 귀찮아서, 용기가 부족해서, 변화가 두려워서, 안 될 것으로 지레짐작해서, 소모전적인 경쟁이나 소소한 문제해결에 지나치게 몰두해서 기회 잡는 일을 소홀히 하는 것은 아닌지 스스로 심각하게 생각해봐야 한다.

누구에게나 기회의 문은 열려 있다

그렇다면 누구나 노력으로 기회를 다 잘 잡을 수 있을까? 서양 사람들은 한국 사람을 비롯한 동양 사람들이 기회를 잘 잡을 가능성이 아주 높다고 한다. 그 이유로 Crisis를 '危機(위기)'라고 표기하는 점을 들고 있다. 그들은 우리가 危機의 '機'를 때를 뜻하는 '時'가 아닌 가능성을 내포하는 '機'를 쓰는 것을 두고 위기 속에서도 기회를 찾고자 하는 민족성이 있다고 본 것이다.

이처럼 위기라는 글자 표기만 하나만 보더라도 우리나라 사람에게 기회를 찾고자 하는 욕구는 기본적으로 있음을 엿볼 수 있다. 이렇게 내재된 욕구는 기회를 포착하기 위한 노력이 시작되기만 한다면 강력한 촉진제 역할을 해줄 것이다.

기회는 아주 다양한 곳에서 부지불식간에 우리에게 다가온다. 불만을 해소하고 충족시키는 과정에서, 역경에서 빠져나오기 위해 고군분투하는 과정에서, 변화의 바람이 몰아치는 과정에서, 무심코 흘려버리기 쉬운 바로 지금 이 순간에도 기회는 도사리고 있다. 틈새에 살짝 끼인 용수철처럼 누군가가 스치기만 해도 툭 튀어나올 태세로 있는 것이 기회다.

지나간 자본주의 1.0 시대부터 3.0 시대에는 기회를 골고루 얻을 수 있는 공정한 여건이 미흡했던 것이 사실이다. 그러나 '따뜻한 자본주의'를 표방하는 지금의 자본주의 4.0 시대에는 누구나 기회를 골고루 누릴 가능성이 과거 그 어느 때보다 커져 있다. 그래서 기회를 누리고 못 누리고는 전적으로 기회를 잡고자 하는 사람의 태도와 행동에 달려 있다 해도 과언이 아니다.

움직이는 자에게 기회가 주어진다

절호의 기회든 일반적인 기회든 기회를 잡기 위해서는 남다른 노력이 필요하다. 인생역전의 계기를 만들어줄지도 모르는 바로 그 기회를 잡기 위해서는 첫째, 기회를 향해 능동적이고 자기 주도적으로 움직여야 한다. 침팬지, 고릴라, 오랑우탄이 안온한 숲 속에서 자연이 가져다준 보잘것없는 기회를 즐기고 있을 때 오스트랄로피테쿠스는 더 큰 기회를 스스로 잡기 위해 초원으로 나아갔다. 그것이 계기가 되어 오스트랄로피테쿠스는 인류가 되었고 오늘날 만물의 제왕으로 우뚝 서 있다.

직장에서의 성공은 기회에 대한 자기 주도적인 도전을 전제로 한다. 경쟁에서 승리하기 위해서는 경쟁자가 다소 여유를 부리고 있을 때 승기를 잡기 위해 적극 나서야 한다. 좋은 환경 여건이 조성되기만을 태평하게 기다리다가는 경쟁자에게 그 기회를 뺏기고, 때로는 그것이 화근이 되어 경쟁 대열에서 영원히 멀어질 수도 있다. 설령 운 좋게 기회가 주어진다 하더라도 그것은 이미 단물 빠진 껌일 가능성이 아주 높다.

둘째, 기회를 향해 발 빠르게 움직인다. '내일, 다음 주, 나중에……' 만 외치지 말고 기회의 기미가 보이면 그것을 잡기 위해 바로 지금 재빠르게 나서야 한다. 럭비공처럼 굴러가는 작금의 상황에서는 미래가 너무도 불확실하고 변화의 속도가 너무나 빠르기 때문이다.

기회의 신 카이로스는 앞머리는 길고 무성하지만 뒷머리는 대머리처럼 벗겨져 있다. 이처럼 이상스럽게 생긴 이유는 기회를 보자마자 잡으라는 뜻이며 지나간 뒤에는 잡지 못한다는 뜻이다. 또 그의 손에 쥐어진 저울이 기울어진 것은 기회가 누구에게나 공평하지 않으니 잡을 것인지 말 것인지를 재빨리 판단하라는 뜻이다.

이처럼 기회를 빨리 낚아채고 그것을 빨리 활용하는 것은 대단히 중요하다. 동작이 늦으면 그 기회는 경쟁자인 동료에게 넘어간다.

셋째, 기존의 통념을 과감히 버린다. 기회를 더 많이 누리려거든 기존의 통념을 버리는 일에 주저해서는 안 된다. 대다수의 사람이 기존의 통념에 따라 똑같은 방법으로 일할 때 과감히 정반대의 길로 가면 뜻밖의 기회를 맞이할 수 있다.

월마트의 창업자 샘 월튼Samuel M. Walton은 할인점을 추가로 낼 때마다 할인점 개설을 말리는 지인들에게 "인구 5만 명이 되지 않는 지역에선 할인점이 오래 버티지 못한다"는 말을 귀가 따갑도록 들어야 했다. 그러나 그는 통념에 사로잡혀 있는 주변 사람들의 만류에도 애초 계획대로 추진했다. 그 결과 월마트는 지금 세계 최고의 유통기업으로 그 명성을 날리고 있다.

세븐 일레븐 회장 스즈키 도시후미가 자신의 저서 『도전하지 않으면 일하지 마라』에서 "모두가 반대하는 곳에서 기회를 찾으라"고 강조하는 이 말 역시 통념에서 벗어나 새로운 관점에 도전해 기회를 찾으라는 말과 다를 바 없다. 모두가 가는 곳의 반대편에서는 아무래도 실패할 가능성이 높겠지만 만일 성공한다면 그 시세 차익이 엄청나게 크지 않을까?

넷째, 위기에서 기회를 찾는다. 실패가 반복되거나 위기가 닥치는 상황을 잘만 대처하면 여기서 남들을 크게 앞서 갈 절호의 찬스를 발견할 수 있다. 세계적으로 잘 나가는 21세기형 기업들은 대부분 실패에 관대하다. 실패에서 값진 아이디어를 발견할 수 있다는 것을 잘 알기 때문이다. 3M에선 실패 축하파티를 해주고, 세계적인 디자인 이노베이션 기업 아이데오IDEO에서는 직원들에게 때로는 실패를 재촉까지 한다.

정상적인 상황에서는 모두가 열심히 노력하기 때문에 자신을 특별히 드러내기가 무척 어렵다. 그러나 갑자기 곤란한 상황에 부닥치면 대부분의 사람은 평상심이 흐트러진 채 좌고우면하기 바쁘므로 이럴 때 침착함을 유지하고 남다른 대응을 한다면 양질의 기회를 확보할 수 있다. 과거 IMF 구제금융 사태를 겪는 과정에서 우리나라에서 신흥부자가 급격히 늘어났던 사실이 이를 뒷받침한다.

다섯째, 업무현장을 가능한 한 많이 누빈다. 업무현장을 더 많이 누비면 누빌수록 기회는 비례해서 찾아온다. 기회는 책상에만 붙어있는 사람을 좋아하지 않는다. 지금 직장의 셀러프라이저들 대부분은 책상에 앉아서 주로 서류나 전화로 씨름하는 기획부서나 관리부서에서만 근무한 사람들이 아니다. 많은 일과 사람을 만날 수 있는 일선 업무현장을 두루 거친 사람들이다. 현장에는 다양한 요소들이 출몰하기 때문에 조금만 관심을 가지고 둘러보면 거기서 많은 것을 배울 수 있고 그 과정에서 좋은 기회를 확보할 수 있다.

영화 〈백경〉을 만들고 〈시에라 마드레의 황금〉으로 아카데미 감독상과 각본상을 받은 미국의 영화감독 존 휴스턴John Huston은 시상식 후 파티에서 이런 말을 했다. "인생에서 가장 중요한 것은 관심인데, 그것도 거리를 배회하면서 탐색하는 것에 관한 관심이다." 현장의 중요성을 강조한 말이다.

과거에 얽매이지 말고 미래를 과신하지 마라. 과거는 이미 지나갔고 미래는 아직 오지 않았다. 주저하고 있으면 쏜살같이 지나가는 시간이 결코 나의 편이 되어 주질 않는다. 가장 싱싱한 기회를 잡으려면 바로 지금 자신이 주역이 되어 재빠르게 잡아야 한다. 위기를 두려워 마라. 위기가 자신을 사방으로 포위하면 "이때야말로 내가 사방을 공격할 수 있는 절호의 찬스!"라고 소리치며 달려들어 보라. 그러면 자신이 성공을 향한 지름길로 가고 있다는 것을 발견할 수 있을 것이다.

26

다르게 생각하고
다르게 행동하라

—

차별화능력

왜 이렇게 세상이 가면 갈수록 경쟁이 치열해져만 가는 것일까? 여러 가지 이유가 있겠지만 교육 기회의 확대로 사람들의 능력이 빠르게 균일화되어가는 것이 대표적인 이유 중 하나다. 크든 작든 능력 차이는 당연히 존재하지만, 능력 있는 자와 없는 자 간의 간극이 과거와 대비해서 아주 작게 좁혀졌다. 그래서 지금을 능력의 '춘추전국시대'라고 해도 과언이 아니다.

특히 비슷한 능력으로 입사해서 동일한 환경 여건 속에서 동료들과 동고동락하는 직장에서는 더더욱 그러하다. 그래서 직장은 그 어느 곳보다 경쟁이 치열한 전형적인 '레드오션' 지역이다. 이러한 레드오션 상황을 벗어나 경쟁에 시달리지 않는 '블루오션'에서 평온함과 행복감을 누리게 해주는 대표적인 능력이 바로 나와 남을 구별 짓는 차별화능력이다.

남다른 능력은 저성장 시대의 필수품이다

세계가 한 덩어리로 변한 지금의 상황에서는 어느 한 곳에서의 차별화된 능력이 그곳에만 머무르지 않고 나라 전체로, 전 세계로 급속히 퍼져 나가면서 그 빛을 발한다. "가수 싸이처럼 자신만의 스타일을 찾는 것이 중요하다. 한 곳에만 머물지 말고 자신만의 독창적 스타일을 찾아가다 보면 세계 어디서든 통할 것이다." 이 말은 세계 정보기술산업을 선도하고 있는 구글의 총수인 에릭 슈미트Eric Schmidt 회장이 2012년 방한 당시 한국의 대학생들에게 한 말이다. 당시 한참 세계적인 인기를 누리고 있던 가수 싸이를 예로 들며 한 짧은 그의 말 한마디에는 차별화의 중요성, 가능성, 방법이 함축적으로 녹아들어 있다.

차별화의 필요성은 여러 곳에서 발견된다. 우선 잉여사회에서 살아남는 데 필요하다. 잉여사회란 공급이 수요를 초과하는 사회다. 공급이 수요를 창출한다는 '세이의 법칙'은 머나먼 옛날 얘기가 된 듯하다. 재화나 서비스의 공급도 넘치고 인력의 공급도 넘치고 있다. 제대로 된 직장에 취직 한번 하려면 수십 대 일은 기본이고 수백 대 일의 경쟁률까지도 뚫어야 한다. 직장에서도 퇴직인원의 감소와 함께 승진경쟁이 더욱더 치열해져만 간다. 이러한 상황은 경쟁에서 이기기 위한 차별화된 능력의 필요성을 강하게 웅변해주고 있다.

그리고 작금의 저성장 시대는 발전을 염원하는 사람들에게 차별화된 능력을 요구하고 있다. 최근 20년간 세계 경제성장 규모가 직전 100년 동안을 능가한다는 분석이 나올 정도로 그간 눈부신 성장을 이뤄왔다. 그러나 2008년 미국발 금융위기 이후 성장의 판도가 흔들리며 급격한 하향곡선을 그리고 있다. 이러한 저성장 시대 돌입으로 개인, 기업 할 것 없이 열심히 일하고는 있지만 열심히 한 만큼 더 나아지고 더 앞서 가기는 참으로 어렵다. 이를 극복하기 위해서는 차별적인 능력이 필요하다는 얘기다.

이렇게 차별화가 급격히 부각되다 보니 차별화된 능력끼리도 경쟁이 치열하다. 어설픈 차별화로는 성공을 기대하기 어려운 상황이다. 그래서 그 효과를 확실하게 보려면 내 능력을 경쟁자의 능력보다 뚜렷하게 차별화시켜야 한다.

세계 최고는 그냥 만들어지는 것이 아니다

차별화는 남을 앞서 가는 데 결정적으로 기여한다. 그래서 남다른 강점을 가지면 경쟁에서 승리할 가능성은 당연히 높아진다. '포지셔닝 이론'을 통해서 "차별화는 특정한 이미지를 고객의 뇌리에 각인시키는 데 매우 효과적"이라는 마케팅의 거장인 잭 트라우트Jack Trout의 말은 이를 짐작게 해준다.

김연아 선수를 피겨 여제로 군림하게 한 대표적인 배경은 무엇일까? 남들이 다 싫어하고 어려워하는 김연아만의 차별화된 점프가 바로 그것이다. 일반적으로 여자 선수들은 점프하기 전에 스피드를 줄이지만 김연아는 남자 선수처럼 속도를 줄이지 않고 그대로 점프한다. 그래서 비飛거리가 길고, 점프하는 모습 또한 당당해 보인다. 이를 위해 그녀는 피겨 스케이팅을 처음 배울 때 보통 여자선수들과는 달리 연기연습은 나중으로 돌리고 점프에 포커싱해 피나는 연습을 계속해왔다.

차별화로 인한 기업의 성공사례도 한번 보자. 세계 최대 전자상거래 기업인 아마존의 주가와 매출액은 수직 상승가도를 달리고 있다. 이렇게 아마존이 급성장하고 성공가도를 달리는 데는 다 그만한 이유가 있다. 기존 인터넷 쇼핑의 한계를 뛰어넘는 '당일 배송'이 그 중심에 있다. 제품 가격이 일반 소매점보다 싼데다가 그날 아침 9시 이전에 아마존에서 상품을 주문하면 당일 저녁 전에 받아볼 수 있는 당일 배송이라는 차별화된 전략은 오늘날 아마존을 최고의 전자상거래회사로 우뚝 서게 한 것이다.

우리가 사는 21세기는 워낙 기술이 발달하고 개인의 능력이 향상되어서 다른 사람과 차별화하는 것이 여간 어려운 일이 아니다. 그러다 보니 직장 내에서도 일부 직원들을 빼놓고는 대부분 실력이 고만고만하다. 이로 인해 일부는 승승장구하지만 대부분은 격렬하게 싸움이 벌어지는 레드오션에서 숨 가쁘게 살아간다.

그러나 마음만 먹으면 이 뜨거운 레드오션에서 얼마든지 벗어날 수 있다. 유전인자가 같은 사람은 단 한 명도 없다는 사실이 이 가능성을 뒷받침해준다. 다시 말해 사람들이 누구 할 것 없이 차별화에 필요한 독창성을 이미 가지고 태어나기 때문에 달라지기 위한 일차적 기반은 닦여져 있다는 얘기다.

그리고 그 어느 때 보다도 변화무쌍한 지금의 상황도 기회 중에서도 절호의 기회를 잡게 해주는 데 한몫하고 있다. 크고 특별한 기회일수록 럭비공 같은 변화를 먹고 자라기 때문이다. 이러한 가능성을 염두에 두고 직장에서 남과 조금만이라도 다르게 생각하고 행동한다면 얼마든지 참신하게 돋보이는 직장인이 될 수 있다.

남이 가지 않은 길에서 승부를 걸어라

어떻게 하면 차별화를 잘해 남보다 더 앞서 갈 수 있을까? 이를 위해서는 첫째, 남들이 몰려가는 길로는 가지 않는다. 일단은 편하다 보니 남들도 사용하는 일반적인 방법을 선택하기 쉽다. 그러나 그 방법으로 나를 돋보이게 하기가 쉽지 않다. 그 방법에 이미 많은 사람이 몰려 있어 경쟁이 치열하기 때문이다. 그리고 특별한 비법이 아니기에 '평년작'은 거둘지 모르지만 전에 없는 '풍년'의 기쁨을 누리기는 어렵다.

현대자동차가 2008년도 미국 금융위기 때 자동차 구매 후 1년 안에 실직하면 그 값을 전액 환불해주는, 일반적으로는 상상하기 어려운 마케팅을 펼친 적이 있다. 이것은 성공하면 소기의 목적을 달성할 수 있지만 실패하면 천문학적인 비용이 들어가므로 회사경영에 심각한 타격을 줄 수 있는 일종의 모험이기도 했다. 그러나 현대자동차는 남이 생각하지 못했던 이러한 도전적인 마케팅에서 큰 성과를 거두었다. 그것은 오늘날 현대자동차를 세계 일류 자동차 메이커로 급부상하게 한 기폭제가 되었다.

처음부터 모두의 이해와 동의가 함께하는 일반적이고 평이한 길에서는, 즉 나만의 독특함이 살아 숨 쉬지 않는 곳에서는 짜릿한 성취의 기쁨을 맛보기가 어렵다. 그러나 처음에는 불편하고 힘들지만 남들과 다른 길을 가면 그곳에는 내게 행복을 주는 블루오션이 있을 가능성이 아주 높다.

둘째, 나만의 강점을 발굴하고 그것을 키운다. 세계 70억 인구의 DNA는 단 한 명도 일치하지 않는다. 그래서 누구나 자기만의 차별화 포인트, 즉 작든 크든 남과 비교되는 자기만의 강점이 있게 마련이다. 그 강점을 발굴하고 키우는 것이야말로 차별화를 통해서 자신의 몸값을 비교우위에 올려놓을 수 있는 첩경이라 할 수 있다.

그래서 평소 일하면서 상사로부터 인정받는 자신의 역량이 무엇인지를 잘 파악해놓는다. 동료들에게 잘한다고 소문이 난 시시콜콜한 것이라도 좋다. 그리고 자신에게서 발견되는 강점을 동료직장인이나 지인들에게 그때그때 알려달라고 부탁하는 것도 좋은 방법이다. 장기판도 옆에서 보면 잘 보인다고 하질 않는가?

셋째, 장기적인 안목을 가지고 일한다. 장기적인 안목을 가지고 나아갈 때 더 큰 발전을 이룰 수 있다는 것에 이의를 제기하는 사람은 없다. 그럼에도 불구하고 성과 지상주의의 풍토 속에서 오랫동안 살다 보니 너도나도 근시안적 시각을 가지고 당장의 성과에 급급하며 살아가는 것이 현실이다. 연세대학교 경영학과 신동엽 교수도 우리가 최근 시도해온 성과주의 개혁들이 대부분 20세기형 단기 성과주의에 치중되어 있음을 지적하면서 장기적인 안목으로 창출되는 성과에 역점을 둘 것을 주문한다.

이렇게 대다수의 직장인이 당장의 성과에 급급하며 살아갈 때 자신만은 중후 장대한 안목을 가지고 단계적으로 일을 추진해보자. 그러면 종국에 가서는 이러한 안목의 차별화를 통해 남들보다 훨씬 더 큰 성과를 이루어낼 수 있을 것이다. 그렇다고 당장 해야만 하는 일을 여유 부리며 해도 된다는 얘기는 물론 아니다. 힘은 들겠지만 당장의 일도 차질 없이 처리하고 남들이 간과하기 쉬운 중장기적인 사고와 안목까지 가지고 업무에 임한다면 경쟁에서 어렵지 않게 승리할 것이다.

세계의 유명한 걸작들은 긴 세월 동안 정교하게 공들여 만들어졌다. 미켈란젤로의 〈최후의 심판〉은 6년, 〈베드로의 순교〉는 8년에 걸쳐 만들어졌으며, 세계적 건축가 가우디의 '옥수수 성당'은 1882년에 착공되어 130년이 지난 지금도 조금씩 만들어지고 있다는 사실을 기억하자.

넷째, 나만의 브랜드를 만든다. 사람의 머릿속에 각인시키는 '마력'을 가진 브랜드는 일반적으로 생각하는 것보다 훨씬 더 파워풀하다. 개인의 브랜드가 구축되는 데는 어느 정도 시간이 걸리긴 하지만 일단 다른 사람들에게 브랜드 이미지가 확고하게 구축되면 사소한 문제 따위는 그 사람에 대한 기억을 바꾸는 데 아무런 작용을 하지 못한다. 그래서 나만의 가치 있는 브랜드를 만들어 타인의 기억 속에 심어놓는 일은 나를 남과 차별화시키는 데 가장 효과적인 방법의 하나다.

좀 거창해야 브랜드 이미지가 잘 구축될 것으로 생각하기 쉬우나 꼭 그렇지 않다. 남과 대비되는 특유의 밝은 표정, 명랑한 말투, 예의 바른 태도, 단정하면서도 세련된 옷차림, 건강미 등도 자신만의 차별화된 브랜드를 구축하는 데 중요한 요소들이다.

잘되는 식당과 안 되는 식당, 그 차이는 무엇일까? 하나하나 뜯어보면 사실 큰 차이가 없는 경우가 대부분이다. 안 되는 식당도 잘되고자 최선을 다한다. 문제는 한두 가지라도 다른 식당에서는 발견할 수 없는 색다른 그 무엇이 없다는 데 있다. 스티브 잡스는 살아 있을 때 "다르게 생각하라!"고 남들에게 외치기도 했지만 몸소 실천해서 결국 애플신화를 탄생시켰다. 직장에서 동료 직원들과 다르게 생각하고 다르게 행동해서 비교우위에 서면 그것은 고소득 창출과 고속승진의 주인공이 되는 데 크게 기여할 것이다.

27

직장에서 뜨려거든
'해결사'로 인정받아라

문제해결능력

우리가 생활하는 가운데 문제는 끊임없이 생성되고 해결과 함께 사라진다. 어쩌면 우리네 인생은 문제풀이 과정일지도 모른다. 특히 요즈음은 우리를 둘러싼 주변 상황이 워낙 복잡다단하고 변화무쌍해 밀려오는 문젯거리가 만만한 게 거의 없다. 그러다 보니 고도의 노하우가 동원되어야만 겨우 해결할 수 있는 것들이 부지기수고 어떤 경우에는 구절양장九折羊腸처럼 꼬여서 혼자서는 도저히 해결의 실마리조차 찾지 못하는 문제도 있다.

이러한 문제들은 일이 잘못돼서 발생하는 골칫거리로서의 문제든, 아니면 일의 추진과정에서 발생하는 일반적인 해결과제로서의 문제든 예외 없이 누구에게나 존재한다. 그래서 문제해결능력은 성공을 위한 핵심적인 능력이기 이전에 사회인이든 직장인이든 누구나 필수적으로 갖추어야 할 기본적인 능력이기도 하다.

문제가 없는 것이야말로 문제다

세계적인 경영컨설턴트인 캔 블랜차드Ken Blanchard는 그의 저서 『리더의 심장』에서 "문제가 없는 것이야말로 문제다"라고 하면서 문제가 없는 사람은 더 이상 발전 가능성이 없는 사람으로 간주했다. 발생한 문제를 해결하는 과정에서 또 다른 문제를 해결할 수 있는 지혜와 노하우를 배울 수가 있는데 문제가 없으면 그럴 기회조차 주어지지 않기 때문이다.

기업에서도 여러 직무능력 중에서 문제해결능력을 핵심적인 능력으로 간주하고 있다. 취업포털 잡코리아가 사원 수 100명 이상의 기업 인사담당자 301명을 대상으로 '회사에 기여도가 높은 인재의 특성'을 설문한 결과가 이를 뒷받침한다. 설문 대상자들은 중요한 능력으로 '문제해결력과 이해력(74.1%)', '조직적응력능력(56.8%)', '자기계발 의지(34.9%)' 순으로 답한 것이다.

세계 최대 인터넷 기업인 구글의 입사시험 문제는 까다롭기로 유명하다. 면접시험에서는 다양한 문제가 출제되는데 그중에서 가장 중요도가 높은 문제는 바로 응시자의 창의적인 문제해결능력을 확인하는 것이다. 문제해결책을 제시할 줄 모르는 사람은 관심 없다는 얘기다.

이렇게 문제해결능력이 관심의 대상이 되는 것은 일상생활이나 직장의 업무현장에서 문제해결능력이 가지는 위력 때문이다. 그 어느 때보다도 다종다양한 문제가 파도처럼 밀려오고, 밀려오는 문제마다 복잡다단하다. 이런 문제를 신속하게 해결하는 게 필수인 오늘날의 상황에서 이 능력을 배제하고는 성공적인 일 처리를 기대할 수 없다. 실제로 직장에서 성공가도를 달리는 직원들이나, 《포춘》지가 선정한 세계 500대 기업 중 3분의 1이 탈락하는 데 불과 5년밖에 안 걸리는 숨 가쁜 상황에서도 명맥을 유지하고 지속적으로 발전하는 기업들은 대부분 바로 이 문제해결에서 발군의 능력을 발휘하고 있다.

성공하는 사람들은 문제해결에 남다르다

현대자동차 영업 분야에서 판매 잘하기로 소문난 M모 영업차장이 있다. 그는 공격만 잘하는 것이 아니고 방어에도 능숙하다. 다시 말해 일하다가 뜻하지 않게 발생하는 문제처리에도 남다른 능력을 발휘한다. 판매도 잘하지만 판매하고 난 후 고객의 불만 건 처리, 즉 고객에게나 자신에게나 골칫거리인 문제를 해결하는데도 판매 못지않게 열성적이다. 문제를 안고 있는 고객의 애로점을 해결해주면 다른 도움을 주는 것보다 고객이 더 깊은 감명을 받는다는 것을 그는 잘 알고 있다. 차량문제의 해결은 물론 문제 때문에 받은 마음의 상처까지 말끔히 치유 받은 고객은 그에게 신세를 갚기 위해 열렬한 팬으로 돌변해 다른 사람들에게 그를 소개한다. 그는 문제해결을 통해서 새로운 기회를 만들어내고, 만들어진 기회를 통해서 자신의 몸값을 끝없이 높여가고 있다.

과일 농장주가 가장 싫어하는 것은 태풍이다. 다 키운 과일이 떨어지기 때문이다. 그러나 일본의 한 과수원 농장주는 기발한 문제해결

방법으로 이 위기를 해결했다.

그는 강한 태풍에 간신히 살아남은 사과만을 정성껏 개별 포장해 평소 열 배의 가격을 붙여서 백화점에 납품했다. 처음에는 백화점이 말도 안 된다며 거절했지만 사과 박스에 붙은 조그만 스티커에 담긴 내용을 보고 이내 받아주었다. "이 사과는 모진 태풍에도 굴하지 않고 끝까지 나무에 붙어 있던 사과입니다. 당신이 만일 지금 중요한 시험을 앞두고 있다면 이 사과를 선택하세요." 그 사과는 그야말로 불티나게 팔렸다. 기발한 아이디어로 문제를 멋지게 해결했기 때문이다. 이처럼 문제해결은 절망을 희망으로 반전시킬 수 있는 위력도 가지고 있다.

프로 직장인은 늘 해결사로 통한다

직장에서 프로의식을 가진 직원들은 문제가 터지면 해결도 잘하지만 더욱 신속한 해결책을 개발하기 위해 늘 고심한다. 특히 문제가 발생할 경우를 대비해 평소 부서 내 상사, 동료, 그리고 관련 부서 직원들과의 '전략적 유대관계' 구축에도 공을 들인다. 그래서 문제가 발생하면 이들이 도움을 받아 빠르게 해결한다. 이러한 속전속결은 당연히 동료와 경쟁하는 상황에서 상대적 우위를 점하는 주요 요인으로 작용한다.

반면에 정작 자신의 문제는 해결 못 하면서 자신이 몸담은 조직이나 동료의 문제점 지적에는 귀재인 직원도 있다. 안타깝게도 이들이 대안을 제시하는 일은 별로 없다. 물론 문제를 파악하고 제기하는 것은 문제해결의 첫걸음으로서 중요한 의미를 지닌다. 그러나 대안 제시 없는 막연한 문제제기는 동료에게 책임을 전가하는 일이 될뿐더러 자신의 문제해결능력을 높이는 데도 도움이 되지 못한다. 만일 상사에게 어려운 일이 닥쳤을 때 "걱정하지 마십시오. 제가 해결해 보겠습니다"라고 한다면, 그것처럼 든든한 말이 또 어디 있겠는가?

요즘에는 기업의 인사담당자들이 신입사원 채용과정에서 볼멘소리를 많이 한다. 요즘 신입사원들이 학벌, 학점, 어학 점수 등 스펙은 화려하지만 정작 기업에 필요한 창의력이나 문제해결능력 등 알맹이는 제대로 갖추지 못하고 있다고 불만을 토로하는 것이다.

보고서 작성을 지시한 어떤 인사담당자는 "A4용지 20장이 넘는 두툼한 보고서에 새로운 내용은 하나도 없었다"고 하면서 "명문대 출신에 어학성적과 학점은 완벽한데 독창적 생각은 없고 인터넷 검색 능력만 발달한 것 같았다"고 꼬집었다. 여러 가지 능력 중에 문제해결능력이 차지하는 비중이 상당히 높다는 것을 고려해볼 때 이것은 문제가 아닐 수 없다.

앞서 가는 직장에서는 이제 더 이상 일상적으로 발생하는 일의 처리 상태나 결과를 개인의 능력평가용 잣대로 들이대지 않는다. 대신 골칫거리가 되는 문제나 중대한 업무과제를 얼마나 빠르게, 그리고 제대로 해결하느냐를 가지고 평가한다. 일상적인 일은 입사 후 몇 년만 지나면 누구나 다 할 수 있기 때문이다. 필자 역시 이러한 방식으로 직원의 역량을 평가한다.

어떻게 해결할 것인가

갑자기 터진 문제나 중차대한 과제의 문제를 해결하는 것이 아무리 힘들다 해도 그 방법은 있게 마련이다.

문제해결을 잘하기 위해서는 첫째, 발생한 문제를 긍정적으로 수용해야 한다. 물론 골치 아픈 문제를 흔쾌히 수용하기란 쉽지 않다. 그렇지만 내 문제는 내가 해결해야지 남에게 책임을 전가할 수는 없는 노릇이다. 그리고 직장에서 발생한 문제는 그것이 나 혼자만의 문제로 끝나는 것이 아니고 대부분 조직 전체의 문제로 비화되기 때문에 잘못 처리하면 사태가 일파만파로 커진다. 그래서 문제를 긍정적으로 수용하고 해결에 적극 임하는 자세가 무엇보다 중요하다.

긍정적 정서가 문제해결능력과 창의성을 현저하게 향상시킨다는 사실이 미국 코넬 대학 심리학과 앨리스 아이센Alice Isen 교수가 주관하는 연구팀의 30년에 걸친 연구에서 밝혀진 바 있다. 그러니 어차피 해결 안 하고는 못 견딜 일이라면 긍정적으로 수용하고 즐겁게 해보는 것이다.

긍정적으로 일하다 보면 문제해결능력 향상을 위해 얻는 것이 적지 않다. 우선 당면한 문제를 해결하려고 좌충우돌하는 그 과정에서 다른 곳에서도 유용하게 활용할 수 있는 노하우를 습득할 수 있다. 또한 반복적으로 문제를 처리하다 보면 자신의 현실에 잘 부합하는 고유의 정형화된 문제해결체계를 만들 수 있다.

둘째, 수평적인 사고를 가진다. 필자의 박사학위 논문에서 입증된 것이기도 하지만 사고의 탄력성은 문제해결능력의 성패를 좌우하는 핵심적인 요소다. 그래서 경직된 수직적 사고의 틀을 유연한 수평적 사고로 바꾸어야 한다. 즉, 문제를 한 방향으로만 바라보지 말고 앞으로 보고, 옆으로 보고, 뒤로 보고, 거꾸로 세워서 보는 등 여러 가지 시각으로 바라보는 것이다. 그러다 보면 다양한 영역의 주제에까지 사고가 확장되어 문제해결능력이 길러진다.

연세대학교 심리학과 김주환 교수는 그의 저서 『회복탄력성』에서 사람들이 어떤 사물에 대해서 가지는 '기능적 고정성'을 극복하고 능동적으로 자기 나름의 의미를 부여하는 삶의 태도가 문제해결능력의 근원이 된다고 했다.

삼국지의 형님장수 관우는 의리 있는 사람이었지만 철저한 원칙주의자로 생각은 유연하지 못했다. 적벽대전에서 잡은 적장 조조를 의리 때문에 놓아주었는데, 이 때문에 다 잡은 삼국의 패권을 조조에게 내주고 나라까지 망하는 결과를 초래했다. 너무 맑은 물에는 고기가 못 사는 법이다.

셋째, 문제는 빨리 처리한다. 문제로서의 문제든 과제로서의 문제든 발생 즉시 해결해야 한다. 신속이 생명이다. 문제로서의 문제에 대한 처리가 지연되면 악성종양으로 발전해 아예 치유 불가능한 상황으로 치달을 수 있고, 과제로서의 문제에 대한 처리가 지연되면 능력 없는 부하나 동료로 평가절하될 수 있다.

스티브 잡스의 전기 작가 월터 아이작슨Walter Isaacson의 언론 인터뷰 내용을 보면 잡스가 문제해결을 좀 더 빨리했더라면 지금 살아 있지 않았을까 하는 생각을 하게 한다. 잡스는 가족의 요청에도 불구하고 9개월 동안이나 암 수술을 거부했는데, 최악의 상황에 처하고 나서야 일찍 수술받지 않은 것을 후회했다고 한다. 잡스의 이야기는 문젯거리가 발생하면 열 일을 제쳐 놓고 빨리 해결해야 함을 일깨워준다.

넷째, 절차를 밟아 문제를 해결한다. 앞서 기술한 개인의 사고 및 마인드 측면의 요소와 함께 문제해결을 좌우하는 중요한 요소는 절차에 관련된 기술적인 요소다. 다시 말해 문제해결을 위해서는 단계를 잘 밟아야 한다. 문제에 대한 정확한 상황파악, 문제해결을 위한 효과적인 대응방안 수립, 수립된 방안의 차질 없는 실행 등이 그 단계다.

우선 뭐가 문제인지, 왜 발생했는지, 문제의 규모는 어떠한지 등의 문제 상황을 정확히 파악해야 한다. 이 과정에서 특히 중요한 것은 겉으로 드러난 현상만 보지 말고 이면에 감추어진 사실까지도 간파하는 일이다.

권모술수는 더 이상 어느 특정 계층만의 전매특허가 아니다. 요즈음 적지 않은 직장인들이 마키아벨리의 『군주론』과 같은 유형의 책에 심취해 있다는 사실을 아는가? 이면에 숨어 있는 진짜 의미를 제대로 확인하지도 않고 순진무구하게 처리하다가는 해결에 대한 보상은 커녕 오히려 역풍을 맞을 수 있다.

그리고 대안을 수립할 때는 심사숙고해 이성적인 결정을 내리고, 그 뒤 차질 없는 실행에 들어가야 한다. 사람들은 대부분 애매한 것을 참지 못한다. 그래서 경솔한 결정을 내리는 경우가 많다. 여러 자료에 의하면 한국 사람은 더더욱 그렇다고 지적한다. 그렇다고 직감을 무시해서는 안 된다. 타자석에 들어선 야구선수들이 전광석화 같은 짧은 시간에 공을 때려야 하는데 이것저것 따질 시간이 있겠는가? 그래서 그들은 종종 직감으로 때리는데, 이것이 의외로 홈런으로 날아가는 경우가 많다고 선수들은 말한다.

다섯째, 문제해결 과정에서 교훈을 얻어낸다. 좋은 일이든 나쁜 일이든 그 일에서 얻을 수 있는 교훈은 반드시 있게 마련이다. 문제해결 과정에서 발견된 교훈은 또 다른 문제를 해결하는 데 결정적으로 필요한 열쇠일 수도 있고 또한 옐로카드일 수도 있다. 해결하는 데에만 급급한 사람의 눈에는 잘 안 보이겠지만 미래지향적인 안목을 가지고 일에 접근하는 사람의 눈에는 열쇠가 아주 많이 보일 것이다.

요즘처럼 빠르게 변화하고 복잡다단한 시대에는 누구나 일하다가 갑작스럽게 미로에 빠지기 십상이다. 그곳에서는 불확실성이 높고 대부분의 일이 고도화된 상태이기 때문에 종전과는 전혀 다른 문제해결능력이 필요할 가능성이 매우 높다. 이러한 상황에서 문제해결에 대한 남다른 노하우가 있어 해결사로 인정받는다면 사회에서나 직장에서나 남들보다 앞서 갈 기회를 분명 먼저 얻을 것이다.

28

제대로 가고 있는지
항상 점검하라

—

목표관리능력

"나치 수용소에서 끝까지 살아남은 사람들은 가장 건강한 사람도 아니었고, 가장 머리가 좋은 사람도 아니었다. 그들은 살아야 한다는 절실한 이유와 살아남아서 해야 할 구체적인 목표를 가진 사람들이었다."

이 말은 제2차 세계대전 중 죽음의 수용소인 아우슈비츠에서 죽음의 문턱까지 갔다가 기사회생한, 오스트리아 빈 의과 대학의 신경학 및 심리치료학 교수를 지냈던 빅터 프랭클Viktor Frankl이 한 말이다. 죽을 수밖에 없는 운명에 처해 있던 사람들이 살아남을 수 있었던 것은 강한 목표가 삶을 이끌었기 때문이라는 것이다. 이처럼 확고한 목표의 위력은 참으로 대단하다. 직장인에게 목표를 확립하고 삶을 이에 맞춰 이끌어나가는 능력은 이제 필수이다. 방향을 잃고 헤매지 않기 위해서는 꼭 목표를 품고 있어야 한다.

명확한 목표는 높은 성과를 견인한다

꿈은 '희망열차'가 도달하고자 하는 종착역이다. 꿈을 이루기 위해 반드시 달성해야 하는 것이 있는데, 그것은 바로 꿈으로 가는 발판인 목표다. 그런데 이러한 꿈을 이루는 선행조건인 목표도 달성 못 하면서 꿈만 꾸면 그 꿈은 일장춘몽一場春夢이 될 가능성이 아주 크다. 이처럼 목표달성은 성공을 위한 일종의 교두보 역할을 하므로 목표설정, 목표추진 등 일련의 목표달성과정은 반드시 관리되어야만 한다.

과녁이 없이 활을 쏘면 화살은 여기저기로 날아가겠지만, 과녁이 있다면 과녁으로 모일 것이다. 그런데 이 과녁 안에 원이 그려진 표적지까지 붙어 있다면 어떠할까? 과녁의 가운데로 더욱더 많은 화살이 집중될 것이 뻔하다. 이처럼 우리네 인생에서 목표는 필요하고, 특히 확고하고 구체적인 목표는 삶을 원하는 방향으로 이끌기 위해 더더욱 필요하고 중요하다.

미국의 신경심리학자 파트리샤 보일Patricia Boyle은 평균 나이 78세의 노인 1238명을 대상으로 삶의 목표점수를 조사했는데, 그 결과 목표점수가 높은 노인이 그렇지 않은 노인에 비해서 동일기간 사망률이 훨씬 낮다는 것을 발견했다. 또한 방사선과 전문의 칼 사이먼튼Carl O. Simonton은 암 치유율이 높은 환자들은 살아야 할 강력한 이유를 공통으로 갖고 있다는 것을 밝혀내기도 했다.

두 연구결과의 공통점은 추구하는 목표의 강도가 성공을 넘어서 인간의 수명에까지 긍정적인 영향을 미친다는 것을 보여준다. 이처럼 인생에서 목표가 가지는 의미는 지대하다.

성과는 직장인들이 업무를 통해 이루어야 할 가장 중요한 가치다. 성과가 있어야 정신적, 경제적 풍요를 누릴 수 있기 때문이다. 여기서 높은 성과를 창출하게 하는 핵심동력이 바로 잘 설정된 목표다.

직장에서의 성과는 대부분 업무목표달성 정도에 의해서 평가되고, 그 평가결과는 승진과 급여 결정에 그대로 반영되어 직장인의 행불행을 좌우한다. 성과가 미약하면 직장생활이 고단한 여정이 될 테지만 반대로 목표를 달성하고 남다른 성과를 이루기만 한다면 정말이지 보람차고 할만하다. 그래서 직장인에게 꼼꼼한 목표관리는 필수다.

도대체 목표에 무슨 마력이 있기에 그것이 잘 관리되면 성과가 높아지는 것일까? 그것은 바로 목표가 하고자 하는 동기를 끊임없이 자극하기 때문이다. 그리고 목표는 집중하고 몰입하게 해 성과를 크게 만들어주기 때문이다. 몰입은 '최소의 비용으로 최대의 효과'를 올리는 데 더없이 필요한 정신능력이다. 또한 목표달성에 매진하다 보면 그 일에 빠져서 다른 일에서 발생한 스트레스를 잊고 지나가기도 한다. 이것은 목표가 가져다주는 또 하나의 매력 있는 혜택이다.

목표 없는 사람은 키 없는 배와 같다

목표가 중요한 만큼이나 그것의 결여나 부족으로 발생하는 문제점은 심각하다. 바다에서 배가 방향을 잃으면 연료가 바닥날 때까지 바다에서 돌고 또 돌겠지만 목적지에는 도달할 수 없다. 이 과정에서 원래의 목적지를 몇 번이고 오갈 수 있는 엄청난 양의 아까운 연료는 파도의 물거품 속으로 그냥 사라져버린다.

목표관리를 하지 않는 것은 키 잃고 배를 몰고 가는 것과 다를 바 없다. 이런 상황에서는 금쪽같은 시간만 날리며 몸과 마음은 마냥 방황할 뿐이다. 자칫 잘못하면 셀러프라이저는 고사하고 평범한 셀러리맨 신분조차도 보장받지 못할 수도 있다.

목표관리가 중요하지만 중요한 만큼이나 늘 달성하기가 사실 쉬운 일은 아니다. 그래서 그런지 스마트폰에 목표달성을 지원하는 애플리케이션까지 등장했다. 이 애플리케이션은 서포터를 통한 동기부여, 이용자 간 정보공유, 실행 유도경보 등의 기능을 갖추어서 이용자가 목표를 달성할 수 있도록 도와준다고 한다. 고객의 목표달성에 대한 갈망을 그대로 간파한 전략의 산물이 아닐 수 없다. 직장 역시 직원들의 목표달성을 도와주기 위해 여러 형태로 목표관리지원 시스템을 구축해놓고 있다.

개인의 중장기적인 성장목표는 어디까지나 스스로 설정한다. 반면에 직장의 업무목표는 대부분 업무 매뉴얼에 지침으로 규정되어 있거나 상황에 따라 발생해 하나의 목표로 개인에게 부과된다. 매뉴얼에 나와 있는 업무야 늘 하던 일이기 때문에 숙달되면 무리 없이 수행할 수 있다.

그러나 자신의 능력, 준비와는 무관하게 갑작스럽게 발생한 업무목표는 정형화된 목표관리 방식에 익숙하지 않으면 달성하는 데 애를 먹기에 십상이다. 이때의 목표는 대부분 본인의 의도와 상관없이 부여되기 때문이다. 그렇다 해도 현실과 전혀 동떨어진 목표가 아니라면, 목표달성 의지와 적절한 노하우만 있으면 하지 못할 이유는 사실 거의 없다.

예의 바른, 성실한, 충성스런 직장생활을 하는 것은 물론 중요하다. 그러나 절대로 잊지 말고 살아야 할 것은 성과를 가지고 '생사의 경계선'을 넘나드는 직장과 상사는 주어진 업무목표를 차질 없이 달성하는 직원을 가장 좋아한다는 사실이다.

막연한 목표는 막연한 성과조차 가져오지 못한다

목표달성은 직장인 성공의 '마스터 키'라 해도 과언이 아니다. 그러므로 효과적인 목표관리방법을 알고 실천하는 것은 셀러프라이저가 되는 데 필수다.

목표관리는 크게 목표설정과 이를 달성하기 위한 실행으로 나눌 수 있다. "오를 산을 정하라, 인생의 반이 결정된다." 일본 최대갑부 중의 한 명인 손정의 소프트뱅크 회장이 한 말이다. 그만큼 목표설정이 중요하다는 얘기다.

목표설정과 실행 중에서 우선 효과적으로 목표를 설정하기 위해서는 첫째, 목표를 명확하고 구체적으로 세우는 것이 중요하다. 목표가 명확하지 않으면 그만큼 달성에 걸리는 기간은 길어지고 소중한 에너지만 낭비될 뿐이다. 그래서 내가 봐도, 남이 봐도 명확하고 확고한 목표를 설정해야 한다. 언제 떠올려도 선명하게 그려지는 목표여야 한다.

영국의 역사가 토마스 칼라일Thomas Carlyle은 "목표가 확실한 사람은 아무리 거친 길이라도 앞으로 나갈 수 있지만 그렇지 않은 사람은 아무리 좋은 길이라도 앞으로 나갈 수 없다"면서 명확한 목표의 중요성을 강조했다.

특히 구체적인 목표야말로 고성과를 담보한다. 추상적인 말이 듣는 사람의 귀를 자극하지 못하는 것처럼 추상적인 목표는 실행 욕구를 자극하지 못한다. 그래서 구체적인 목표는 알찬 성과를 가져오지만 포괄적이고 선언적인 계획은 미미한 성과만을 가져올 뿐이다. 어쩌면 아무런 성과도 얻지 못할 수도 있다.

둘째, 자신에게 적합하고 실현 가능한 목표를 세운다. 직장에서의 업무목표는 개인의 업무수행력을 일일이 고려해서 설정되는 경우는 드물다. 대부분 직장의 지향점을 향해 정렬된 목표들이다. 어떤 목표는 느닷없이 부과되기도 한다. 그러다 보니 업무목표가 모두 입맛에 맞을 리가 없다.

이런 목표를 그대로 추진하면 아무래도 목표달성은 쉽지 않다. 그러므로 부여된 목표가 나의 능력에 비추어볼 때 적절한지, 그리고 실현 가능한지를 늘 검토할 필요가 있다. 만일 이에 부합하지 않으면 목표 재설정 작업이 필요하다. 이를 위해 상사에게 목표조정을 건의하거나 동료에게 업무교환을 요청하는 수고를 아끼지 말아야 한다.

자신의 능력이나 환경적인 여건이 뒷받침되지 않는 목표를 그대로 밀고 나가다가 달성에 실패하면 해당 업무의 실패도 문제지만 실패의 반복이 자신감을 위축시켜 다른 일에도 악영향을 미칠 수 있다. 자신감의 위축은 나중에 실망시킬지도 모른다는 두려움 때문에 기대치를 일부러 낮추어 달성 성과의 질과 양을 줄이는 결과를 가져온다. 그렇다고 가뿐히 할 수 있는 알량한 목표를 세워놓고 그것을 달성해 포만감에 배 두드리는 함포고복含哺鼓腹 행위는 엄금이다. 그것은 시간 낭비이자 오히려 자신의 능력을 떨어뜨리는 지름길이다.

셋째, 자신의 능력보다 높은 목표로 설정해보기도 한다. 자신의 능력보다 높은 목표를 설정하는 것은 앞서 기술한 적합한 목표 설정과는 배치되는 것일 수도 있다. 그러나 자신의 능력보다 높은 목표를 설정해보는 것도 목표달성도를 높이는 방법의 하나다. 어려운 목표는 오히려 투지를 샘솟게 하고, 목표달성을 위해 더욱 심도 있는 궁리를 하게 하는 경우가 왕왕 있기 때문이다.

이렇게 목표를 다소 과도하게 설정하는 것을 '스트레치 타겟 목표관리'라고 하는데, 벅찬 목표를 세우고 그것을 달성할 수 있도록 전략을 수립하는 경영기법이다. 이 방법은 다소 공격적이어서 설정한 목표를 달성하지 못할 수도 있다. 그러나 이렇게 하다 보면 설정한 목표는 달성하지 못해도 기대했던 목표는 달성할 수 있다. 포스코의 정준양 회장은 평소 '스트레치 타겟 목표관리'를 강조하는데, 이것은 포스코의 성과를 기대 이상으로 끌어올리는 데 크게 기여하는 것으로 알려졌다.

기한을 정해서 달성의지를 달군다

목표설정 후 달성을 위한 실행은 첫째, 목표달성을 위한 의지를 불태운다. 개인의 직무목표달성은 성과와 직결되기 때문에 불가피한 목표들이다. 그래서 직장인들은 항상 목표달성 의식이 살아 있어야만 한다. 미국 위스콘신 대학교 연구팀의 연구결과에 의하면 목표의식을 가진 벌목꾼들은 그렇지 않은 사람들에 비해 같은 시간에 더 많은 나무를 베었고, 운전기사들이 트럭으로 실어 나르는 통나무의 양도 법적 허용치의 60%에서 90%로 많아졌다고 한다. 목표달성 의식의 힘을 알 수 있다.

목표달성을 갈구하는 것은 목표달성 의식을 고양하는 좋은 방법의 하나가 될 수 있다. 일본의 '살아 있는 경영의 신' 교세라그룹의 이나모리 가즈오 회장은 그의 저서 『왜 일하는가』에서 목표달성을 항상 갈구하라고 강조한다. 달성될 것으로 굳게 믿고 간절히 바라면 그 바람이 잠재의식에까지 영향을 미쳐 잠자고 있던 능력들이 마구 튀어나온다고 한다.

둘째, 목표달성을 위한 종합적인 계획을 수립한다. 한마디로 목표달성을 위한 기획을 하는 것이다. 언제까지 완료하고, 누구에게서 도움을 받고, 누구에게 일을 지시하고, 준비물은 무엇인지, 소요예산은 어느 정도인지 등을 세부적으로 검토한다.

목표달성 시한을 확고히 정하는 것은 목표를 구체화하는 데 무엇보다 중요하다. 확고한 시한은 하고자 하는 마인드에 불을 붙이는 불쏘시개 역할을 한다. 기한 내 해야 한다는 절박감이 긴장도 주지만 때로는 지혜를 만들어 주기도 한다.

그리고 혼자 할 수 있는 일도 있지만 목표라고 불릴 정도의 일은 대부분 자신의 부서는 물론이고 타부서 동료의 협조와 지원이 필요하다. 그래서 차질 없는 목표달성을 위해서는 사전에 이들과의 협조라인을 잘 구축해 놓아야 한다.

셋째, 진행과정을 수시 또는 정기적으로 점검한다. 목표와 목표달성을 위한 종합적인 계획표와 진행상황표는 자신이 늘 볼 수 있도록 해서 이행의식을 일깨워야 한다. 이것은 적기점검과 실행을 도와준다. 세계적인 심리학자 로버트 치알디니 교수는 이것을 '자기인식의 법칙'으로 설명한다. 적극적인 인식은 미래의 행동을 결정한다는 것이다.

필자는 정상진도 업무추진을 습관화하고 있다. 한 달에 끝내야 할 일이라면 주간 단위로 쪼개서 매주 금요일에는 반드시 점검하고 미진한 부분이 있다면 밤을 새워서라도 보완한다. 그래야 주말이 편하고 다음 일정에 차질이 생기지 않는다. 이러한 '실행, 점검, 피드백, 또다시 실행'으로 이어지는 목표추진 사이클은 결국 목표달성의 기쁨을 선사해준다.

정상에 반드시 오르겠다는 목표를 가진 사람에게 산은 높을수록 오히려 매력적이다. 목표가 있는 사람, 특히 명확한 목표와 이를 이루겠다는 강한 신념이 있는 사람은 가장 험난한 길에서조차도 앞으로 나아가서 성공을 만끽할 수 있다. 그러나 그렇지 못한 사람은 오로지 성공한 사람을 위해 일하게 될지도 모른다. 직장에서 빠르게 승진하고 고액의 연봉을 받는 사람이 되고 싶은가? 그렇다면 목표관리에 대한 관심도를 지금보다 높여라.

29

보이지 않는
이면까지 꿰뚫어라

———

상황판단능력

늦고 병든 사자가 먹이를 구하기 위해 꾀를 냈다. 임종을 앞두고 작별인사를 하고 싶다면서 동물들을 불렀다. 그런데 문병 온 동물들은 모두 사자의 먹이가 되고 말았다. 그러나 꾀 많은 여우는 들어가기 전 동굴 앞을 서성거렸다. 이 모습을 본 사자는 "여보게, 어서 들어오게나" 하고 재촉했다. 이때 땅바닥을 여기저기 살피던 여우가 마침내 입을 열었다. "저는 여기서 인사하고 돌아갈래요. 동물들이 동굴로 들어간 발자국은 있는데 나온 발자국이 없어서 저는 들어갈 수가 없네요." 예리한 상황판단능력 덕분에 여우는 목숨을 구할 수 있었다. 이것은 이솝우화에 나오는 이야기다.

눈앞의 상황을 잘 판단하고 이에 대응해야 살아남거나 성공하는 것은 사람도 마찬가지이다. 지금처럼 변화무쌍한 환경에서는 전보다 더 예리한 상황판단능력이 필요하다. 그래서 현명한 대응을 위해 주변 상황을 정확히 확인하고, 그 상황을 올바르게 분석하는 상황판단능력은 아주 중요한 성공역량으로 간주된다.

성공하는 사람의 대부분은 상황판단의 귀재다

상황판단능력 안에는 두 가지 핵심요소가 포함된다. 그 하나는 벌어지고 있는 사실을 있는 그대로 확인하는 현상파악이고 또 다른 하나는 표면적인 사실은 물론 이면의 숨은 진실까지 밝혀내는 상황분석이다. 현명하게 대응해 발생한 문제의 해결이나 해야 할 일을 효과적으로 처리하기 위해서는 이 두 가지 일이 반드시 선행되어야 한다.

상황판단능력은 입사에서 당락을 가르는 중요한 잣대가 된다. 삼성에 입사하려면 직무적성검사인 SSAT부터 통과해야 한다. 어렵기로 소문난 이 SSAT의 직무능력검사는 크게 상황판단력과 직무상식 두 부분으로 구성되는데, 이는 상황판단능력이 차지하는 비중이 얼마나 크고 중요한지를 알게 한다.

상황판단능력을 중요시하는 것은 구글 역시 마찬가지다. 신입사원 채용 면접시 평가하는 요소는 상황관리력, 창의성, 논리적 사고, 업무지식, 비전이다. 대표적인 두 기업을 예로 들었지만 사실 상황판단능력을 중요하게 생각하지 않는 기업은 없다.

공직은 또 어떠한가? 정부 고위관료를 임명할 때 그 이유로 예외 없이 따라붙는 말이 있다. "상황판단력과 설득조정력이 뛰어나서……", "상황판단력과 조직관리력이 뛰어나서……."

그 옛날 고대중국의 손무는 일찍이 손자병법에서 "지피지기知彼知己면 백전불태白戰不殆"라 했다. 이는 자신은 물론 상대방의 상황까지 꿰차고 있으면 백번 싸워도 위태롭지 않다는 것이다. 여기서도 상황파악이 바로 핵심 키워드다.

상황판단능력 자체만으로도 가치를 발휘하지만 상황을 파악하고 분석하는 과정에서 얻는 부가적인 혜택 또한 적지 않다. 상황을 적극 관리하기 위해 높이 세운 안테나에 최신동향과 정보들이 속속 걸려들고, 이것들로 인해 특정 사안에 대한 최적의 의사결정과 신속한 실행이 가능해진다.

이처럼 상황판단능력은 조직에서 근무하는 직장인에게 더없이 필요한 역량이다. 그래서 셀러프라이저가 되는 데 상황판단능력의 중요성은 아무리 강조해도 지나침이 없다.

불확실한 상황을 빠르게 파악하라

요즈음 직장에서도 듣도 보도 못한 일들이 빈발하고, 발생하는 일 역시 복잡하고 불확실해 상황을 파악하고 통제하기가 점점 더 어려워지는 것이 사실이다. 일반적인 문제라면야 분석하고 판단하는 데 다소 여유를 가질 수 있다지만 긴급하고 중대한 문제가 발생하면 그럴 처지가 못 된다. 벌어진 상황에 대해서 빠르고 정확하게 파악해야만 한다.

그러나 이런 긴급 상황에서는 사람이다 보니 당황하고, 더군다나 경험과 스킬까지 부족하면 순간 까막눈이 된다. 이렇게 되면 사안의 본질을 꿰뚫지 못해 전혀 엉뚱한 대안을 만들게 된다. 그래서 시간은 시간대로 날리고 해결사 소리를 듣기는커녕 같이 일하고 싶지 않은 직원으로 전락한다.

그래서 어제까지 잘나가던 직원이 갑자기 이유도 모르게 선두그룹에서 멀어진다. 반대로 저 밑에 있던 직원이 어느샌가 치고 올라와 선배보다, 심지어 상사보다 앞서 간다. 그간 말 잘 듣던 후배가 갑자기 돌변해 선배에게 무안까지 준다. 그래도 선배는 상한 자존심을 보상받을 수 있는 속 시원한 대응을 후배에게 하지 못한다. 모두 상황관리가 만만치 않은 현실 속에서 사는 것이다.

이럼에도 불구하고 돌아가는 상황을 파악 못 하고 토끼가 다시 통나무에 머리 박고 내게 굴러들어올 것이라는 믿음으로 수주대토守株待兎 하는 직장인들이 적지 않게 눈에 띈다. 그러면서 순탄한 직장생활을 기대하고 남보다 더 윤택한 대우를 받으며 생활하고자 한다는 것은 그야말로 과도한 욕심이다.

도전 불가능한 상황은 존재하지 않는다

그러나 사람은 특별한 상황에 부닥치면 이에 대해 상황을 판단하고 대응할 수 있는 기본능력을 갖추고 있다는 사실이 여러 곳에서 발견된다. 대표적인 사례가 2010년 8월 칠레의 산호세에서 발생한 매몰 광부 구출사건이다.

작업 중이던 광부 33명이 지하 700m 아래에 매몰된 채 어두컴컴한 굴 속에서 '누가 먼저 쓰러질지, 그 사람을 먹어야 할지 말아야 할지'까지 고민할 정도로 극한의 상황에 놓였다. 외부에 있는 사람들은 이들이 모두 사망했을 것으로 추측했다. 하지만 광부들은 속수무책일 것 같은 이 상황을 관리하며 견디고 있었다. 구조를 기다림과 동시에 자신들에게 처한 상황을 정확히 판단하고 스스로 살길을 도모한 것이다. 작업반장 루이스 우루수아Luis Urzua의 지휘에 따라 질서를 유지하고 각자 맡은 바 분야에서 책임 있게 활동했다. 그들은 69일 만에 모두 구출되었다.

이처럼 사람은 누구나 극복해야 할 상황에 처하면 상황을 판단하고 대응할 수 있는 최소한의 기본능력은 갖추고 있다. 그러므로 이러한 기본적인 능력에다가 생활하는 과정에서 스스로 체득하고 외부로부터 습득한 상황판단 노하우가 어느 정도 있다면, 누구든지 상황파악과 분석을 통해서 상황판단을 효과적으로 할 수 있을 것이다.

넓게 보고 깊게 봐라

상황대응의 전 단계인 상황판단을 효과적으로 하기 위해서는 정확하고 신속한 상황파악과 상황분석이 선행되어야 한다.

먼저 상황파악을 하기 위해서는 첫째, 사내정보망에 대한 실시간 파악을 습관화하는 것이 좋다. 직장 내 동향을 면밀히 추적하기 위해서는 사내 인트라넷, 즉 사내정보망을 실시간으로 꼼꼼히 확인하는 것이 필수다. 인트라넷은 회사의 업무 관련 사항은 물론 회사, 부서, 직원 개인의 최근 근황을 자세히 알려 준다. 그러나 바쁘다는 핑계로 자신의 업무 분야 외의 내용 확인에는 소홀하기 쉽다. 그러다가 반드시 챙겨야 할 상사나 동료의 경조사를 모르고 지나쳐버리기라도 한다면 그로 인해 아주 오랫동안 찝찝한 마음으로 지내야 하거나 심지어는 불이익을 당할 수도 있다.

둘째, 생생한 동향을 파악하기 위해 여기저기 돌아다닌다. 첨단 IT 산업 덕분에 아무리 정보망이 거미줄처럼 촘촘하게 잘 짜여 있다 하더라도 책상에 앉아서 모든 것을 할 수 있으리라는 환상은 애초부터 버려야 한다. 생생한 정보와 동향의 발원지인 업무가 벌어지는 현장, 사람들이 모여드는 현장을 수시로 드나들어야 한다.

이 부서 저 부서 기웃거리거나 눈동자만 전후좌우로 굴리며 조용히 돌아다니는 직원들이 간혹 눈에 띈다. 여유 부리는 것처럼 보일지도 모르지만 꼭 그렇지는 않다. 그런 직원은 일부러 바쁜 시간 쪼개서 고급정보 수집활동을 하는지도 모른다.

현대자동차그룹이 어떻게 해서 아주 짧은 기간에 세계 최고수준의 자동차회사 반열에 올랐을까? 많은 전문가는 정몽구 회장의 현장경영에서 그 답을 찾는다. 현장경영의 위력은 대단하다. 애플 신화의 주역 스티브 잡스가 아이폰의 플랫폼을 개발할 당시 제작 자체에 투입한 시간보다 세계적인 트렌드, 즉 동향을 파악하는 데 오히려 더 긴 시간을 들였다는 사실은 현장의 살아 있는 동향을 파악하는 것이 얼마나 중요한지를 알려주는 대표적인 사례다.

셋째, 잠자리 눈으로 넓게, 현미경으로 깊게 본다. 새처럼 높게 날면서 아래를 넓게 훑어보는 조망능력은 상황을 정확히 분석하고 현명한 판단을 내리기 위한 핵심적인 선행 조건이다. 이렇게 넓은 안목으로 상황을 살피면 내가 타겟으로 삼아야 할 대상이 선명하게 눈에 들어온다. 타겟이 확정되면 현미경으로 보듯이 세밀하게 관찰하는 것이다. 즉, 우리나라의 '경제'라는 산을 보고, 내가 근무하는 '회사'라는 숲을 보고, 같이 근무하는 '동료'라는 나무를 보는 방식이다.

승률이 7할이면 승부를 걸어라

눈앞에 펼쳐진 현상을 객관적으로 파악하고 나면 이어서 파악된 상황이 어떠한 상황인지를 냉철하게 분석함으로써 이후에 있을 의사결정의 기반을 마련해야 한다.

이를 위해서는 첫째, 객관적이고 살아 있는 최신 데이터를 분석에 동원한다. 수집한 자료에는 근거가 부족한 자료, 보편성이 없는 어떤 개인의 주관적인 견해, 이론에 치우친 자료, 심지어는 날조된 허위사실 등이 포함되었을 수 있다. 이러한 데이터는 철저하게 정제되어야 정확하게 현상을 분석할 수 있다.

과거 걸프전 당시 미군은 뜨거운 사막의 조건을 공격 이전에 면밀히 분석하고 사우디아라비아의 사막에서 적응훈련을 받았다. 아프가니스탄 침공 때도 낮에는 덥다가 갑자기 추워지는 변덕스런 산악 날씨를 비롯해 다양한 현장 여건을 생생하게 분석해 공격 시점과 기간을 조절했다. 한방의 승리를 위해 살아 있는 생생한 정보를 상황분석과 대응에 동원한 것이다. 국가가 전쟁에서 승리하는 방법과 개인이 직장에서 성과를 올리고 승리하는 방법의 근본적 차이는 사실상 없다.

둘째, 비판적 사고로 보이지 않는 이면의 진실까지 확인한다. 비판적 사고는 비록 일반적인 상황, 이미 분석된 상황이라 하더라도 더욱 정확한 의미와 실체를 파악해내기 위해서 다양한 시각을 가지고 다시 한번 그 상황에 접근하는 것이다. 다양한 시각으로, 즉 뒤에서, 위에서, 아래서, 거꾸로 세워서, 비틀어서 보면 이면의 진실까지 모두 파헤칠 수 있다. 집에서 고정되다시피 한 집안 식구들의 식탁 자리를 서로 바꾸어 앉아보는 행위 하나만으로도 좀 다른 생각이 들지 않던가? 어떠한 사실을 어떤 측면에서 바라보느냐에 따라서 판단은 상반되게 나올 수도 있다는 얘기다.

비판적 사고가 비평가나 철학과 교수 또는 학생에게나 필요한 것으로 생각한다면 그건 오해다. 요즈음 직장에서는 처리해야 할 일이나 발생하는 문제가 과거와는 다르게 무언가와 서로서로 복잡다단하게 얽혀 있거나 명료하지 않은 것들이 아주 많다. 그래서 비판적인 사고는 훈련 상황이 아니라 실제 상황이 벌어지는 일터에서 더욱 필요한 것이다.

셋째, 분석은 가능한 한 신속히 한다. 돌이켜보면 직장생활을 여유 부리며 유유자적했던 적도 있었다. 그러나 지금은 급속한 변화, 치열한 경쟁 등으로 신속한 의사결정이 필요하므로 정확성보다 오히려 속도가 더 중요시되는 상황이다. 이로 인해 '속도경영'이라는 말까지 등장했다. 그래서 신중을 기한다고 일을 마냥 부여잡고 잡고 있다가는 낭패 보기 십상이다.

손정의 회장은 "승율이 7할일 때 과감히 뛰어들어야 한다"고 했다. 이것이 바로 손정의의 '7할 승부론'인데, 70% 정도의 판단만 서면 재빠르게 대응방안을 실행해야 한다는 것이다.

전문가들은 속도를 강조할 때 인간이 가지고 있는 직관의 힘도 적절히 활용하라고 조언한다. 아무리 중요해도 일주일만 지나면 구시대의 유물이 되어버리는 시대에서 신속은 아무리 강조해도 지나침이 없다. "장고 끝에 악수 나온다"는 말도 되새겨 볼 필요가 있다.

그 옛날 월남전에서는 소총이나 기관총 실탄 1만 발에 한 명이 죽었을 정도로 총알에 의한 사망은 부비트랩, 폭탄, 포탄에 비해서 훨씬 적었다. 군인들이 밀림 속에서 상황파악을 제대로 못 하고 총을 아무 데나 갈겼기 때문이라고 한다. 이러한 안타까운 현상이 나 자신에게 발생하지는 않는지 점검해볼 일이다. 설령 상황판단에 실패해 그동안 귀중한 시간과 노력을 낭비한 적이 있다 하더라도 지나간 일 가지고 후회할 필요는 없다. 이보다 더 중요한 일은 자신의 눈을 때때로 잠자리의 눈과 현미경 렌즈로 만들어 향후 그와 같은 실수를 반복하지 않는 일이다.

30

대궐을 지으려면
초가삼간은 태워 없애라

—

변화능력

우리가 지금 맞이하는 시대는 과거와 달라도 많이 다르다. 변화의 사이클이 빠르게 반복하고 있을 뿐만 아니라 변화가 돌발적으로 나타나기도 한다. 그리고 감당하기 어려울 정도의 큰 규모로 변화가 몰려오기도 한다. 어찌 보면 격변이 일상화된 시대라고 해도 과언이 아니다. "지금은 변화를 넘어 전혀 예상하지 못한 위협에 끊임없이 노출되는 격동의 시대다." 이는 '마케팅의 아버지'라 불리는 미국 노스웨스턴 대학교의 필립 코틀러Philip Kotler 석좌교수의 말인데, 그는 지금 밀려오는 변화는 일상적인 변화가 아님을 선언하고 있다.

그래서 이제는 어느 한 곳에서 오래 머무를 상황이 못 된다. 그러다가는 적극적인 자기변화는 고사하고 주변의 변화를 읽고 따라가지도 못해 같이 가는 대열에서 이내 낙오되기 십상이다. 달리는 치타를 사진으로 가장 정확히 찍기 위해서는 치타와 동일한 속도로 뛰어가며 찍어야 한다. 달리는 치타는 지금의 변화이고 정확히 사진을 찍어야 할 사람은 오늘을 사는 바로 우리라는 사실을 일깨워 주는 냉엄한 현실이다.

만고불변의 가치는 없다

세계적인 작가 앙드레 지드는 "익숙한 해변에서 눈을 뗄 용기가 없다면 새로운 대륙을 발견하지 못한다"는 이 한 문장으로 자기변화의 중요성을 함축했다. 지금처럼 빛의 속도로 변화하는 세상에서는 목숨 걸고 지켜야 할 만고불변의 가치는 없다. 그래서 더 이상 효용 없는 옛날 방식에서 벗어나 새롭게 변신할 수 있는 능력이 바로 성공을 담보해주는 능력이 된다.

자기변화는 두 가지 방향으로 접근해야 한다. 그중 하나는 지속적으로 바뀌는 환경에 적응하고 경쟁자의 동태를 따라잡고 대응하기 위한 변화다. 어쩌면 소극적으로 보일 수도 있지만 이러한 변화 역시 뒤떨어지지 않기 위해서는 꼭 필요하다. 진화생물학자 찰스 다윈은 "경쟁력 있는 생물은 머리가 좋은 생물이 아니고 변화에 잘 대응하는 생물이다"라고 하면서 환경변화에 대한 대응의 중요성을 강조했다.

맛좋은 아귀탕으로 변신해 식탁에서 가끔 보는 아귀라는 못생긴 물고기는 자신이 안전하게 살 수 있도록 철저하게 환경에 적응해 포식자부터 생명을 보호한다. 아귀는 몸의 절반이나 되는 큰 입과 울퉁불퉁하고 지저분한 피부로 못생긴 물고기의 대명사다. 그래서 예전에는 어부들도 잡으면 재수 없다고 그 자리에서 버렸다. 물속의 포식자들 역시 단백질의 보고인 아귀의 가치도 모른 채 대부분 지나쳐 버린다고 한다. 못생긴 것은 동물조차도 기피한다는 것을 아귀의 원시 조상은 이미 알고서 후손 보호책을 마련했던 것 같다.

변화의 또 하나는 현재의 상태를 더 좋은 상태로 변모시키기 위한 능동적이고 적극적인 변화다. 이것은 성공을 갈망하는 직장인들이 집중적으로 추구해야 할 방식이다. 실제로 직장에서 잘나가는 셀러 프라이저들은 틈만 나면 자신을 색다른 모습으로 변신시키는 데 귀재고, 과거에 좋았다 하더라도 이미 유효기간이 지난 방식을 재탕 삼탕 반복하는 일이 거의 없다. 그들은 늘 새로운 방식에 공격적으로 도전해 변화를 꾀한다.

변화는 풍요를 보장한다

"날마다 새롭게 자신을 갈고 닦는다"는 뜻을 지닌 일신우일신日新又日新은 변화의 중요성을 말할 때 빠지지 않고 등장하는 고사성어다. 이 고사성어가 3000여 년 전에 탄생했다는 것은 변화라는 것이 지금을 사는 사람들만의 숙제가 아니었음을 말해준다.

세계에서 멘티를 가장 많이 둔 교수로 정평이 난 하버드 대학교의 하워드 스티븐슨Howard Stevenson 명예교수는 '전환점론'으로 다음과 같이 변화의 힘을 강조했다. "전환점이란 지금까지 달려온 것과 전혀 다른 쪽으로 방향을 트는 것이다. 중요한 것은 그 전환점에 우리의 잠재력을 이끌어낼 엄청난 힘이 있다는 것이다." 이처럼 개인의 변화는 고금을 넘나드는 핵심적인 화두로서 그 중요성을 아무리 강조해도 지나치지 않다.

1993년 삼성은 프랑크푸르트에서 '신경영'을 선언했다. 이 자리에서 이건희 회장은 "마누라와 자식만 빼고 모두 바꾸라"는 말로 변화를 역설했다.

이렇게 학계와 산업계의 대가들도 변화를 강조하며 변화에서 성공의 답을 찾고 있다. 실제로 삼성은 프랑크푸르트 선언 후 파죽지세의 성장을 거듭해 소니를 제치고 세계최강의 전자회사로 발돋움했다. 변화의 위력이 실감 난다.

그렇다. 우리는 한 번뿐인 인생을 살고 있다. 단 한 번의 인생을 어제와 같고, 작년과 같고, 남과 같은 방식으로만 살기에는 흘러가는 시간이 그저 아까울 따름이다. 그러나 "Think different!"를 외친 스티브 잡스의 말처럼 과거 또는 지금과 다르게 생각하고 다르게 행동하면, 즉 생활을 '상시변화 모드'로 고정해 놓으면 항상 기회가 만들어지면서 시간들이 보람으로 채워질 것이다.

특히 변화는 직장인에게 있어서 남다르게 중요한 의미가 있다. 왜냐하면 직장인들은 직장이라는 울타리 안에서 자기도 모르게 외부의 변화에 둔감할 수 있기 때문이다. 자칫 잘못하면 우물 안 개구리 신세를 면치 못하고 살아갈 수 있다. 그러므로 이를 방지하기 위해서 변화포착을 위한 안테나를 늘 높이 세워놓고 있어야 한다.

이제 변화는 생존이다

변화한다는 것이 쉽지 않음에도 불구하고 변화에 성공한 사례는 주변에서 얼마든지 발견할 수 있다. 이것은 누구나 가지고 있는 변화저항심리를 스스로 통제하고, 자기변화능력과 주변 변화에 대한 대응능력 함양에 공들이는 개인이나 조직이 많다는 얘기다. 변화 성공사례들은 돌아가는 주변 상황에 제대로 대응하고 남들에 앞서서 변화를 선도한다면 반드시 성공할 수 있다는 것을 실증적으로 보여준다.

우리나라 골프계의 백전노장 최경주 선수, 그는 도전적인 변화로 2011년 미국 프로골프PGA 투어 플레이어스 챔피언십에서 우승컵을 거머쥐었다. 그는 시합 직전 클럽을 교체하고 스윙폼에 변화를 주었다. 그동안 익숙했던 것들을 시합 임박해서 바꾼다는 것은 선수로서 아주 큰 모험이었지만 그는 과감히 변화를 시도했다. 그 결과로 그는 짜릿한 우승을 만끽할 수 있었다.

세계 최대의 사무용품회사 3M은 변화, 혁신의 대명사로 일컬어지는 기업이다. 세계적인 경영사상가 짐 콜린스는 "3M은 '진화하는 기계'다. 향후 50~100년 동안 지속적인 성공과 적응력을 지닌 기업 하나를 꼽는다면 당연히 3M을 선택할 것이다"라는 말로 3M의 변화능력을 칭송했다. 3M은 2011년에 글로벌 경영컨설팅 회사인 부즈앤컴퍼니Booz & Company에 의해 '세계에서 가장 혁신적인 10대 기업' 중 3위에 선정되기도 했다. 이 회사에서 만드는 스카치테이프가 테이프의 대명사가 되고 포스트잇이 '20세기 10대 히트 상품'에 꼽혔던 것은 다

그만한 이유가 있었던 것이다.

이른바 대마불사大馬不死의 시대는 지나갔고 1등 역시 생명이 짧기만 하다. 개인이나 조직이나 능력이 없으면 그대로 무너지는 세상이다. 그러다 보니 변화의 흐름을 따라잡고 선도해 빛나는 기업이 있는 반면에 과거의 영광을 고스란히 날리고 쓸쓸히 역사 저편으로 사라져가는 기업도 있다.

"이 세상에 영원한 1등은 없다"는 냉엄한 현실을 코닥을 통해서 여실히 확인할 수 있다. 코닥은 80년대만 해도 세계 필름시장의 70% 정도를 석권할 정도로 적수가 없어 그야말로 부귀영화를 누렸다. 코닥에서 생산되던 '코닥크롬'이라는 필름을 칭송하며 70~80년대를 풍미한 미국의 팝가수 싸이먼 앤 가펑클이 부른 「코닥크롬」이라는 노래가 아직도 필자의 귓전을 맴돈다.

131년의 역사와 함께 승승장구하던 코닥이 이제는 역사의 뒤안길로 사라질 위기에 직면했다. 필름의 부귀영화에 집착해 디지털이라는 거역할 수 없는 시대 흐름을 따라잡지 못했기 때문에 이러한 비극적인 사태를 맞이한 것이다. 디지털카메라를 처음 개발해놓고도 이렇게 되다니 참으로 아이러니하다.

"아는 악마가 더 낫다"는 미국 속담이 있다. 변화를 싫어하는 사람의 속성을 대변하는 속담이다. 적지 않은 직장인들이 의식적으로 또는 무의식적으로 변화에 저항하며 산다. 현실에 안주하는 생활에 젖어 있다 보니 변화는 이들에게 귀찮은 존재일 뿐이다. 그들은 자기보다 못한 사람을 바라보면서 자신을 위로한다. 어떤 이는 변화 의지는 있지만 "잘못하다가 이미 가지고 있는 것마저 날리는 것 아닌가?"하는 두려움 때문에 도전을 꺼리기도 한다. 그런 직장인들은 남들이 저만치 앞서 가며 풍요를 즐길 때 빈곤한 직장생활에서 벗어날 수가 없다. 한동안 잘 나가던 상사나 동료들이 몇 년이 지났는데도 예전 직급에서 맴돌고 있다면 그것은 변화를 거역한 결과로 봐도 무방하다.

물론 변화가 쉽지는 않다. 변화에는 어느 정도 희생도 따른다. 그러나 성공을 위해서는 빈대 한 마리를 잡기 위해서가 아니라 대궐을 짓기 위해 초가삼간을 과감히 불태우는 공세적인 변화의 지혜가 필요하다. 변화 여부로 흥망성쇠가 갈리는데 어찌하겠는가? 현재 상황에서 최선을 다해도 길이 보이지 않는다면 기존의 틀을 과감히 벗어버리고 새롭게 가능성을 찾는 노력이 절대적으로 필요하다.

익숙한 것과 결별할수록 성공이 빨라진다

변화능력을 키우기 위해서는 첫째, 고정관념과 과거의 관행을 과감히 탈피한다. 이제는 더 이상 통용되지 않는 과거 관행, 고정관념 등에서 탈출해 새로운 방식을 찾는 데 주력해야 한다.

'차세대 경영 구루'라는 찬사를 받는 런던 비즈니스스쿨 도널드 설Donald Sull 교수는 '활동적 타성'이란 신개념을 제시하면서 그것이 개인에 미치는 폐해를 강하게 지적했다. '활동적 타성'은 변화를 무시하고 과거 자신들이 성공해 온 방식을 그대로 답습하는 행위다.

랠프 왈도 에머슨Ralph Waldo Emerson도 "어리석은 일관성은 협소한 마음이 만들어내는 도깨비다"라는 말로 과거에 대한 맹목적 답습을 경멸했다. 그런데도 낡고 오래된 규정, 절차, 방식에 미련을 못 버리고 그것을 마치 만고불변의 가치처럼 고수하려는 직장인들이 있다. 이러한 태도를 신속히 버리지 않는 한 이들은 변화의 급물살에 휩쓸려 떠내려갈 가능성이 아주 높다.

고정관념에 빠져 있으면 아무 일도 못한다. 콜럼버스가 신대륙을 탐험하려 할 때 사람들은 그것이 아무나 하는 일이 아니라고 비아냥거렸다. 그러자 콜럼버스는 사람들에게 달걀을 세워보라고 했는데, 세울 줄 아는 사람은 아무도 없었다. 이때 콜럼버스는 고정관념에 빠진 그들 앞에서 달걀 밑 부분을 과감히 깨고 달걀을 세웠다. 그 후부터는 사람들이 그에게 아무 말도 못 했다. 필자는 이렇게 고정관념을 깨고 새로움을 만끽하는 제2의 콜럼버스가 이 책을 읽는 여러분이길 바라는 마음이다.

둘째, 성공경험으로 변화저항을 억제한다. 작더라도 성공경험을 많이 가져야 한다. 낯선 것에 대한 한두 번의 시도가 불발로 끝나면 그다음의 시도에는 대부분의 경우 브레이크가 걸린다. 이것은 실패에서 비롯된 자신감 상실로 변화저항이 만들어지기 때문이다.

그래서 처음부터 큰 변화를 꾀하고자 욕심부리지 말고 쉽게 성공할 수 있는 아주 작은 일부터 시도해 해냈다는 성취감을 느껴보는 것이 중요하다. 그러면 이때 생성된 자심감이 강한 동력이 되어 변화저항의 기세를 꺾고 새로운 시도를 촉진해 급기야는 애초 기대했던 변화가 이루어진다.

하버드대 경영대학원의 존 코터 교수는 이런 말을 했다. "모든 사람은 성공하길 원한다. 다른 사람으로부터 좋은 평가를 받고자 하는 마음이 있다. 사람들이 이미 보유하고 있는 하고자 하는 욕구에 변화할 수 있다는 가능성만 엮어주면 변화는 일어날 수 있다." 즉, 사람에게는 인정받고 성공하고자 하는 기본적인 욕구가 있으므로 변화할 수 있다는 확신만 있으면 변화를 쉽게 이루어낼 수 있다는 말이다. 그래서 작든 크든 어떤 일의 성공경험은 변화를 위한 중요한 첫걸음이 되는 것이다.

셋째, 원리와 원칙을 무조건 신봉하지는 않는다. 원리와 원칙을 세워놓고 그것을 지키는 것은 물론 중요하다. 그러나 동료로부터 원칙주의자라는 평을 받는 사람은 자신을 한번 되돌아볼 필요가 있다. 이런 사람은 현실에 안주하면서 새로운 일을 벌이거나 변화를 꾀하는 일에 소홀할 가능성이 높다. 대부분의 상사는 이런 부하를 소극적인 직원으로 간주하고 부하에게 기회가 될 수 있는 새 임무부여를 망설인다.

상황이 요동치는 지금의 직장은 미생지신尾生之信의 고사에 나오는 미생 같은 작은 명분에 집착한다든가, 변한 상황을 인정하지 않고 원칙을 고집하는 고지식한 사람을 원치 않는다. 개인적으로는 이것을 소신이라고 말할지도 모르지만 요즘 같은 변화 지향적인 조직에서는 그것을 고상한 소신으로 인정해줄 사람은 거의 없다. 그래서 정해진 원리와 원칙을 부동의 금과옥조로 삼아서는 안 된다.

넷째, 항상 '변화 동향 포착용 안테나'를 높이 세운다. 급변하는 변화상황을 따라잡기 위해서는 항상 안테나를 높이 세우고 주변의 돌아가는 상황을 예의 주시해야 한다. 상사가 무엇을 원하는지 동료는 무엇을 하고 있는지를 끊임없이 살펴야 한다. 그들이 변하는데 나만 그대로 있으면 본류에서 멀어져 갈 뿐이다. 특히 직장에서는 앞서 가는 사람에 대한 관찰의 끈을 놓지 말아야 그들을 따라갈 수 있고 종국에 가서는 그들을 앞설 수 있다.

앞에서도 언급했듯이 시속 120km를 달리는 치타를 가장 선명하게 사진을 찍으려면 치타와 같은 속도로 달려가며 찍는 방법 이외는 없다. 즉, 변화하는 상황을 놓치지 않고 실시간으로 좇기 위해서는 그것에 걸맞은 행동을 해야 한다.

다섯째, 변화의 주역이 된다. 직장에서 셀러프라이저가 되고자 한다면 변화를 따라가는 정도로는 부족하다. 자신이 변화를 주도하는 삶을 살아야 한다. 주도한다는 것은 외부환경의 변화 속도 보다 내가 더 빨리 변화하는 것이다. 직장은 작든 크든 변화가 끊임없이 이어지는 곳이다. 입사, 퇴사, 승진, 부서의 생성 및 소멸 등으로 환경이 늘 변한다. 이 변화의 한가운데에 자신이 존재한다. 여기서 변화를 주도하면 앞서 갈 수 있지만 그렇지 않고 방관한다면 변화 주도자들에게 항상 끌려다니는 상황을 면치 못한다.

변화를 위한 주도적인 시도는 물론 중요한 일이나 상황을 지나치게 자의적으로 해석해서 변화시키고자 하면 문제가 될 수 있다. 그래서 자신의 입장에서만 바라보지 말고 가능한 한 직장의 상사, 동료들과 시각을 같이하면서 변화를 선도해야 한다. 그리고 오너나 경영층과는 다르게 일반봉급 생활자로서의 상사는 변화를 무조건 반기지 않는다는 현실도 염두에 두어야 한다. 무턱대고 기존의 방식을 변화시키려 한다면 상사의 눈 밖에 날 수 있다.

변화발생이 점진적, 연속적에서 충동적, 돌발적으로 급변하고 있다. 변화가 누구나 눈치챌 수 있도록 더 이상 개방적이고 호의적이지 않다는 얘기다. 그래서 과거는 참고용으로 삼고, 현재 내가 알고 있는 것과 행동하는 것이 내일도 타당할 것인가를 자문하고, 많이 알고 있다는 사실을 오히려 경계하면서 사는 습관을 들여야 한다.

31

제대로 선택하고
무섭게 공략하라

—

선택과 집중능력

아프리카 초원에서 사냥 성공률이 가장 높은 동물은 리카온이라는 갯과 동물이다. 무엇이 리카온의 사냥 성공률을 최고로 만든 것일까? 리카온은 무리를 지어 다니다가 먹잇감이 나타나면 먹잇감 중 오직 한 마리만 표적으로 선택한다. 그리고 두세 마리가 임무를 교대해 가면서 먹잇감이 지쳐 쓰러질 때까지 쫓아간다. 선택한 표적에 대한 집중적인 공략이 바로 리카온의 사냥 성공률을 최고로 만드는 것이다. 목표에 대한 선택과 집중의 결과다.

우리 인간도 마찬가지다. 능력에는 한계가 존재하기 때문에 하고자 하는 모든 것을 완벽하게 해낸다는 것은 불가능에 가깝다. 그렇다 보니 문어발식으로 일을 벌였다가는 뭐 하나도 제대로 못할 수 있다. 그래서 성공하려면 자신의 능력을 최고도로 발휘할 수 있는 분야를 취사선택하고 거기에 집중해야 한다.

중요한 것에 집중하라

선택과 집중, 특히 집중능력은 성공을 논하는 데 필수적인 화두이면서 21세기의 성공 DNA로 확고하게 자리매김하고 있다. 집중능력이 오늘날 성공하는 사람이 가진 일반적 특성으로 인정받고 있는 것이다.

앞에서 언급했듯 투자의 귀재 워런 버핏은 "전념해야 성공한다"라는 말로 집중의 중요성을 함축했다. 얼마 전 방한한 세계적 경영 컨설턴트인 톰 피터스Tom Peters 역시 기자들과의 인터뷰에서 다음의 말로 집중을 강조한 바 있다. "이것저것 모든 것을 다 한번 해보겠다는 것은 자원 낭비다. 어떤 한 분야를 올바로 선택해서 거기에 집중하는 것이 중요하다." 이처럼 걸출한 성공을 이룬 세계적인 명사들이 이구동성으로 집중을 찬미하는 것을 보면 마치 집중에서 모든 답을 찾기라도 해야 할 듯하다.

보통 사람은 솔로몬의 지혜와 골리앗의 힘을 가진 것이 아니다 보니 어차피 모든 것을 다 섭렵할 수는 없다. 이일 저일 무리하게 벌이다가 자칫 뭐 하나도 제대로 못 하는 신세로 전락할 수 있으니 조심할 일이다.

예를 들어, '고객은 왕'이라는 구호에 휩쓸려 모든 고객을 왕처럼 모시겠다고 욕심부리다가는 큰일 난다. 고객이 중요해서 잘 모시겠다는 취지야 좋지만 무슨 수로 그 수많은 고객 모두를 똑같이 왕처럼 떠받들 수 있겠는가? 그러다가는 진짜 중요한 고객까지 놓친다. 영업현장에서 판매력이 우수한 직원들은 대부분 '진짜 왕'만을 가려내어 맞춤형 관리를 한다.

털어낼 것은 과감히 털어내고 핵심에 집중해야 한다. 그래야 지금과 같이 급변하는 시기에 살아남는 것은 물론 남들보다 멀찌감치 앞서 갈 수 있다.

성공을 이뤄낸 '선택과 집중'의 귀재들

선택과 집중의 위력은 이를 통해 성공을 이룬 수많은 사람이나 기업들이 이를 입증한다. 이들은 "물방울도 계속 떨어지면 돌을 뚫는다"는 수적석천水滴石穿의 집념으로 집중해 일에 진력한 결과 그들을 감히 남이 범접할 수 없는 경지에 올려놓았다.

일본의 노벨 화학상 수상자 다나까 고이치, 그는 학문분야 노벨상 수상자로서는 아주 드물게 일류대도 아닌 평범한 대학에서 낙제의 수모를 겪었던 사람이다. 직장생활도 여러 번의 도전 끝에 간신히 들어간 시즈마 제작소라는 회사에서 일개 평사원으로 출발했다. 그러나 그는 직장에서 승진도 포기한 채 장인정신으로 20년간 자기의 일에만 철저하게 몰두했다. 그 결과 그는 노벨상을 받았다.

현대자동차 판매 부문에서 근무하는 K모 영업부장, 그는 선택과 집중의 결실로 명예와 부를 쌓아가는 직원이다. 그는 팔 수 있는 수많은 차종 중에서 승용차, 승용차 중에서도 영업용차, 영업용차 중에서도 개인택시 단 한 가지 차종 판매에 승부를 걸고 모든 정열을 거기에 쏟아 부었다. 그 덕택에 개인택시를 전국 최대 규모로 판매하면서 브레이크 없는 자동차처럼 전국 최고의 판매왕 자리를 향해 거침없이 질주하고 있다.

100년이 넘은 세계적인 장수기업이자 대형 모터사이클의 황제로 군림하는 할리데이비슨의 '집중, 몰입 DNA'에 대해서는 필자가 굳이 기술하지 않더라도 독자들이 더 잘 알 것으로 생각한다.

한 우물만 파는 것이 유리하다

선택과 집중의 효과가 대단하다는 것은 주지의 사실이다. 그럼에도 불구하고 집중을 하겠다는 것인지 않겠다는 것인지 도무지 알 수 없는 광경들이 여기저기서 목격된다. 간판에 '생선구이 전문'이라고 크게 쓰여 있는데 막상 안으로 들어가면 메뉴판에 된장찌개, 김치찌개, 청국장 등 없는 것이 없는 식당이 있다. 집중이 중요하다 하니 '전문'이란 글자를 붙인 것 같은데 무엇이 전문인지 마냥 혼란스럽기만 하다.

어디 이뿐인가? '내과 전문의'라고 해서 들어가면 역시 진료과목이 하나둘이 아닌 의원도 있다. 이렇게 주특기에 집중하지 않고 산만하게 벌려놓으면 고객들로부터 과연 전문으로 인정받을 수 있을까? 이러면 오히려 고객이 발길을 되돌리지 않을까 싶다.

직장에서도 처음부터 한우물을 파서 성공한 직원이 있는 반면에 정처 없이 방황하는 직원도 있다. 방황하는 직원들의 상당수는 이 정보 저 정보를 꿰차고는 있지만, 자신의 부서를 남의 부서와 비교하고 자기의 일을 남의 일과 비교하는 데 주력해 '남의 떡 맛있는 점'만을 기가 막히게 감별해낸다. 그리고서는 상사를 졸라서 부서를 철새처럼 옮기며, 또는 업무전환Job Rotation 기한이 돌아오기만을 학수고대하며 살아간다.

이런 직원들은 대부분 나중에 집중하지 못한 대가를 톡톡히 치를 가능성이 농후하다. 머지않아 같이 출발한 동료보다도 승진이나 급여에서 한참 뒤질 수 있다. 이동을 배려해준 상사나 회사 내 인맥에도 좋지 않은 인상을 주어 결국은 인사상의 불이익을 당하고, 함께 잘 알고 지냈던 사내 인맥까지 놓치는 우를 범할 수도 있다.

업무에 몰입하는 기술

여기 직장인들의 업무몰입과 관련된 놀랄만한 조사결과가 있다. 글로벌 컨설팅기업 타워스왓슨Towers Watson이 한국, 미국, 영국, 중국, 일본 등 22개국의 2만여 직장인을 대상으로 직원 몰입도를 조사했다. 그 결과 우리나라 직장인의 업무몰입도 비율이 불과 6%밖에 안 되는 것으로 나타났다. 전 세계 평균이 21%인 것에 비하면 너무나 큰 차이를 보인다.

이러한 현상은 분명 개인이나 고용하고 있는 회사 모두에 심각한 문제임이 틀림없다. 나 자신은 직장에서 얼마나 몰입하며 일하는지 한번 돌아볼 일이다. 이와 크게 다르지 않다면 옆의 경쟁자도 집중에 소홀할 가능성이 아주 높다는 뜻이기도 하다. 이럴 때 현재 상황에서 맘먹고 하는 일에 집중해 성공을 더욱 쉽게 맞이하든지, 아니면 다른 길을 찾든지 결정해야 하지 않을까 싶다.

한곳에 집중하라고 해서 그 일 하나에 푹 빠져서 묻히라는 얘기는 아니다. 축구에서 천재적인 골 결정력을 인정받아 센터포워드로 임명되었다 해도 그가 골 넣는 일만 하는가? 그렇지 않다. 다른 선수 숫을 어시스트하기도 하고, 수비가 모자라면 아군진영으로도 뛰어들어가기도 하고, 미드필더 못지않게 중원을 누비기도 한다. 다만 최적임자로 인정받아 배정받은 자신의 포지션에 가장 많은 에너지와 노하우를 온 힘으로 집중하는 것이다. 그래야 자신의 실력이 최고도로 발휘되고, 고품질의 실력으로 팀에 기여할 수 있기 때문이다. 그래서 자신의 전공과목에 전념하되 전공과목에 부정적인 영향을 주지 않는 범위 내에서 부전공과목의 능력을 키워야 한다.

그렇지만 직장에서의 승부는 송곳처럼 집중된 에너지에 의해 갈린다는 사실을 잊지 말아야 한다. 물론 총력으로 집중한다고 그것이 반드시 성공으로 이어진다는 보장은 없다. 그러나 집중 이전에 집중해야 할 대상을 올바르게 선택하고 집중력을 유지하고 증강할 수 있는 제대로 된 행위가 이루어진다면 성공 가능성은 훨씬 높아질 수 있다.

최적의 전술과 전략만을 고집하라

선택과 집중능력을 키우기 위해서는 첫째, 뚜렷하고 구체적인 비전과 목표를 설정한다. 대개 인생차원의 비전과 목표와는 달리 직장인으로서의 비전과 목표를 물어보면 명쾌히 답변하는 사람이 그리 많지 않다. 직장생활을 통해서 도착하고자 하는 최종 목적지가 불분명한 것이다. 이런 상황에서는 성공을 향해 이끌어갈 의지와 역량이 제대로 결집될 수가 없다.

그러나 비전과 목표가 뚜렷하다면 상황은 달라진다. 그것이 뚜렷하고 게다가 구체적이면 자신의 능력 중 그것을 이루기에 가장 적합한 핵심능력들이 한곳에 집중되기 때문이다. 돋보기로 종이를 태우는 원리와 동일하다. 자신이 지향하는 뚜렷한 비전과 목표로 능력을 한곳에 집중하면 돋보기를 통해 모인 빛이 종이를 태우듯 그 능력에서 방출하는 강력한 에너지가 성공으로 가는 길을 시원하게 뚫어줄 것이다.

둘째, 상황에 맞는 최적의 방법을 선택하고 활용한다. 지금은 그 어느 때보다도 변화의 파고가 높다. 그래서 어제 유용했던 방법이 오늘은 쓸모없어 용도 폐기되었다가, 내일은 또 없어서는 안 될 중요한 방법으로 부활하기도 한다. 아무리 좋은 방법이라 하더라도 지금 당장 일하는 데 적합하지 않으면 아무런 소용이 없다.

그래서 어떤 방법이 현재 상황에 가장 잘 부합하는지와 그 방법이 가장 최신의 것으로 업데이트되었는지를 확인해야 한다. 업무를 하는 데 최적의 전술과 전략을 선택하는 것이다. 이러한 것들을 모아서 과제수행에 집중적으로 투입하는 데 흡족한 성과가 나오지 않는다면 오히려 이상할 것이다.

셋째, 경쟁우위에 있는 나의 능력에 집중한다. 《월스트리트 저널》이 세계 경영대가 20인 중 1위로 선정한 바 있는 경영학자 게리 하멜

Gary Hamel은 "국가가 집중할 것은 국제무대에서 경쟁력이 높은 분야를 발굴하는 것이고, 기업이 집중할 것은 세계시장을 점유할 수 있는 특수상품을 발굴하고 성장시키는 것이고, 개인이 집중할 것은 자신의 장점을 살릴 수 있는 영역을 발굴하고 개발하는 것"이라는 말을 했다. 경쟁에서 이기고 궁극적으로 성공에 안착하려면 자신의 장점을 확인해 그것을 집중적으로 개발하고 이용하라는 얘기다.

직장 내 일부 업무 분야에서 요구하는 특별한 역량을 제외하면 기본적인 개인역량에서는 직원 간 능력차이가 별로 없다. 특히 동일 부서면 더욱더 능력이 고만고만하다. 그러므로 동료들과 차별화된 강점으로 판단되는 자신의 능력을 잘 선택해 그것을 집중적으로 발휘하는 데 주력한다면 경쟁에서 낭중지추의 실력자가 되는 것은 그리 어려운 일이 아니다.

넷째, 우선순위에서 밀리는 것은 미련 없이 포기한다. 하버드 대학교의 마이클 포터 교수는 "경쟁이 심한 곳일수록 할 것을 하는 것보다 하지 말아야 할 것을 하지 않는 것이 더 중요하다"고 한다. '젖 먹은 힘'까지도 필요한 치열한 경쟁상황에서는 불필요한 것은 과감히 정리해야만 경쟁이 필수적인 곳에 조금이라도 더 힘을 보탤 수가 있다는 것을 강조하는 것이다.

2012년 런던 올림픽에서 수영 황제 펠프스의 결정은 '선택과 집중을 위한 포기는 이렇게 하는 것이구나'를 확실하게 느끼게 해준 대표적인 사례다. 펠프스는 금메달이 확실시되는 자유형 200m 출전을 포기했다. 그는 이미 북경올림픽에서 자유형 200m를 포함해 8관왕을 차지했기 때문에 런던에서 우승하면 2회 연속 8관왕을 달성하는 위업을 이룰 수 있었다. 그러나 그는 만에 하나 금메달을 놓쳤을 때 남을 오점을 고려해 200m와 올림픽 2회 연속 8관왕을 과감히 포기한 것이다. 이러한 전략적인 포기는 펠프스를 더욱 찬란하게 빛나는 수영의 황제로 만들었다.

다섯째, 다음 일은 하던 일을 깔끔하게 정리한 후에 시작한다. 골몰해서 일하는 도중에 갑자기 새로운 과제가 상사로부터 부여될 때가 있다. 이런 경우에는 대부분 하던 업무를 제대로 마무리도 못한 채 새로운 일에 급히 뛰어든다. 이렇게 되면 개운치 않은 마음 때문에 새로운 일에 집중하기가 몹시 어렵다. 그래서 미련이 남지 않도록 하던 일을 마무리해놓고 다음 일에 돌입해야 한다. 하던 일을 완전히 끝내든, 아니면 일단락을 지어놓든 정리를 해놓고 새로운 일을 시작하면 몰입도가 훨씬 높아진다.

오리를 보라. 오리는 무엇하나 제대로 하지 못한다. 이것저것 조금씩은 하지만 잘 날지도, 잘 뛰지도, 잘 헤엄치지도 못한다. 그래서 쫓지는 못하고 항상 쫓겨만 다니는 신세를 면치 못하며 살아간다. 그러나 치타처럼 달리든지, 독수리처럼 날든지, 상어처럼 헤엄치면 그 분야에서는 누구든지 최고가 될 수 있다. 현명한 선택과 일관적 집중은 직장인으로 하여금 눈앞에 주어진 일을 효과적으로 추진하게 하고 궁극적으로 셀러프라이저로 거듭나는 데 크게 기여할 것이다.

32

성과도 없이
능력을 자랑 마라

—

성과관리능력

미국 미시간 대학교 풋볼 감독 20년 재임 중 234승, 승률 85%, 미국 중서부 대학리그 13회 우승, 미국 대학리그 5회 우승, 국가대표 33명과 빅 텐 대표 126명 배출, 이것은 미국의 풋볼감독 보 스켐베클러Bo Schembechler의 전설적인 성적표다. 그가 죽었을 때《뉴욕타임스The New York Times》는 관련 소식을 1면에 대서특필했고, 미시간 대학 웹사이트는 하루 만에 평소 1년간 접속건수를 넘어버렸고, 조문객만 2만 명 넘게 참석했다.

그가 이렇게 죽어서까지 추앙받은 이유는 무엇일까? 그것은 감독으로 재임하는 동안 남들이 감히 범접하지 못할 정도의 탁월한 성과를 올렸기 때문이다. 그는 선수들이 원하는 것보다는 본인이 의도한 것에 집중해 선수들을 냉정하게 밀어붙인 악명 높은 감독이었다. 그럼에도 이러한 악명은 그가 이룬 성과의 위상을 위협하지는 못했다.

성과가 바로 이런 것이다. 과정이 다소 부적절했다 하더라도 성과만 탁월하면 그 지나간 과정은 여간해서 말이 안 나온다. 그러나 반대로 아무리 눈물 나고 아름다운 과정이 있었다 하더라도 인정될 만한 결과치가 없다면 사람에 대한 평가는 180도로 달라진다. 성과로 울고 웃는 승부의 세계에서는 더더욱 그렇다.

직장에서 성과보다 더 중요한 덕목은 없다

지금 기업 등 직장에서 개인이 이루는 업무성과는 승진과 급여를 결정하는 핵심요인으로 작용한다. 이외에도 인센티브 결정, 보직인사, 더 나아가서는 직장인으로서의 생존에까지 영향을 미친다. 다시 말해 영리를 목적으로 하는 직장인에게 업무성과보다 더 중요한 가치는 없다.

과거의 인사평가에서는 개인의 성과 외에 인사권자와의 인간관계 등의 사적인 요소가 어느 정도 작용하기도 했다. 그러나 이제는 성과 중심의 객관적 평가가 이루어지면서 업무에서 성과를 내지 못하는 직원은 설 자리가 점점 없어지는 게 현실이다. 사실 회사가 자선사업 단체도 아닌데 어느 상사가 능력도 부족하고 성과도 미흡한 직원에게 잘 해주려 하겠는가? 그래서 직장인들에게 성과관리의 필요성이 더욱더 절실해지는 것이다.

최근 온라인 취업포털 사람인의 조사결과는 개인의 역량과 성과가 얼마나 중요한지를 보다 실감 나게 뒷받침해준다. 기업 인사담당자 329명을 대상으로 조사했는데, 연봉 결정에 영향을 미치는 요인은 회사요인을 제외하고는 개인성과(39.8%), 개인역량(34%), 근무태도(27.1%), 직무(21%), 연차(20.4%), 직급(16.7%), 팀/부서 성과(13.7%) 순으로 나타났다(복수응답). 역시 개인의 역량과 성과가 압도적인 우위를 보였다. 그리고 가장 연봉을 삭감하고 싶은 직원의 유형은 '경력에 비해 성과가 떨어지는 유형'이 38.2%로 역시 성과가 1위를 차지했다.

예전에는 대기업 회장이나 사장쯤 되면 임직원들에게 점잖게 중장기적인 비전을 제시하거나 몇 가지 포괄적인 당부 사항, 사기를 북돋우는 격려의 말 정도나 하고 지내는 것이 일반적이었다. 그러나 경기의 위축과 그로 인한 기업 간의 치열한 경쟁 때문에 지금은 상황이 많이 달라졌다. 총수를 비롯한 경영층이 성과를 내라고 독려하는 정도가 그 어느 때보다도 강하고 구체적이다. "사장님이 쪼잔하게……" 라고 생각할지 모르겠지만 그렇게만 볼 일이 아니다. 개인의 성과가 모여서 회사의 성과를 만들고 회사의 성과는 회사의 흥망성쇠를 결정하며 수많은 직원의 운명을 좌우하기 때문이다.

직장에서 지속적으로 좋은 성과를 거두면서 고속으로 승진하고 고액의 연봉을 즐기는 프로들은 나름대로 성과를 주도면밀하게 관리해 성과의 질과 양을 더욱 확대해나가고 있다. 이들은 어쩌다가 맛본 성과에 자아도취 해서 섣부르게 샴페인을 터트리다가 바로 뒤에 따라오는 경쟁자에게 그냥 추월당하는 선무당 같은 직원과는 근본적으로 다르다.

2010년 밴쿠버 동계올림픽 여자 스피드스케이팅 500m 금메달, 2012~2013년 일곱 대회 국제 레이스 중 여섯 대회 우승이라는 찬란한 성적을 올린 빙상 여제 이상화, 그녀는 최고의 기쁨을 지속적으로 만끽할 수 있는 비결을 바로 성과관리에서 찾는다. "자신이 1등에 있다면 2등, 3등에 빼앗기지 않으려고 달리고 또 달려야 해요. 한순간도 멈출 수가 없는 거죠." 그녀의 말이다.

실패하지 않으려면 성공에 도취되지 마라

반면에 남다른 성과를 올려 성공했지만 그 성과를 유지하고 발전시키는 데 실패한 사례도 기업과 사람들에게서 적지 않게 발견된다.

한때 커피 체인점 시장을 주름 잡았던 스타벅스, 이제는 예전 같은 부귀영화를 누리지는 못하고 수많은 커피 체인점의 하나로 존재한다. 최강자는 아니라는 얘기다. "그때 스타벅스의 사업 모델은 아주 훌륭했다. 그러나 이전의 성공에 도취해 혁신을 소홀히 했다. 매력 있는 신제품을 개발하지 않았고, 기존 제품에 어떠한 변화도 주지 않았다. 초기의 창업 정신도 희석되었다." 현대 마케팅의 1인자로 칭송받는 미국 노스웨스턴 대학교의 필립 코틀러 교수의 말이다. 스타벅스가 샴페인 잔을 미리 들지 않고 이룬 성과를 제대로 관리했더라면 지금도 꾸준히 업계 1위의 영광을 누리고 있지 않을까?

연세대학교 경영학과 신동엽 교수는 최대의 성과 다음에 위기가 닥치는 이유를 '성과착시현상'으로 설명한다. 지금의 성과는 6~7년 전의 훌륭한 의사결정으로 만들어진 산물이지 지금의 의사결정행위와 동시에 발생된 성과가 아니기 때문에, 성과를 이룬 직후 축배를 듦과 동시에 다음의 성과를 위한 준비를 철저히 해야 한다는 것이다. 사실 새로운 일을 시작할 때 시작하자마자 성과를 내는 것은 거의 불가능하다.

이처럼 성과를 유지하고 키우는 데 성과를 관리하지 않는 것은 거의 불가능한 일이다. 그래서 성과를 지속적으로 거두고 그것을 확대 재생산 하기 위해서는 성과창출, 성과분석, 피드백, 다음 성과를 위한 준비 등 일련의 성과관리 행위를 꼭 해야 한다.

단기성과도 없이 장기성과를 논하지 말라

성과관리는 성과를 올리기 위한 관리와 올린 성과를 유지하는 관리로 나눌 수 있다. 먼저 성과를 올리기 위해서는 첫째, 단기성과와 장기성과 모두를 고루 이루어내야 한다. 그런데 직무현장 밖에 있는 전문가들은 주로 중장기적인 성과에 치중해 그 중요성을 강조하는 경향이 있다. "장기적인 안목으로……", "미래지향적인 비전을 바탕으로……" 등은 모두 아름답고 고상한 말들이며 한편 당연한 말이다.

그러나 직장에는 부서에 따라 다소의 차이는 있지만 당장 해야 할 일이 너무도 많다. 경쟁이 치열해 당장의 성과가 없다면 결정적인 승기를 놓치거나 뒤처질 수밖에 없다면 발등에 떨어진 불을 여유롭게 쳐다보고 있을 상황이 못 된다. 그렇다고 당장의 성과에만 지나치게 급급해서는 안 된다. 그러다가 장기성과의 기반을 상실해 종국에 가서 위기를 맞을 수도 있기 때문이다.

‘황금알을 낳는 거위’ 이야기가 중장기적 성과관리의 중요성을 일깨워준다. 어떤 사람이 황금알을 낳는 거위를 기르고 있었다. 그 사람은 한꺼번에 황금을 얻겠다는 욕심으로 거위의 배를 갈랐다. 그랬더니 배 안에는 보통 거위의 내장만 보일 뿐 황금알은 찾아볼 수가 없었다. 조급함과 이기심 때문에 거위도 잃고 황금알도 잃은 것이다. 아무리 바쁘고 급하다 하더라도 이런 우를 범해서는 안 될 것이다.

둘째, 성과창출과정을 시스템화한다. 물론 상황변화가 심해 ‘비상’, ‘긴급’이라는 수식어가 붙은 일들이 난무하는 직장의 업무 일선에서 체계와 시스템을 완벽하게 준수해가면서 일한다는 것은 쉽지 않다. 그러나 높은 성과를 창출하기 위해서는 그렇게 하지 않으면 안 된다. ‘프로젝트’로 불리는 규모의 일들은 더더욱 그러하다.

성과창출을 위한 자원을 적절하게 준비하고, 최종 성과를 담보할 수 있는 여러 가지 예비 성과들을 도출해보고, 부족하고 문제가 되는 부분을 신속하게 개선하는 등 성과관리 과정을 시스템화하는 것은 차별적인 고성과 창출을 위해 필수적이다.

셋째, 일의 마무리 관리를 신중하게 한다. 일하다 보면 시작과 과정은 빈틈없이 잘해놓고 마무리를 제대로 못 해서 낭패를 보는 일이 왕왕 발생한다. 과정에서 비롯된 피로감 때문에 서둘러 끝내고 싶은 마음과 잘되었을 것이라는 방심이 화를 부르는 것이다.

호랑이는 먹잇감을 발견하면 최대한 천천히 다가가서 후방 20m 정도에서 번개같이 달려들어 낚아챈다. 그리고 먹이를 물고 은폐된 바위틈 사이 등으로 들어간다. 물 마시러 갈 때는 나뭇잎 등으로 숨겨놓기까지 한다. 백수의 제왕인 호랑이가 이렇게 하니 좀스럽게 보일 수도 있지만 그렇게 볼 일이 아니다. 배고픈 늑대 무리는 호랑이에게도 사생결단으로 덤비기 때문에 먹잇감을 뺏길 수도 있기 때문이다. 호랑이도 철저하고 신중한 마무리를 하는 것이다.

일하는 과정은 목적이 아니다. 목적은 분명 잘 마무리된 성과다. 일의 마지막 순간까지 방심하지 않고, 피곤하지만 좀 더 인내해 화룡점정畵龍點睛의 마무리를 했을 때 비로소 성과는 최대화되고 찬란하게 빛나는 것이다.

넷째, 환경여건을 최대한 이용한다. 대개 일은 자신의 개인적 역량이 주축이 되고 주변 여건이 보조되어 이루어지는 것으로 생각하기 쉽다. 그러나 적어도 직장에서는 반드시 그렇지만은 않다. 오히려 고성과자는 그와 정반대라는 전문가의 견해도 있다.

하버드 대학교 경영학과의 보리스 그로이버그Boris Groysberg 교수는 "고성과자가 창출하는 성과의 30%는 자신의 개인적 역량에서 나온 것이지만 나머지 70%는 회사의 경영 시스템, 교육훈련, 문화적 풍토 등에서 나온다"면서 "고성과자는 스스로 빛을 발하는 별이라기보다는 수많은 발광체로부터 빛을 받아 아름답게 반짝이는 혜성과도 같다"고 했다. 성과를 내는 데 둘러싼 환경여건은 그만큼 중요하다.

지금 대부분의 직장은 직원이 성과를 이루는 데 도움을 주기 위해 인적, 물적 지원을 아끼지 않고 있다. 직원에 대한 투자가 '가장 크게 남는 장사'라는 것을 잘 알고 있기 때문이다. 이러한 직장의 지원환경 여건을 자신의 능력에다 잘 배합하면 최고의 성과를 얼마든지 올릴 수 있다. 더 이상 자신의 능력만이 전지전능한 것으로 생각하고 의지해서는 안 된다.

샴페인은 맨 마지막에 터뜨려라

올린 성과를 잘 유지하고 다음 성과를 더욱 증폭시키기 위해서는 첫째, 이룬 성과에 대한 평가와 피드백을 습관화한다. 일반적으로 일하는 과정에서는 "잘 되겠지" 하는 마음으로, 그리고 그 일이 종료되면 끝냈다는 성취감으로 그 성과에 대해서 꼼꼼히 되돌아보는 것, 즉 평가와 피드백을 소홀히 하는 경우가 많다. 그래서 성과의 확대 재생산을 어렵게 한다. 그러나 성공한 사람들은 한결같이 최종승리를 위해 이룬 성과를 철저하게 평가함은 물론 실패에서 답을 찾는다.

마린보이 박태환은 피나는 훈련과 함께 수많은 실전 모의고사를 치르고 나서야 2012년 올림픽이 열리는 런던으로 향했다. 그는 궁극적 목표인 런던에서의 금메달을 위해서 올림픽 참가 전 6개월의 짧은 기간에 멜제이젝 주니어 인터내셔널 수영대회, 동아 수영대회, 산타클라라 수영대회, LA 수영대회 등 수많은 국제대회를 통해서 올림픽으로 가는 중간에서의 성과를 꼼꼼하게 평가했다.

이러한 더 큰 도약을 가능케 해주는 평가와 피드백은 이들 세계적 스포츠 스타들만의 전유물이 아니다. 직장에서도 마찬가지다. '직장스타'가 되기 위해서는 성과평가와 피드백의 습관화는 필수적이다.

둘째, 성과에 도취한 자만과 방심을 조심한다. 성과를 유지하고 더욱 발전시키는 것은 성과를 이루는 것만큼이나 중요하다. 성과에 깊게 도취되면 방심하고 그나마 이룬 성과가 모두 날아갈 수가 있다. 또 성공을 여러 번 하다 보면 자만심이 생기면서 '성공의 덫'에 걸려 거기에 그대로 갇힐 수도 있다.

모토로라의 레이저는 휴대전화 업계에서 가장 성공한 휴대폰으로 손꼽힌다. 레이저는 출시 후 4년간 롱런하면서 전 세계에서 무려 1억 3000만 대가 팔린 대기록을 수립했다. 레이저의 성공은 모토로라에 효자 노릇을 했지만 한편으로 회사를 몰락시키는 단초를 제공했다. 레이저의 성공에 도취한 모토로라 경영진이 신제품을 개발하는 데 소홀했기 때문이다. 결국 모토로라는 2011년에 구글로 넘어갔다.

자만과 방심이 미치는 악영향은 직장인에게도 예외가 아니다. 오늘날 직장에는 수많은 직원이 점점 좁아지는 사다리꼴의 정상을 향해서 사투를 벌이며 질주한다. 어느 한두 가지의 성과에 젖어 여유 부리다가는 입사 동기에게 이내 추월당하는 쓸쓸함을 맛볼 수 있다. 저만치 앞서 가는 동기의 뒷모습을 보면서 가슴 치며 후회해보지만 "이미 때는 늦으리"가 된다. 그러나 성과창출 후 겸손을 유지하고 긴장의 고삐를 늦추지 않으면 성과를 유지하면서 경쟁자의 추월을 효과적으로 차단할 수 있다.

셋째, 또 다른 성과를 위해 준비한다. 직장인이 달성해야 하는 목표는 한둘이 아니고, 특히 현재 이룬 성과를 증폭시켜야만 달성할 수 있는 차상위 목표가 항상 눈앞에 버티고 있다. 그러나 사람이다 보니 하나의 성과를 이루고 나면 심신이 이완되면서 한동안 쉬고 싶어진다.

하지만 성공의 여신은 자신과의 싸움에서 이기고 끊임없이 준비하는 사람을 지지한다. 미래의 궁극적인 성공은 어제 이룬 성과를 느낄 겨를도 없이 새로운 성과를 준비하는 노력을 전제로 한다는 점을 간과해서는 안 된다. 성과를 맛본 직후의 준비는 이미 이룬 성과에서 얻은 자신감이 바탕이 되므로 일반적인 상황에서의 준비와는 성공에 미치는 영향력의 강도가 확연히 다르다. 그래서 더욱 중요하다.

예를 들어, 경쟁자보다 빠르게 부장직급에 승진하기 위해서는 차장승진 직후부터 성과를 관리하는 것이다. 승진연한이 5년이라면 보통 직장인들은 대개 승진 이후 1, 2년은 여유를 가지고 천천히 걸어간다. 그러다 3년 차쯤 되면 그때부터 차 상위 직급으로의 승진을 위해 속도를 낸다. 그런데 만일 경쟁자가 걸어가는 1, 2년도 달려가고, 3년 차 이후에도 달려간다면 어떻게 될까? 승진 레이스에서 유리할 것임은 불을 보듯 빤할 것이다. 그럼 "언제 쉬어보느냐?" 하고 볼멘소리가 나올 수 있다. 물론 남다른 명예와 고소득창출을 원하지 않는다면 남들 쉴 때 똑같이 쉬고, 남들 잘 때 똑같이 자도 크게 문제 될 것은 없으리라.

성공하는 직장인으로서의 영광은 어느 특별한 곳에서 싹트는 것이 아니고 바로 지금 하는 작은 일의 성과에서부터 비롯된다. 이 성과가 최대화되고 지속적으로 확대 재생산되기 위해서는 성과창출과 유지를 위한 노력, 즉 성과관리능력 발휘가 전제되어야 한다. 그래서 어떻게 하면 높은 성과를 이룰 것인지에 대해서 고민하고, 또한 지금의 성과에 안주해 있으면 미래의 현재가 고생스러울 수 있다는 사실을 직시하면서 지속적으로 이룬 성과들을 재조명해야 한다.

33

배움 없이
내일을 기대하지 마라

자기계발능력

변화의 풍랑은 날이 가면 갈수록 더욱 거세다. 상황이 어떤 식으로 돌변할지 모르는 세상에서는 상황에 따라서 효과적으로 대응할 수 있는 다양한 능력을 골고루 구비하고 있어야 한다. 이러한 능력들을 배움을 통해서 자신의 의도에 맞게 키울 수 있는 능력이 바로 자기계 발능력이다. 사람들은 이 자기계발을 통해서 그동안 전혀 모르던 것을 외부로부터 알게 되거나 내 안에 잠재적으로 내재한 것을 끄집어 내어 능력으로 승화시킨 뒤 그것을 자신의 발전과 성공에 이용한다.

그러다 보니 "오늘 배우지 아니하고 내일이 있다고 말하지 말며, 올 해 배우지 아니하고 내년이 있다고 말하지 말라"는 주자의 가르침이 나, "나는 세상을 강자와 약자, 성공과 실패로 나누지 않고 배우는 자 와 배우지 않는 자로 나눈다"고 말하는 사회학자 벤자민 바버Benjamin Barber의 말이 더욱 가슴에 와 닿는다.

자기계발만이 지금과 훗날의 경쟁력을 담보한다

　자기계발을 하지 않고 알고 있는 지식만 가지고 살아간다는 것은 농부가 배가 고프다고 뿌릴 종자를 먹는 행위와 다를 바 없다. 미국의 유명한 리더십 학자 워렌 베니스Warren Bennis가 세계적 리더 90여 명을 대상으로 성공 요인을 분석했는데, 그 결과를 보면 그들 모두가 끊임없이 배움을 실천한 평생학습자들이었다.

　실제로 스티브 잡스, 빌 게이츠, 마크 주커버그, 손정의 등 세계적으로 성공한 인물들은 하나같이 독서광이면서 자기계발 신봉자라는 것은 널리 알려진 사실이다. 이들은 '충분한 자기계발 = 성공'이라는 등식을 여실히 증명해주는 사람들이다.

　자기계발이 직업적 성공에만 영향을 주는 것은 아니다. 건강 전문가들은 자기계발을 통해서 많은 것을 알게 되면 불안감이 줄어들어 스트레스가 해소되기 때문에 정신건강에도 많은 도움을 준다고 입을 모은다. 이처럼 자기계발의 위력은 대단하다.

　과거 산업화 시대에서는 학교에서 배운 지식만 가지고도 사회에서나 직장에서나 웬만한 일은 큰 무리 없이 해낼 수 있었다. 그러나 지식정보화 시대를 맞이해 상황은 많이 달라졌다. 지식과 정보가 쏟아지고 있는 것만큼이나 해결해야 할 과제도 많고 복잡해 최신 지식과 고도의 노하우가 더욱 필요하다.

　일반적으로 지식의 효용가치는 3년이 지나면 2분의 1, 10년이 지나면 8분의 1로 준다고 한다. 상황이 이러하다 보니 자기계발을 통해 지식과 노하우를 유지하고 새로이 보강하는 일이 정말이지 필요하고 중요해졌다. 특히 경쟁의 무대가 사내는 물론 사외, 더 나아가서 글로벌로 확대되는 상황에서 글로벌 기업 인재들과의 경쟁에서 이길 수 있는 지식과 노하우를 확보하기 위해서는 끊임없는 혁신과 자기계발이 필수적인 상황이다.

아무리 능력이 출중하다 하더라도 세상에서 일어나는 모든 것을 직접 경험할 수는 없는 노릇이다. 그렇지만 직장에서 성공하기 위해서는 당장 활용할 수 있는 다양한 직접, 간접의 경험이 필요하다. 그래서 직장에서 선두그룹에 있는 사람들은 독서, 스터디 그룹, 사내교육, 나아가서 학원과 학교에서의 배움 등 자기계발 활동을 통해 자신이 겪지 못한 것들을 알고자 심야의 휴식시간에도 불을 밝힌다.

자기계발의 결과물은 직장생활에서만 필요한 것이 아니다. 인생 100세 시대가 다가오고 있기 때문이다. 60세까지는 직장에서 일한 덕으로 살았다면, 그 후에는 무엇으로 살아갈 것인가? 운으로든 실력으로든 평생 살아갈 수 있는 경제적 기반을 구축한 직장인들은 모르겠지만, 그렇지 않은 직장인들은 여생에 대비해 호구지책을 마련해야 한다.

노후설계 전문가인 미래에셋연구소의 강창희 소장은 "은퇴 전에 돈을 모으는 데만 주력하면 자기 자신에게 소홀해진다"고 우려하면서 "제2, 제3의 직업을 계속 갖기 위해선 그만큼 자기계발을 위한 인적자본투자가 선행돼야 한다"며 '인생 2모작용' 자기계발의 필요성을 강조한다.

'셀러던트'가 급증하고 있다

상당수의 직장인은 과거에 자기계발을 게을리 한 것에 대해 크게 후회하는 것으로 조사결과 나타났다. 온라인 취업포털 사람인이 직장인 1173명을 대상으로 '신입사원 시절 후회하는 것'과 관련한 조사결과를 보면 무려 96.9%나 되는 직장인들이 신입사원 시절 '해야 했는데 하지 못한 것'에 대한 후회를 피력했다. 여러 가지 중에서 가장 크게 후회하는 것은 바로 '자기계발을 꾸준히 하지 못한 것'이었다.

남들보다 앞서 가기를 갈망하는 프로 직장인들은 자기계발에 매우 더 적극적이다. 이들은 자기계발 시간이 직장에서 셀러프라이저가 되는 데 걸리는 시간과 반비례한다는 점을 인식한다. 그리고 남들은 놀 거리를 찾는 심야의 휴식시간과 주말까지도 반납하고 몸값 높이기에 열중한다. 이른바 '셀러던트'라고 불리는 직장인도 이들 중의 한 부류에 속한다.

이와는 달리 오래전에 습득한 지식과 노하우가 바닥나는 줄도 모르고 그것을 소모하는 데만 열중하는 직장인들도 있다. 또한 주변 돌아가는 상황을 뻔히 알면서도 매너리즘과 근거 없는 낙관주의에 빠져 자신의 능력개발은커녕 시간 죽이기를 하고 있는 직장인들 역시 있는데, 안타까운 일이 아닐 수 없다.

직장인들에게 지금은 자신의 능력을 손쉽게 키울 수 있는 절호의 기회임이 틀림없다. 직장에서의 자기계발 여건은 과거와는 비교가 안 될 정도로 좋아졌기 때문이다. 경영층에 직원이 가장 중요한 재산이라는 사고가 급격히 퍼지고 있고, 직장 내의 첨단 IT 인프라가 구축되고 있으며, 전천후로 사용할 수 있는 태블릿 PC나 스마트폰의 무상 지원이 강화되며, 재택근무가 확산되는 등 직장인이 자기계발을 하는 데 더할 나위 없이 좋은 환경이 구비되고 있다.

집이나 직장을 가리지 않고 언제, 어디서든 원하는 곳에서 일할 수 있는 '스마트워킹' 제도를 시행하는 기업이 늘고 있는데, 이 제도는 일도 효율적으로 할 수 있고 자기계발도 더 쉽게 할 수 있다. 회사는 물론 군대에서도 삽질하는 시간을 최대한 줄이고 그 시간을 자기계발 시간으로 활용하게 하고, 지식정보방을 개설하는 등 자기계발 환경 구축에 열을 올리고 있다. 필자가 군대에 있을 때는 상상도 못했던 일이 현재 벌어지고 있다.

이렇게 여러 가지 형태로 자기계발 여건이 양호하게 뒷받침되기 때문에 노력만 하면 언제든지 양질의 지식과 노하우를 얻을 수 있다. 결국 셀러프라이저가 되느냐 안 되느냐는 전적으로 마음먹기에 달린 셈이다.

무덤 앞에 가서나 배움을 놓아라

그렇다면 성공으로 안내해주는 직장인의 자기계발 방법에는 어떤 것들이 있을까? 효과적으로 자기계발을 하기 위해서는 첫째, 작정하고 평생학습을 해야 한다. 오늘 능력이 출중하다고 해서 내일도 그러리라는 보장은 전혀 없다. 사람의 능력은 시간에 따라 감가상각 되기 때문이다. 지식정보화 시대에는 이러한 현상이 더욱 가속화되고 심화될 수밖에 없다.

정보와 지식이 홍수를 이루는 만큼이나 직장의 일도 복잡다기해져 가고 있다. 어제의 방법이 오늘에는 더 이상 통하지 않는다. 그럼 어떻게 대처할 것인가? 답은 중단 없는 학습에 있다.

학습이라고 하면 학교가 연상될지 모르겠지만, 요즈음의 직장에서는 학습과 일이 융합되지 않고서는 올바른 판단을 기대하기 어렵다. 남들에 묻어가면서 그럭저럭 직장 생활하려 한다면 모르겠지만, 그게 아니라 경쟁자를 제치고 높은 명예와 소득을 먼저 누리고자 한다면 남다른 능력 강화 노력이 필요하다. 이러한 능력 강화 노력이 바로 간단없이 지속되는 평생학습이다.

유명한 미국의 와튼스쿨은 MBA 졸업생들이 7년마다 다시 캠퍼스로 돌아와 1주일간 집중적인 경영자 과정을 밟을 수 있도록 프로그램을 운영하고 있다. 사회에서 이미 성공한 졸업생들까지도 최신 지식과 지혜를 흡수하고 시대가 요구하는 새로운 트렌드를 받아들이기 위해 이 프로그램에 몰린다고 한다.

이렇게 성공한 사람도 평생학습에 열을 올리는 판국인데 성공을 향해 뛰고 있는 이들에게는 평생학습이 오죽이나 필요할까? "평생학습은 당신을 젊게 할 것이다. 사람은 호기심이 없어지면서부터 늙는다"는 피터 드러커의 말은 평생학습을 향한 의욕에 불을 댕긴다.

둘째, 밥 먹는 것처럼 독서한다. 자기계발의 방법은 다양하지만 독서만큼 저비용 고효율로 새로운 지식과 노하우를 얻는 방법도 없다. 그래서 독서의 중요성은 아무리 강조해도 지나침이 없다. 마이크로소프트의 창업자 빌 게이츠는 "오늘의 나를 있게 한 것은 우리 마을 도서관이었고, 하버드 졸업장보다 소중한 것은 독서하는 습관"이라고 독서의 위력을 칭송했다.

이처럼 독서가 성공능력을 키우는 핵심적인 요소임에도 우리나라 성인 독서율이 65% 정도이고, 한 달에 한 권 정도의 책을 읽는 사람이 국민 세 명 중 한 명밖에 안 되는 것으로 조사된다. 성인의 상당수가 직장인이라는 점을 고려하면 직장인이라고 해서 독서량이 이와 크게 다를 것 같지는 않다. 이러한 독서량으로 억대 연봉을 기대한다면 애초부터 무리니 꿈 깨는 게 좋다.

독서를 통해 단순히 지식만 얻으려 한다면 굳이 책을 볼 필요는 없다. 단순한 정보와 지식을 제공해주는 자료, 동영상 등이 주변에 널렸기 때문이다. 그러나 책이 품고 있는 세세한 정보와 기승전결로 펼쳐지는 박진감 넘치는 '다이나믹스'는 읽는 사람의 일반적인 사고 패턴을 '성공지향 사고패턴'으로 바꾸는 데 크게 기여한다. 이것이 바로 독서가 주는 혜택이고 독서를 해야 하는 가장 큰 이유다. 책은 학교 졸업과 동시에 놓는 것이 아니라 더욱더 의지해야 할 성공도모용 도구다.

셋째, 스펙을 관리한다. 소위 스펙으로 불리는 어학 점수, 각종 자격증, 주요과정 이수경력, 학위 등은 대학생들이 직장에 들어가는 데만 필요한 것이 아니다. 좋은 스펙은 승진, 원하는 부서로의 이동 등을 용이하게 해주기 때문에 직장에서도 스펙은 신분 변동의 아주 중요한 변수로 작용한다. 그래서 남들이 퇴근 후 호프집으로 몰려가고, 주말에 TV와 눈씨름하고 야구장, 골프장을 전전할 때 프로의식과 승부근성을 가진 직장인들은 직장에서 지금 요구하는 스펙, 그리고 앞으로 필요할지도 모르는 스펙까지 쌓기 위해 골몰하는 것이다.

획득한 자격증, 학위 등의 공인자격의 후광효과는 다른 사람이 인정하는 자신의 신뢰도를 훨씬 높인다. 직장 내에서 업무에 관한 상사의 인정과 신뢰는 바로 빠른 승진과 직결된다는 점에서 공인자격이 가지는 직접적인 효과와 간접적인 후광효과는 실로 막대하다.

자격증을 취득할 때는 가능한 희소가치가 있는 자격증에 도전하는 것이 더욱 유익하다. 남들에게 거의 없는 자격증은 자신의 학력 콤플렉스를 일거에 날려줄 수도 있다. 그리고 이러한 자격증이 자신의 직무와 직결되는 것이라면 당장 연봉이 달라질 수 있고 전문가 대접을 받을 수 있다.

넷째, 사람·때·장소를 가리지 않고 배운다. 때와 장소를 구별하지 말고 배우란 말이 직장 업무에 지장을 주면서까지 배우라는 말은 결코 아니다. 직장인의 배움은 자기의 일을 차질 없이 수행한다는 전제조건이 항상 따라붙는다는 것을 잊어서는 안 된다.

배움에는 선후배가 따로 없다. 나보다 많이 알면 일단은 스승인데, 후배라고 제외하고 나이 어리다고 망설이면 배움을 주는 멘토는 극히 제한적일 수밖에 없다.

"언제, 어디서나, 누구에게서나 배운다"는 학습원칙을 경영자로서 완벽하게 실천한 사람은 바로 GE의 전 회장 잭 웰치다. 그가 만든 역_逆멘토링 제도, 즉 부하가 상사를 지도하는 이 제도는 인적자원개발을 통해 과거 GE를 회생시키는 데 지대한 역할을 했다.

학습할 수 있는 때와 장소는 사무실은 물론 출퇴근, 출장, 여행 시의 전철, 버스, 자신이 운전하며 달리는 승용차 안 등 실로 무궁무진하다. 배우는 자리는 고정된 공간이라는 사고를 완벽히 버릴 때 배움의 폭과 깊이는 배가 된다. 독일의 사회과학자이자 자유기고가인 마르쿠스 알베르스Markus Albersr는 "사무실에 얽매인 사무직에 대한 고정관념이 업무 능률을 떨어뜨리는 주범"이라고 지적한다. 배움도 마찬가지다.

다섯째, 회사의 교육 시스템을 잘 이용한다. 요즘의 기업들은 직원을 회사의 가장 중요한 자산으로 여기다 보니 과거와는 달리 인적자원 개발에 대한 투자를 지속적으로 늘리고 있다. 그래서 잘 짜인 회사의 온·오프라인 교육 시스템을 제대로 이용하면 최소의 비용으로 최대의 자기계발 효과를 거둘 수 있다.

그래서 교육명령이 하달되면 빠지려고 골몰하지 말고 흔쾌히 참여해야 한다. 그렇다고 회사의 교육제도에만 전적으로 의존하는 것은 문제가 있다. 큰 기업일수록 직원 수가 많아 충분한 교육기회 제공에 한계가 있고, 무엇보다도 개인이 원하는 맞춤형 교육이 어려울 수 있기 때문이다.

여섯째, 경력을 관리한다. 다양한 업무분야에서 경험을 쌓는 것 역시 대단히 중요하다. 경험할 기회가 많으면 그만큼 새로운 지식과 노하우를 더 배울 수 있기 때문이다. 더 중요한 것은 여러 분야에서의 경험 자체가 고스란히 자신의 몸값이 된다는 사실이다. 그래서 지금 당장 편하다고 어느 한 부서에 눌러 있고자 한다든가, 어느 한 가지 일로 오랫동안 일관하고자 한다면 직장 내 선두그룹 진입을 욕심내지 말아야 한다.

자신의 경력을 탄탄하게 관리하기 위해서는 직무순환과 부서이동에 적극적이어야 한다. 물론 상사는 당연히 능력 있는 부하직원을 다른 곳으로 보내기 싫어할 것이다. 그렇다고 그가 부하직원의 승진과 높은 연봉을 언제까지라도 책임져주는 사람은 아니다. 온화한 상사 밑에서 당장의 따스함을 즐길 것인지, 아니면 풍파를 겪으면서 자신의 가치를 더욱 높일 것인지의 선택은 자신이 판단할 몫이다.

오랜 경기 위축으로 '연봉 인상'보다는 '연봉 동결'이라는 단어가 더 자주 눈에 띄는 시대다. 그러다 보니 평생직장이 흔들리고, 이로 인해 고용 불안감을 야기한다. 그러나 분명한 것은 이와 동시에 직장인에게 빠르게 성장할 기회도 제공한다는 것이다. 평소에 꾸준한 자기계발 노력으로 자신의 역량을 키움으로써 사내 인력시장에서 높은 몸값을 보이는 직장인이라면 이런 때에 오히려 자신의 자리를 마음대로 선택하고 결정할 수 있음은 물론 그 안에서 일하는 쾌감까지 누릴 수 있다.

KI신서 5137

당신의 자리에서 승부를 걸어라

1판 1쇄 발행 2013년 7월 19일
1판 3쇄 발행 2014년 1월 30일

지은이 정태영
펴낸이 김영곤 **펴낸곳** (주)북이십일 21세기북스
부사장 임병주
미디어콘텐츠기획실장 윤군석 **인문기획팀장** 정지은
책임편집 장보라 **디자인 표지** 엔드디자인 **본문** 네오북
마케팅영업본부장 안형태
마케팅 송효진 최혜령 김홍선 강서영 **영업** 이경희 정경원 정병철
출판등록 2000년 5월 6일 제10-1965호
주소 (우 413-120) 경기도 파주시 회동길 201(문발동)
대표전화 031-955-2100 **팩스** 031-955-2151
이메일 book21@book21.co.kr **홈페이지** www.book21.com
트위터 @21cbook **블로그** b.book21.com

© 정태영, 2013

ISBN 978-89-509-5078-1 13320
책값은 뒤표지에 있습니다.